天津社会科学院学术著作出版资助项目

天津社会科学院院级课题（22YZD-03）"人口老龄化进程中的

产业转型升级：国际经验与中国现实"

国家社科基金一般项目（20BRK026）"人口老龄化影响产业结

构的机制、效应与对策研究"的阶段性成果

人口老龄化进程中的
服务业发展

施美程 著

天津社会科学院出版社

图书在版编目（CIP）数据

人口老龄化进程中的服务业发展 / 施美程著.
天津：天津社会科学院出版社，2025. 6. -- ISBN 978
-7-5563-1066-1

Ⅰ. F726.9

中国国家版本馆 CIP 数据核字第 2025TH7237 号

人口老龄化进程中的服务业发展
RENKOU LAOLINGHUA JINCHENG ZHONG DE FUWUYE FAZHAN

责任编辑：付聿炜
装帧设计：高馨月
出版发行：天津社会科学院出版社
地　　址：天津市南开区迎水道 7 号
邮　　编：300191
电　　话：（022）23360165
印　　刷：天津印艺通制版印刷股份有限公司
开　　本：710×1000　　1/16
印　　张：16.75
字　　数：222 千字
版　　次：2025 年 6 月第 1 版　　2025 年 6 月第 1 次印刷
定　　价：78.00 元

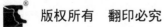

目　录

引　论

人口老龄化是 21 世纪的全球性问题,当今世界上主要的发达国家、部分新兴国家以及少数发展中国家都先后进入了老龄化社会。从积极的意义上讲,人口老龄化是社会经济发展进步的结果。但是,人口老龄化也会给一国的社会、经济、政治、文化等各个方面带来很多现实问题和负面影响,比如在经济方面,人口老龄化造成劳动人口规模缩减和人口年龄结构老化,进而导致养老和医疗保障制度支付困难、公共财政负担加重、劳动力短缺、储蓄率下降、劳动参与率下降、创新动力不足等,这些问题将随着老龄化程度的加深逐渐显现出来,对经济增长产生负面影响。人口老龄化是一个不可逆转的长期趋势,目前世界各国对人口老龄化及其问题的认识还远远不够。

与此同时,伴随着人口老龄化过程的另一个全球性趋势是经济服务化。世界早期工业化国家从 20 世纪 60 年代以来陆续进入了以服务经济为标志的后工业化社会。在生产力发展和社会进步的推动下,这些国家的产业结构发生了重大变化,经济结构的重心依次由第一产业向第二产业、第三产业转移,服务业①在现代经济中的重要性不断提高,表现为增加值和就业比重持续增大。同时,服务业内部结构也从传统的劳动密集型服务向现代的资本、技术和知识密集型服务转变。20 世纪 70 年代以来,西方发达国家的生产性服务作为服务业中最具活力的部门,发展速度

---

① 　在本书中服务业与第三产业的概念和范畴是一致的,均指除农业和工业之外的其他产业。

超过了制造业。服务业,尤其是生产性服务业的发展成为现代经济增长的特征。

从总体趋势上看,世界各国的人口结构转变和产业结构演变呈现出一种规律性,即经济发展水平越高的国家,人口老龄化程度越高,服务业在国民经济中的比重越大。作为经济社会发展进步的表现,这两种趋势最早在发达国家中出现,并逐渐向发展中国家蔓延。一直以来,从这两方面衍生出的问题始终是各国学者关注的热点。关于人口老龄化对社会、经济造成的影响和应对措施,以及服务业发展的动力机制和影响因素,都是极具吸引力而又充满争议的话题,目前已具备了相当多的成熟理论和事实经验,但遗憾的是,在相关的交叉研究方向上所作的探索还不够充分。

人口老龄化与经济服务化本质上都是结构性问题,是人口年龄结构和产业结构动态演变过程中的阶段性表现。从发达国家人口与产业发展进程中所表现出的趋同特征来看,二者的共同出现显然不是一种巧合,其背后存在怎样的内在联系值得深思。对于这个问题的回答,需要根据经济理论和国际经验来做出。对此,可以从两方面展开分析和论证:其一,人口年龄结构与产业结构变迁和服务业发展特征化事实的描述与归纳;其二,人口老龄化影响产业结构转变和服务业发展作用机制的理论与实证分析。这正是本书尝试探讨的内容。

围绕第一个方面研究的目的是要找到人口老龄化与服务业发展的内在联系。本书首先以当今世界上的主要国家为样本,从横向和纵向两个维度,从整体水平和内部结构两个层面,对人口老龄化与服务业的发展水平和趋势进行了详细的比较分析,发现了人口老龄化过程中服务业发展趋同与差异并存的特征,得到的结论和启示是:随着人口老龄化程度的加深,服务业及其分支部门比重呈共同提升的趋势,但是表现为有条件的趋同,主要条件是一国的经济发展水平和产业演进阶段,人口老龄化也是一个重要的影响因素。在服务业内部,以公共服务部门为代表的生活性服务业和以金融部门为代表的生产性服务业的发展,分别对服务业就业增长和服务业增加值增长作出突出贡献,人口老龄化的作用体现在对前者的需求拉动和对后者的效率驱动。本书运用精确的计量经济学方法,利用跨国面板数据分析发现了人口老龄化过程中服务业的增长模式,即在较低水平和较高水平的老龄化阶段,服务业出现了两次加速增长。从服务业内部结构的异质性角度来看,该现象实质上反映了生活性服务部门层次提升以及生产性服务部门由传统型向现代型不断升级的过程。

对于第二个方面,本书分别从需求和供给两个视角对人口老龄化影响服务业发展的作用机制即"需求效应"和"供给效应"进行理论分析和实证检验。理论上人口老龄化的"需求效应"是通过消费路径传导的,实证分析结果显示,人口老龄化达到一定程度后,会通过消费路径推动服务业比重的提升,这种影响随着老龄化水平提高而递增。"供给效应"表明,以资本积累、资源重新配置效率改善和微观生产效率提升为主要途径的提高劳动生产率的活动,是人口老龄化背景下微观主体应对劳动力成本上升和抵消资本报酬递减而做出的必然选择。在资本积累过程中,生产率增长缓慢的生活性服务业成为吸纳剩余劳动力的主要部门;改善资源重新配置效率和微观生产效率的动机促进了产业结构升级,表现为生产性服务业的增长。至此,人口老龄化在促进产业结构从低向高演化过程中的作用得到了国际经验数据的支持。

更具现实意义的问题是,发达国家随着人口老龄化演进而呈现的经济服务化趋势,是否能够继起于中国?人口老龄化会对中国的产业结构转型和服务业发展产生哪些影响?从理论逻辑来看,顺应老龄化社会需求结构、供给发展方式、深层动力机制以及相应制度安排的系统性变迁等会推动现有产业结构转型升级,但中国的现实情况又存在很多特殊性。与发达国家所不同的是,中国的人口老龄化速度异常迅速,且大大超前于经济发展水平,呈现"未富先老"的特征。与同等老龄化水平国家所不同的是,中国产业结构高级化的进程较慢,服务业发展水平相对滞后。本书通过将中国与当今世界主要老年型国家的产业发展情况进行比较分析,厘清了中国服务业整体水平和内部结构层次落后的现状,从人口特征角度解释了人口红利时期服务业发展滞后的原因,即制造业比较优势挤出服务业就业,落后的农业部门限制服务业就业增长,低水平消费抑制服务需求增长。进而,将人口年龄结构转变过程中的中国经济置于新古典经济增长框架下,从需求和供给两方面探讨了人口老龄化对服务业发展的影响,并基于未来形势的判断展开应对老龄化挑战的政策研究。

我国经济已由高速增长阶段转入高质量发展阶段,处在转变发展方式、优化经济结构、转换增长动力的攻关期,推动产业结构转型升级是重中之重。人口年龄结构变化会改变社会原有发展模式中的资源配置格局,对产业结构产生深远影响。如何推动产业结构与人口结构相匹配、发挥人口因素的积极效应成为重要议题。本书在对人口老龄化影响产业结构的机理和效应的充分论证基础上,提出顺应老龄化趋势的产业转型升级对策,对于我国在人口红利消失情况下进一步挖掘质量型人口红利、合理进行产业调控布局、不断完善老龄社会产业政策体系具有重要意义。

从人口学的新视角分析服务业发展的动力机制是本书的创新之处。主要贡献在于:第一,基于国际数据的截面观察探讨了人口老龄化过程中服务业表现的趋同与差异,纵向考察揭示了服务业在人口老龄化过程中的发展轨迹,为找到人口老龄化与服务业的内在联系提供了经验证据;第二,构建了人口老龄化影响服务业发展的分析框架,论证了人口老龄化影响服务业发展的作用机制、路径、效应及异质性;第三,将分析国际实践经验的结论和启示运用到对中国人口老龄化与服务业发展的关系研究中,在中国特定的人口转换阶段及经济增长模式下,解释了人口红利时期服务业发展相对滞后的原因,并从人口老龄化影响产业结构的“需求效应”与“供给效应”两方面就未来老龄化时期的服务业发展趋势展开前瞻性探讨。

第一章　文献综述与研究框架

本章的主要目的是回顾和评述国内外相关文献并形成本书的研究逻辑和框架。对现有文献的综述集中在三个方面：一是人口老龄化的经济影响；二是服务业发展动因理论；三是人口老龄化与产业结构和服务业关系的已有研究。前两个方面的研究是本书的理论基础；对第三方面文献的梳理，有助于掌握人口老龄化与服务业发展的研究现状和不足。在此基础上，提出本书重点研究的问题，阐述研究的理论逻辑；明确研究视角和研究范畴，形成研究框架。

第一节　文献综述

一、人口老龄化的经济影响

关于人口老龄化对经济的影响，国内外学术界已开展的研究主要集中在需求和供给两个方面。从需求方面分析人口老龄化影响的研究包括水平和结构两个维度。早期的研究是从水平维度开始的，主要针对老龄化如何影响消费水平。Friedman（1957）、Modigliani 和 Brumberg（1954）、Ando 和 Modigliani（1963）基于生命周期模型和消费平滑假说提出了不变消费模式和驼峰型储蓄模式。但事实经验研究表明，退休后的消费会降低到一个较低水平,与基于消费平滑假说构建的模型矛盾(Banks,Blundell 和 Tanner,1998;Bernheim,Skinner 和 Weinberg,2001),这一发现被称为"退休消费之谜"。Miniaci,Monfardini 和 Weber(2003)基于英国、美国和意大利数据研究得到了不同的结论。Lee 和 Mason(2007)研究发现美国老年人的平均消费水平比工作年龄人口更高,主要是因为对公共品特别是保健服务的消费增加。总的来看,对老年人消费水平研究的目的主要是出于对老龄化社会抚养负担加重的担忧。Schaffnit-Chatterjee(2007)指出,即使老年人在退休后消费水平不下降,但消费增长的速度可能不如工作年龄人口增长得快,因为养老金收入平均增长比工资要慢。Clark 和 Spengler(1980)的研究显示,赡养一个老年人的费用平均要大大高于抚养一个人从婴儿到青年(即 0—18 岁)的费用,政府支付给老年人的赡养费用是给青少年人口的 3 倍。随着人们对老龄化问题认识的逐步深入,研究老龄化对消费结构影响的文献越来越多,如:Banks,Blundell 和 Tanner(1998)、Gustman 和 Steinmeier(1999)、Hurd 和 Rohwedder(2003)、Lundberg,Startz 和 Stillman(2003)、Miniaci,Monfardini 和 Weber(2003)对退休家庭的消费者行为的研究,Börsch-Supan(1992)、Fougère,Mercenier 和 Mérette(2007)、Aguiar,Mark 和 Erik Hurst(2013)对老年人与年轻人消费模式差异的经验研究,Serow 和 Sly(1988)、Buslei,Schulz 和 Steiner(2007)、Börsch-Supan(2003)、Lührmann(2005)、Oliveira,Martins,Gonand 和 Antolin(2005)从宏观上就老龄化对消费模式影响的分析等,为研究人口老龄化对经济结构的影响奠定了需求方面的理论基础。

从供给方面分析人口老龄化经济影响的研究也可以分为两个角度。第一个角度是分析人口老龄化对劳动力和资本等生产要素的影响。与人口红利研究的逻辑相反,人口老龄化意味着劳动年龄人口在总人口中的比重下降,潜在的劳动力供给减少。Axel Börsch-Supan(2003)预测了三种劳动参与率的情景模式下人口老龄化对劳动力供给的影响,结果均显示劳动力规模将大幅度减少。Senesi(2003)考察人口动态变化和年龄分布对总储蓄的影响,证明储蓄率与老年人口比重之间是负相关关系。

Feldstein(1995)实证分析发现,社会保障支出使总的私人储蓄减少了将近60%左右。人口老龄化对自愿储蓄的不利影响表现在两方面:一方面养老金制度的推广使人们指望退休后领取养老金生活而不愿意多储蓄,导致储蓄率下降;另一方面养老金制度推广之后使一些劳动者选择提前退休,提高了劳动力资源的稀缺程度,不利于经济增长。Eggertsson,Lancastre和Summers(2019)使用168个国家1990—2008年的数据验证了人口老龄化能够带来资本深化及由此而来的实际利率下降和人均产出增长的事实,但这一结论在2008年金融危机后发生了改变,其机理主要在于发达国家受名义利率零利率下限(zero lower bound)限制,实际利率不能调整至合意水平,导致企业投资下降,经济增长很可能陷入长期停滞。大多数研究的结论是人口老龄化会降低经济增长速度(Sauvy,1948;Peterson,1999;Oliveira,Martins,Gonand and Antolin,2005;Cooley and Henriksen,2018;Lee and Shin,2019)。

但也有一些研究得出不同的结论。经济合作与发展组织(OECD,2006)的报告用数据说明了劳动力供给不仅取决于劳动年龄人口规模,还取决于劳动参与率,一国可以采取提高劳动参与率的政策手段部分抵消老龄化的不利影响。而且随人口预期寿命延长,个人的有效劳动岁月也在延长,意味着劳动力资源增加和成本下降。Mason和Lee(2007)认为如果老年人拥有的人均资产较多,人口老龄化就不会降低储蓄率,还会因老年人可以维持较高的消费水平而促进经济增长,产生第二次人口红利。

第二个角度是分析人口老龄化对劳动生产率和创新能力等的影响。普遍的观点认为,人口老龄化改变劳动力禀赋条件(劳动力年龄结构老化及相应的人力资本优势转换),会对劳动生产率产生不利影响。一般地说,随着技术变革和生产的自动化程度提高,越来越多的行业对劳动者人力资本的要求提高,年龄较大的劳动者生产率往往不如年轻劳动者,特别是创新能力和创业意愿劣势明显。Feyrer(2007)对87个国家的样本考察结果表明,劳动力年龄结构变化对产出变化有显著影响,与40—49岁劳动力相比,50岁及以上劳动力的生产率和产出水平较低。Lindh 和

Malmberg(1999)研究也发现,一国的劳动生产率会随劳动力中 65 岁以上人口比例的上升而下降。Aksoy 等人(2019)在加入人口结构和创新部门的动态一般均衡模型中分析了人口老龄化对经济创新行为的影响,在使用联合国人口展望预测数据进行模拟后发现人口老龄化将会使得创新部门劳动力不断减少、劳动力人力资本积累减缓和劳动生产率下降,长远来看会对经济增长产生负面影响。但 Skirbekk(2004)认为劳动者年龄和劳动生产率的关系比较复杂,存在职业和行业差异。如果行业对劳动者的认知能力、工作速度和学习能力要求高,那么年龄较大的劳动者的生产率会低于年龄较小者;如果行业对劳动者的工作经验要求高,年龄较大的劳动者则会更有优势。由于老年劳动力技能的变化取决于受教育水平提高的程度,因此很难确定人口老龄化对劳动生产率的影响。人口老龄化并不意味着劳动生产率的必然下降,在不同的老龄化阶段和经济发展时期,劳动生产率的相应变化趋势可能不同(United Nations,1988)。人口老龄化对劳动生产率的影响在宏观层面的表现不如在企业层面显著。Skirbekk(2004)研究个体的生产率随年龄变化的规律,发现个人的工作表现在进入劳动力市场最初几年呈递增趋势,随后保持稳定直到职业生涯结束之前逐渐递减。从企业层面看,人口老龄化的影响是双重的,职工平均年龄提高除影响劳动生产率外,还由于薪酬一般存在年功序列特征,会提高雇佣成本,影响企业经济效率和竞争力。但经济合作与发展组织(简称 OECD)的研究报告(1998)认为人口老龄化对生产率的负面影响并不是必然发生的,通过合理的人力资源政策(如终身学习)和对生产过程的重组(专业化),能够提高老年人就业能力并发挥其人力资本优势,实现老年人就业与劳动生产率双赢。

二、服务业发展的动力因素

随着服务业在经济中的比重越来越高,对服务业的研究不断发展与深化。除服务业特征与部门结构、服务业与经济增长和波动的关系、服务业生产率、服务业集聚等问题外,服务业发展动力与路径也是服务业领域的研究重点。尽管发达国家的服务业已经达到空前比例,但是对于驱使这一结构性变化的动因研究仍显得不足(Schettkat 和 Yocarini,2006)。

早期的观点是从需求角度出发的,包括配第-克拉克定理、钱纳里和塞尔奎因的"标准产业结构"发展模型、贝尔的后工业社会理论等,都倾向于认为需求是引导服务业发展的最重要因素。Clark 在其著作《经济发展的条件》(*The Conditions of Economic Progress*,1940)中提出"需求层次"假说,即服务品相比商品位于更高的满足层次,因此,随着收入增加,人们会将更多的收入用来购买服务。对制造品需求的饱和使消费者转向服务需求,于是劳动力转移到服务业。服务业就业比重上升是由于对服务最终需求不断增加的结果。按此逻辑,人均收入水平越高,服务需求也较高,服务就业比重越高。然而 Summer(1985)使用跨国截面数据对不同收入水平的国家产出结构进行研究后发现,以本币表示的收入和服务产出比重呈正相关,然而在换算成购买力平价后二者的相关性不存在了,由此证明服务需求的比重与收入不相关,也就是说服务占实际产出的比重并没有变。该结论后来被 Baumol(2001)用来支持他的成本病假说。Schett-kat(2002)对此提出质疑,认为这种用购买力平价修正产量和收入的做法,需要很强的假设前提,即需求数量与价格不相关,但实际上欠发达国家有着与发达国家不同的价格和需求量。Appelbaum 和 Schettkat(1999)、Schettkat(2002)利用纵向数据的研究表明,19 世纪 80 年代以来的高度工业化国家服务业占实际产出比重一直是上升的。Fuchs(1968)分析了家庭对商品和服务的需求特征,观察到后者的需求弹性仅略高于前者,且排除食品之外的商品需求收入弹性与服务需求收入弹性相当接近。Gershuny(1978)分析了 1953—1974 年英国家庭预算调查数据后发现,家庭电器需求取代了私人服务消费。Skolka(1976)的研究也得到同样的结论。Gershuny 强调自我服务或自助活动在服务内部化和外部化之间转变的作用,认为尽管家庭对服务的需求增加,但并不一定通过从私人或公共服务部门购买来实现,而是可以不断地利用家庭内部劳动,私有或公共设施来实现服务的自我满足,比如购买小汽车替代公共交通,用洗衣机替代洗衣房服务等。因此,生产率差异有利于服务业就业,在最终消费上倾向于更多地使用商品而在就业上向服务部门倾向可以同时发生。他的观点启发了人们从一个独特的角度看待服务业就业与产出相悖的现象。Fuchs(1968)认为除家庭消费外的其他需求构成,如政府消费也对解释最终需求转变有贡献。Rowthorn 和 Wells(1987)还用贸易专业化解释发达国家就业结构的差异。这两项研究说明从需求结构角度的分析不能仅局限于国内和家庭。

在强调需求转变重要性的同时,Clark 也认识到生产率增长差异对就业转变的影响,即劳动力从生产率增长速度快但需求停滞的制造业转移出来,重新配置到生产率增长速度慢但需求增加的服务业。Baumol(1967,2001)尤其强调供给的作用,认为服务部门的低生产率状况才是服务部门就业比重不断上升的原因。由于服务部门的生产率增长低于制造业,因此高收入国家的服务业就业比重较高。如果服务部门的工资增长与总体经济的平均工资增长保持一致,那么服务部门的产出比例也会随收入提高而增加,但并不是服务需求的真实增长。服务和商品的真实产出比例不随时间变化,对于不同国家也是如此。Fuchs(1968)在分析了不同来源的数据并使用家庭预算调查数据从需求角度观察后发现,服务业就业比重增加的主要原因是服务业生产率增长落后,需求转变的作用很小,该分析为 Baumol 成本病假说提供了证据支持。Fuchs 认为服务业生产率增长滞后于制造业的生产率增长主要是由于二者在技术升级上的差距,另外还有服务业工作时间缩减和资本密集度提升较小的原因。他还指出以现价衡量的服务占总需求比重上升可能高估了服务业的相对扩张,而服务占实际需求比例下降可能低估了服务业的增长,服务业真实产出应该是介于实际值和名义值之间。Fourastié(1949)肯定了服务业生产率低速增长以及需求向服务转变两方面对就业增长的贡献,称服务业低生产率增长有利于稳定就业水平。

随着研究的深入,服务部门低生产率的结论逐渐受到质疑。人们发现服务业内部不同行业生产率存在显著差异。很多研究都认为总体上看服务业的劳动生产率低的观点不一定正确。Edwards 和 Croker（2001）的研究表明，与一些社区、社会和个人服务部门生产率水平提高缓慢不同，那些密集使用 ICT 技术的服务部门，如物流运输和通信服务部门的生产率提高很快。对服务产出测量的低估相比商品来说更大，而对服务价格的高估导致了对服务生产率增长的低估，这种现象在政府部门、非营利组织、银行和商业服务部门中最常见（Griliches，1994）。麦肯锡全球研究院（McKinsey Global Institute，1992）的报告显示 1989 年美国零售银行业的劳动生产率比德国和英国分别高出 32% 和 36%，主要是由于 IT 技术的广泛使用和组织管理的作用。McKinsey 强调零售行业收入效应的重要性，随着收入增加，人们将更多钱用于购买奢侈品和时尚品，这类商品具有较高的增加值和生产率。从生产率差异出发可以解释发达国家的一个事实，就业下降并不意味着产出的缩减，生产率增长可能导致产出增长和就业萎缩。Rowthorn 和 Wells（1987）将制造部门快速的生产率增长导致的产出增加和就业缩减现象称为"积极的去工业化"，因为服务部门的扩张吸收了制造业解雇的工人而没有导致失业率上涨。Appelbaum 和 Schett-kat（1999）指出，真实产出份额不变与低生产率增长是保持服务就业相对扩张的必要条件。服务部门的生产率增长不仅能提高经济的总生产率，而且能增加服务的真实产出份额，加快就业向服务部门转移。

事实上，各国服务业发展的差异是由需求因素和供给因素共同决定的，考虑到需求因素具有相似性，国别发展的差异更可能是由供给因素和其他政策因素造成的。因此，学者们倾向从供给（生产）方面研究服务业发展的动力机制。从供给方面看，服务业的发展及内部结构的变化始终是受效率原则驱动的。对效率的追求产生了分工和专业化，并由企业"内部化"或"非市场化"推向"外部化"或"市场化"（程大中，2008）。坚持"新工业主义"观点的学者认为，生产性服务业发展只是工业生产组织方式发生改变的一种表现，劳动力从工业向服务业转移只是说明了工业生产过程和方式出现了新变化（Beyers 和 Lindahl，1996）。这种服务业发展可更准确地表述为"制造业服务化",即服务业就业比重随制造业专业化程度加深和外包服务活动的增加而提高,只不过是同一任务在制造业和专业提供服务的厂商之间重新分配的结果。Vandermerwe 和 Rada (1989)还把制造业服务化的过程分成了三个阶段。制造业服务化的原因主要有两个方面:一是增加竞争手段,用服务提高竞争力(Hil,1992);二是占据价值链中的有利位置(Davies,2003)。考虑到某些服务既用于最终消费也投入生产过程,为了根据用途对服务总产出进行较为准确的分解,从而鉴别出服务部门的产出中被用作制造业中间投入的部分和被直接用于最终需求的部分,一些学者使用投入产出分析法对行业间劳动力分工及制造业外包进行研究(Petit,1986;Greenhalgh 和 Gregory,2001;Russo 和 Schettkat,1999)。虽然他们都观察到制造业向服务业外包增加的现象,但不足以解释服务业就业增长的趋势,也无法解释美国和欧洲服务业就业比重的差异。很多学者认为"制造业服务化"不能涵盖服务业发展的全部事实,服务经济是一个崭新的经济发展阶段。郑凯捷(2008)以制造业企业内部功能分工和制造业企业服务活动的"外部化"分工对制造业服务化和服务经济做了区分。

另外,一些学者通过将服务业重组分成较小的子类的方法更细致地观察和分析服务业结构的变化。Katouzian(1970)将服务业分为与商品再分配有关的服务(如贸易和运输)、用作商品生产中间投入的服务(如银行、保险和工程)、社会服务(如健康服务、教育)和个人服务(如餐馆旅店、理发师、美容院)四种类型。他的四分法被 Singelmann(1978)、Castells(1996)和 Elfring(1988,1989)修正并使用。Scharpf(1996)将服务业分为生产性服务和消费性服务两类,生产性服务主要与商品生产有关,包括运输、仓储和通信,金融、保险、房地产和商务服务;消费性服务主要与服务需求有关,包括贸易、餐饮和住宿,社团、社会和个人服务。他发现与商品有关的生产性服务行业就业率在大部分工业化国家十分相近,但消费性服务业就业率差异很大。他的解释是,由于工业化国家贸易商品生产所使用的劳动投入和需求数量相当,所以影响制造业和生产性服务业之间就业分布的唯一因素就是专业化(外包)程度;而各国在消费性服务就业比例上的差异部分取决于劳动力成本,受福利制度影响。Singelmann 的分类方法得到了广泛的应用。在他的分类中,消费性服务和生产性服务区别于其他类型的重要特征就是包含与生产过程相关的服务。其中生产性服务不仅包括作为商品生产投入的服务,也包括作为服务生产中间投入的服务,或直接消费所需的服务(Gregory 和 Greenhalgh,2001;Russo 和 Schettkat,1999)。Castells(1996)、Albin 和 Appelbaum(1990)以信息和知识含量区分服务的类型,研究就业结构的变化。Castells(1996)在 Singelmann 分类法的基础上细分出信息活动和商品活动两类,该方法被 Porat(1977)应用。Albin 和 Appelbaum(1990)认为就业向服务业的转变是由于信息通信服务和制造业的就业增长率比其他服务和制造业更快。另一些学者通过观察职业而非部门(行业)的变化来解释服务业规模扩大的现象。这种方法的好处是能够识别出任何行业中的所有服务活动,捕捉到商品生产过程中的"服务化"部分。Freeman 和 Schettkat(1999)使用这一方法将美国和德国按照统一的行业分类标准对职业和部门进行了划分,发现按照职业分类计算的服务业就业比重为68%,按行业分类计算的服务业就业比重为61%,商品生产行业中的一些员工承担的是服务职业,从事服务职业的员工承担的是商品生产工作。

三、人口老龄化对产业结构的影响

无论是人口老龄化问题对经济的影响,还是对产业结构的影响,都是以人口老龄化带来的一系列问题为起点进行分析的,只不过前者更关注总量变化,后者则更侧重于结构变化。而且,产业结构变化是人口老龄化影响经济发展的一个重要方面和路径。因此,很多研究延续以往人口老龄化对经济影响的分析思路探讨对产业结构的影响,如 Siliverstovs、Kholodilin 和 Thiessen(2011)从劳动力供给、消费模式、资本供给、全要素生产率、金融市场、政府负债六个角度阐述了人口老龄化对产业结构调整影响的可能路径。但由于老龄化对上述方面的影响十分复杂,各要素之间相互制约,因此难以给出定性的结论①,只能使用定量分析方法通过老龄化与部门就业比重的线性回归识别老龄化影响产业结构的边际效应。同样以经济中各部门比重作为因变量的实证分析还有 Li(2009),Thießen(2007)等。虽然回归分析直接地反映了老龄化对服务业发展的影响效果,但缺失对中间机制的检验。国内学者中钟若愚(2005)、乜堪雄和何小洲(2007)也围绕人口老龄化与产业结构的逻辑关系进行过简单论述。随着研究的不断深入,陆续有学者开始关注老龄化影响产业结构的内在机理。总体上看,对老龄化影响机理的研究在理论分析方面比较薄弱,大多侧重于实证分析,且结论不尽一致。

(一)人口老龄化影响产业结构的需求和供给视角

大多数从需求角度对人口老龄化问题的研究是从消费出发探讨老年产业发展,主要着眼点是人口老龄化对消费(包括消费水平和消费结构)的影响,分析的是人口老龄化对老年需求相关产业发展的拉动作用,通常都是对单一行业的分析。也有一些研究是基于宏观产业结构变化视角进行的,基本思路是老龄化改变了个人、家庭和社会的需求结构,这种变化最终会反映到产业结构上。这类研究一般先微观上年龄消费结构的特征推测宏观上消费结构的变化,如 OECD(2005)发现各年龄组的消费支出结构随年龄变化,其中住房、能源和健康照护支出比例趋于增加,交通、娱乐和教育消费支出比例下降。在假定各年龄组的消费倾向不变、预测时期内各年龄的各类消费比例不变的情况下,将年龄特征的个人消费模式与人口年龄结构变化趋势相结合,推断出人口老龄化对总消费结构的影响,结果是健康照护占总需求比例上升最多,其次是能源消费和住房支出,随年龄增加而需求下降的依次是教育、交通、服装、娱乐和通信。

---

① 作者特别强调,消费结构变化的路径是比较明确且具有先验理论预期的,但也会受其他因素如老龄化对经济增长影响产生的反馈效应、行为特征变化以及技术进步的干扰。

Lührmann(2005)对德国人口老龄化影响商品和服务总需求的宏观效应进行预测,使用二次近乎理想的需求系统模型(QUAIDS)估计 8 类商品分年龄的家庭需求,预测年龄结构转变对未来 40 年家庭购买力水平和分配变化的直接效应和伴随效应。

　　一些学者基于总消费结构的变化进一步推测产业结构的变化。Rausch(2009)使用 2003 年德国收入支出调查的微观数据与行业投入产出数据对接,计算 17 个行业所对应的消费支出份额随年龄变化的分布情况,结果显示,健康、建筑、能源和银行保险服务变化最显著,80 岁及以上家庭的健康支出份额是年轻组群的 3 倍,教育、运输通信、食品、零食批发贸易、纺织皮革生产业产品的消费支出随年龄下降。使用类似方法,Fougère,Mercenier 和 Mérette(2007)以加拿大为对象的研究发现变化最大的是健康服务业,占 GDP 比重从 2000 年的 4.8% 将增加到 2050 年的7%,增长近 50%;Albuquerque 和 Lopes(2010)基于葡萄牙微观家庭消费调查数据与 55 个行业的投入产出数据预测了 2060 年的消费和产出结构。

　　上述方法有一定的局限性,如假定不同年龄组的消费行为不变,没有考虑消费模式的潜在变化[①];假定技术不变,没有考虑部门劳动生产率的变化;假定商品服务和要素的相对价格不变,忽略了相对价格变化对需求的反作用等。因此有学者质疑,从年龄特征的消费支出直接推测行业产出结构随人口年龄结构变化所得到的结果并不可靠。Schaffnit-Chatterjee(2007)的实证研究就得到了人口老龄化对消费支出占总支出份额的影响并不显著的结论。Rausch(2009)也发现从行业水平上看与年龄相关的消费需求所引致的直接效果比较明显,但对应到部门产出的变

---

　　① Börsch-Supan(2003)指出,基于截面数据计算的消费支出的年龄分布,其中混杂了组群效应、年龄效应和时间效应。必须在年龄消费特征不随时间发生变化(组群效应极小)的假设条件下才可以根据家庭随年龄变化的偏好计算经济结构的调整路径。

化则不尽然,因此人口老龄化的影响从经济总量变化上看并不明显①。与年龄相关的消费支出份额变化导致的需求效应在某些部门如公共服务、房地产、金融保险服务、建筑、能源等行业可以直接观察到,比如人口老龄化使健康支出份额增加,相应的健康行业的产出份额也增加;但某些部门的产出份额与年龄特征的消费支出份额的变化方向并不一致。造成这种现象的原因可能是部门活动被中间需求变化所影响,比较典型的行业如零售批发贸易,虽然与该行业相关的消费支出比重随年龄下降,但产出份额却增加了,进一步观察投入产出数据可以发现原因是该部门作为产出过程中的一个重要的中间投入,很多部门都十分依赖该部门的产品。由此可见,尽管最终需求及其结构的变化是产业结构变化的一个重要因素,但只能解释产业发展的部分原因。

生产过程重组的实践启发了对人口老龄化与产业结构变化关系研究的新思路。从供给(生产)方面来考察,则抓住了人口老龄化与决定产业结构的生产要素特征之间的联系。新结构经济学认为,禀赋是一国技术选择和产业选择所面临的最重要的紧约束(林毅夫,2012)。人口老龄化改变了人力资源禀赋条件,造成劳动要素相对稀缺,使得按比较优势原则组织的社会生产活动产生大量中间服务需求,推动服务外包等生产性服务行业的发展。但从供给方面分析老龄化对产业结构影响的文献很少。Rausch(2009)从供给因素即有效劳动供给下降和资本深化过程的角度,证实人口转变可以显著地改变行业产出构成。预测产出份额变化范围从2010 年的 -8.49% — 6.49% ,到 2050 年的 -23.51% — 19.98% 。由于人口老龄化导致相对要素禀赋的变化最显著的部门有公共服务、纺织和皮革生产、教育、健康。张斌和李军(2013)将人口老龄化因素引入产业结构演进模型,同时考虑需求效应和供给效应,对老龄化影响产业结构演进进行数理分析。结构表明,在静态条件下,人口老龄化程度提高会带来农业

---

① Rausch 在考虑年龄特征偏好变化与不考虑年龄特征偏好变化两种情景下分析人口老龄化对宏观经济总量的影响后发现二者差异很小,这意味着需求结构变化的贡献不是很大。

就业比重上升,工业就业比重下降,但服务业的变化不确定。当老龄化的需求影响效应大于其供给效应的情况下,会产生提高服务业比重的作用。如果进一步考虑老龄化对各部门生产效率的影响,则总体效果趋于复杂化。陈卫民和施美程(2013)指出,人口老龄化助推第三产业发展的最直接的作用机制是带动老年服务业的发展,除需求拉动外,也会从供给方面推动服务业发展。劳动力年龄结构老化可能导致工资增长率超过生产率的增长率,但在不同行业和岗位之间会存在差异。生产者会根据行业性质和岗位要求,对生产过程和组织方式进行调整,以发挥自身人力资源的优势,于是服务外包应运而生。每个生产者的理性行为汇聚起来就促成了整个经济体的产业结构调整。劳动力年龄结构老化是发达国家由制造经济向服务经济、知识经济转型的内在因素。

(二)人口老龄化影响产业结构的主要路径

1. 消费需求路径

根据生命周期理论,个人消费模式会随年龄变化,人口老龄化导致老年人口比例不断升高,从而引致社会总需求结构的改变(Börsch-Supan,2003)。陈卫民和施美程(2014)基于服务业发展的需求理论论证了人口老龄化通过消费结构产生促进服务业增长的需求效应。

2. 要素禀赋路径

老龄化会改变劳动力、资本两种要素的相对充裕程度,产业结构因此由劳动密集型转向资本密集型。Rausch(2009)通过扩展的 OLG 模型从有效劳动供给下降和资本深化过程的角度论证了人口转变对行业产出构成的影响。Cai 和 Stoyanov(2016)将劳动力技能按照与年龄增减变化相关性分为两类,发现老龄化使一国更专注于年龄递增技能密集型行业,削弱年龄递减技能密集型行业的比较优势。Acemoglu 和 Restrepo(2018)基于偏向型技术变迁模型分析发现,老龄化可促进工业机器人和自动化技术的应用,能提升经济体的自动化水平。

3. 劳动生产率路径

有一种观点认为,老年劳动力在技术适应性、创新能力、流动性等方面的弱化会削弱产业升级动力(Börsch-Supan,2001;逯进等,2018)。Engbom(2019)用企业-员工动态理论解释了老龄化导致美国各州20世纪80年代以来企业和员工流动性下降的效应。另一种观点认为,老龄化压力会倒逼企业通过研发投入和技术创新来提升竞争力,从而推动产业结构向知识和技能型升级(陈卫民和施美程,2017)。大量研究证实劳动力老化并不必然导致劳动生产率下降,因为不同年龄层的劳动者在体力、经验及综合素质方面差异较大,老龄化提升了有工作经验的成熟劳动力占比。Gehringer和Prettner(2017)针对OECD成员的实证研究表明,长寿对技术进步和生产力有积极影响。Irmen(2014)采用两部门跨期模型分析发现,面对劳动力成本上涨趋势,企业将使用劳动节省型技术替代劳动力。

4. 人力资本路径

根据数量质量替代原理,老龄化社会生育意愿趋于下降而预期寿命将延长,教育预期回报增加促使个人不再追求家庭劳动力数量增加,而是更关注个体劳动生产率提高,因此会加大对教育和技术培训等领域的投入,有利于人力资本积累,从而有利于产业结构向技术和知识密集型升级。然而,老龄社会的保障性支出和政府财政压力不断增加,会通过税负转嫁到个人,不利于人力资本投资积累,从而阻碍产业升级(Peterson,1999;汪伟等,2015)。

(三)人口老龄化对产业结构影响效应的异质性

1. 国别差异

Jeffery(2007)利用1960—2005年100个国家的样本实证研究发现,不同国家人口老龄化对产业结构影响的效应有较大差异。陈卫民和施美程(2014)按发达国家和欠发达国家分样本观察发现,处在不同经济发展水平和老龄化发展阶段的国家的老龄化需求效应的作用大小和表现形式不尽一致,欠发达国家服务需求受到了较低收入水平的抑制。

2. 区域差异

总效应上,汪伟等(2015)、钟水映和余远(2017)的实证研究发现人口老龄化的产业结构升级效应在中西部地区表现较强,东部地区较弱,而王屿等(2018)的结论则正好相反。具体路径上,张忠根等(2016)的实证研究结果表明,老龄化的需求效应在东、中、西三大区域间呈现出明显的区际差异。汪伟和刘玉飞(2017)运用中国家庭追踪调查(CFPS2012)数据的检验显示,相比于城镇地区而言,人口老龄化的消费结构升级效应在农村地区表现得更为强烈。陶良虎和石逸飞(2018)发现老年消费需求、人力资本积累水平、劳动力禀赋、劳动生产率、科教占比的中介效应在东部地区为正,中西部地区为负。

3. 行业差异

汪伟等(2015)的实证研究显示,老龄化对促进三次产业间的结构优化作用最为明显,对推动制造业内部技术结构升级的影响为其次,而对服务业内部结构的优化效应较小。使用同样的行业内部划分标准,刘成坤和赵昕东(2019)进一步研究发现,老龄化会对中部地区服务业、西部地区制造业的内部升级产生积极影响。吴飞飞和唐保庆(2018)检验老龄化对东部地区服务业(总体服务业、生产性服务业、生活性服务业)发展、中西部地区生活性服务业发展的影响均显著为负,对中西部地区总体服务业及生产性服务业发展的影响不显著。

4. 影响因素差异

吴飞飞和唐保庆(2018)发现养老保障体系的完善可以在一定程度上弱化人口老龄化对中国服务业发展的负向影响。赵春燕(2018)的实证研究结果显示,只有当地区迈过人口城镇化水平(人口城市化率、平均人力资本积累、高学历人力资本积累)、经济城镇化水平(地区人均收入、城镇居民可支配收入)的门槛值之后,老龄化才会产生促进产业结构升级的效应。卓乘风和邓峰(2018)发现区域创新能力的提升能明显弱化人口老龄化对产业结构升级的阻碍作用,而且这种杠杆作用表现出双重门槛特征。王屿等(2018)发现仅当人均可支配收入高于第一个门槛值时,人口老龄化对产业结构的升级效应才会产生积极影响。逯进等(2018)发现老龄化对产业结构的边际影响会随着人口迁移的增加而增强。

5.时间和空间差异

钟水映和余远(2017)使用中国省际面板数据构建空间计量模型发现人口老龄化对产业升级的影响及空间溢出效应均为正。刘成坤和赵昕东(2019)也证实人口老龄化会对邻近区域产业结构的整体升级产生显著的正向空间溢出效应,且长期效果强于短期效果,还会对东部地区邻近区域服务业、中部地区邻近区域制造业的内部升级产生正向空间溢出效应。何文章和饶培培(2019)的结论相反,认为人口老龄化长期内会对邻近区域产生负的溢出效应。

四、文献评述

通过对相关文献地回顾和梳理,我们对现有研究状况有了一个比较清晰的了解。总的来看,人口老龄化和服务业在各自领域的研究成果都非常丰富,但交叉的研究比较匮乏。从人口老龄化来看,大多数文献关注的是老龄化对经济总量的影响,对结构问题的重视不够;而有关服务业发展动力机制和影响因素的研究,对人口因素特别是年龄结构的影响缺乏深入探讨。服务业发展状况反映的是一国的产业结构特征,人口老龄化是一定阶段的人口结构特征。人口结构与产业结构之间存在一定的联系,不同的人口结构特征所形成的供给结构、需求结构背景下,产业结构的发展必然要与其相适应。但目前对人口年龄结构与产业结构之间内在联系的认识还很有限。人口老龄化从需求和供给两方面对经济产生影响,而推动服务业发展的动力机制来自需求和供给两方面的作用,此外还会受到经济、人口、市场化、政策等因素的影响。这些都是已经具有广泛共识的结论。从中不难看出人口老龄化与服务业的内在联系,老龄化通过需求和供给两个路径影响服务业发展的作用机制应该是比较明确的,遗憾的是对此做出系统分析的研究成果还较少。

就中国而言,由于人口老龄化进程较慢,一直以来老龄化问题并不十分凸显,加之服务业发展水平较低,因此相关研究就更加鲜见。然而,无论从人口快速老化的趋势,还是从发展服务业的现实需要来看,基于中国人口转换的实际情况,对老龄化与服务业关系及其影响的研究都是十分必要且紧迫的。

第二节　研究框架

通过对现有文献的梳理可知,有关人口老龄化与服务业发展的研究,在经验观察、理论探讨和实证分析上还存在很多不足,比如至今没有文献就人口老龄化和服务业发展的事实和经验进行系统的观察和描述,在人口老龄化对服务业可能存在的影响方面理论探讨不够深入,特别是对于老龄化的作用机制和路径的分析;实证研究多为检验老龄化与服务业线性关系,对老龄化影响服务业发展的中间环节作用机制的分析较少。为弥补上述不足,本书将从三个方面展开研究。

一、人口老龄化与服务业发展的关系

一是描述和归纳人口老龄化与服务业发展的典型事实。人口老龄化和经济服务化是每个国家人口和经济发展的必经过程,也是人口结构与产业结构演变到较高阶段的表现,从时间趋势上看二者具有很高的一致性。如今发达国家已经几乎无一例外地进入老龄化社会和服务经济阶段,形成了一种人口结构与另一种产业结构相容的新形态。这种形态的形成是一种必然的规律吗? 一个国家进入老龄化社会后,服务业是否一定会发展成为经济主导产业,还是有例外的情况出现? 对于这两个问题目前尚没有定性的结论,甚至缺乏基于事实经验的总结,不能不说是一种缺憾。从这一背景出发,本书首先要做的工作就是对世界各国人口老龄化和服务业发展典型事实的观察和描述,通过分类比较和重点分析,归纳不同类型的老年型国家在人口老龄化过程中服务业发展的共性和差异,总结特征化事实,为分析二者的内在联系提供初步的经验证据。

二是检验人口老龄化与服务业的关系,更准确地说是检验老龄化过程中服务业发展的趋势或增长模式。以往对服务业增长模式的研究一般是从经济发展水平的角度,观察服务业随收入水平提高而变化的规律,寻找服务业增长模式与经济发展之间的内在联系。一种观点是按照传统的收入增长论,认为服务业会随着收入水平的提高而不断增长;另一种观点则认为服务业份额的上升不是经济增长的结果。导致以上分歧的主要原因是对经济增长和服务业份额之间关系的实证研究得到的结论并不一致。受以上启发,本书试图从人口老龄化的维度,观察服务业发展的趋势及其规律,揭示在人口老龄化过程中服务业发展表现出怎样的模式,导致这种模式背后的原因是什么,受到哪些因素的影响,人口老龄化在其中起到怎样的作用。对上述问题的明确有助于进一步认识人口老龄化与服务业的内在联系。

二、人口老龄化影响服务业发展的作用机制和路径

对于不同国家之间的服务业发展水平和结构差异,众多学者从消费需求、生产供给和分工角度进行了广泛的探讨,奠定了以"需求论""生产率差异论"和"分工论"为代表的服务业发展三大动因理论,形成的基本共识是服务业发展水平由一国的经济发展水平和经济增长方式决定,基于收入水平提高的消费需求多样化和为提高生产效率的专业化分工是服务业发展的原始驱动力,在这两方面驱动力作用下的服务业发展过程也会受到人口、城市化、贸易、制度等一系列因素的影响。人口老龄化作为一个重要的人口因素,在服务业发展过程中起到怎样的作用,是本书所关

注的。因此,本书分析的逻辑起点是人口老龄化从需求和供给两方面对产业结构的影响,贯穿分析的主线是服务业发展的三大动因理论。

从需求方面看,人口老龄化的影响主要表现在个人、家庭和社会需求结构的变化,由于老年人相比年轻人消费更多的服务,随着老年人口占总人口比例的升高,整个社会的服务需求也会相应增加。根据"需求论"对服务业增长的解释,服务品相比商品位于更高的满足层次。因此,随着收入增加,人们会将更多的收入用来购买服务,对服务的最终需求不断增加导致了服务业比重的上升,人口老龄化对服务业的影响也遵循同样的逻辑。与"需求论"强调收入作用所不同的是,人口老龄化强调的是年龄结构变化,即老年人占总人口比例提高的作用;共同之处是,无论收入提高还是年龄结构老化,对服务业影响的中间机制都是需求结构。与收入水平提高带来服务需求增加进而推动服务业发展的逻辑一致,人口老龄化程度的提高也会带来需求结构和产业结构同样的变化,本书称之为老龄化的"需求效应"。

仅从需求角度出发的解释无法概括服务业发展的全貌[①],也忽略了人口老龄化对供给方面如劳动力和资本两个重要生产要素的影响。已有研究表明,人口老龄化会改变劳动力供给和劳动生产率状况,也会改变储蓄率进而影响资本积累。从一般结论和现实情况来看,随着人口老龄化发展,劳动力要素变得相对稀缺,资本要素变得相对充裕。按照新古典经济理论框架,当资本相对劳动力的价格变得更低时,企业会通过资本替代劳动的方式来减少生产成本。这种劳动节约型的技术进步是提高劳动生产率的一个重要途径。但长期看,靠资本替代劳动来提高生产率的方式最终会出现资本边际报酬递减的情况,要保持经济持续增长,必须依靠提高全要素生产率的方法,全要素生产率可以通过资源重新配置效率和微观企业生产效率两个途径获得。因此,人口老龄化通过改变劳动力和资本要素的相对稀缺性,会产生加速资本积累和提高全要素生产率的内在

---

① 贝尔将服务业就业的快速增长归因于需求的迁移和生产率增长差异。

动力,从而改变经济增长的方式。这会给服务业带来怎样的变化?我们可以借助服务业发展动因论中的"生产率差异论"和"分工论"进行推断。一方面,在资本积累过程中,资本密集度较高的部门会产生剩余劳动力,需要有相应的部门来吸纳,这个部门就是服务业。正如"生产率差异论"所指出的,劳动力从生产率增长速度快但需求增长缓慢甚至停滞的制造业转移出来,重新配置到生产率增长速度慢但需求快速增长的服务业,是服务部门就业比重不断上升的原因。在该过程中,劳动力从低生产率部门向高生产率部门转移,还会产生有利于全要素生产率提高的资源重新配置效率。另一方面,根据"分工论"的观点,生产性服务业的发展主要受效率牵引和驱动。因此,老龄化社会对提高全要素生产率的内在需求也会产生推动生产性服务业发展的效率驱动机制。本书将以上两方面的影响称之为老龄化的"供给效应"。

按照上述逻辑,我们将分别从需求效应和供给效应两方面,对人口老龄化影响服务业的作用机制进行理论分析和实证检验。前者从老龄化加快与老年人口规模增加的外在条件探讨老龄化社会总消费结构以及产业结构的变化;后者则是从人口老龄化对劳动力、资本等生产要素的影响入手,从要素禀赋结构变化的内在条件分析老龄化社会服务业发展的动力机制。需要强调的是,虽然是从最终消费结构变化的视角对人口老龄化需求效应进行分析,但最终消费的商品和服务中也包含中间服务即生产性服务的投入,而人口老龄化的供给效应的影响范围同时涵盖了与消费和生产相关的服务部门。因此,人口老龄化的"需求效应"和"供给效应"对服务业的影响不是彼此独立的关系。

三、中国人口老龄化与服务业发展的现状和未来

对中国人口老龄化与服务业发展现状和未来的认识,不能照搬国际经验,因为前者具有明显的"中国特色",表现为老龄化速度过快和服务业发展相对滞后的不协调状态。在这一现象的背后,既有服务业自身发

展动力不足的原因,又有人口因素的重要影响。事实上,中国在进入老龄化社会之初甚至随后的一段时期内,仍旧处于一个未成年人口和老年人口占总人口的比例较低的局面,这种"中间大两头小"的人口年龄结构为经济发展提供了充足的劳动力供给和较轻的抚养负担,形成了十分有利于经济快速增长的人口条件,也就是所谓的"人口红利"。因此,与西方国家典型的新古典经济增长模式不同,中国过去的经济增长是在二元经济发展框架下进行的,劳动力无限供给特征成为有益的生产要素积累,人口红利提高了储蓄率和资本形成的速度。所以,人口红利时期的中国不存在劳动力短缺和资本报酬递减的情况,相应地,具有劳动密集型产业的比较优势,在发达国家与发展中国家之间"较高层次的服务业与一般工业、制造业"的国际分工中占据了下游位置,形成了以外向型低端制造业为主的经济发展格局。由此可见,中国经济增长方式和产业结构演进受到人口因素的深刻影响。因此,在中国特殊的人口背景下对服务业发展现状及其成因进行分析,显得十分必要,既可以深化人口老龄化影响服务业作用机制的探讨,更有助于对中国未来老龄化社会服务业发展的机会和困境的认知。

在本章的最后,需要对本书的研究视角和研究范畴做一些特别的说明。

就研究视角而言,本书虽然将"人口老龄化"与"服务业"并列命题,但重点关注的是二者之间"前者为因、后者为果"的关系。一般而言,人口对服务业的影响是通过中介变量起作用的。但是,产业结构的演化和服务业发展存在自身的规律和惯性,人口老龄化只是伴随始终且不断发生变化的一个客观条件。我们必须尊重服务业自身的发展规律,正确看待人口老龄化的影响和作用。从经济发展史角度看,产业结构演变是一国经济发展过程中需求结构、技术进步趋向以及供给要素变化的必然结果。就服务业发展动因来说,包括收入增长论、生产率滞后论和社会分工论三大主流观点,此外还有很多中外学者从产业关联、创新、市场化、政府作用、国际贸易以及制度、人口、地域与社会等诸多方面给出各种解释。

服务业发展与其说是某一种因素的作用,不如说是众多因素共同作用的结果。在本书的研究中,人口老龄化被作为一个观察服务业发展的角度,或是一个背景,但绝不是决定因素。无论是对人口老龄化与服务业发展的关系和趋势的观察,还是对人口老龄化作用机制的探讨,都是从这一点出发的。

本书从宏观层面上研究人口老龄化对服务业的影响。就研究范畴来看,一是暗含着人口老龄化达到一定程度的假定。人口老龄化指的是老年人在总人口中的比例增大[①],表现为人口年龄结构系统性变化,即少儿占比逐渐减少、老年人占比不断扩大、劳动年龄人口波动减少的趋势。由于人口老龄化是一个不可逆转的周期较长的过程,老龄化问题及其对经济的影响也会表现为一个逐渐酝酿、积累和显现的过程。从西方国家历史经验看,老龄化问题呈现明显的阶段性特征,起初是老年人口规模扩大导致的养老、医疗、长期照料等问题,随后劳动力短缺和老化带来的劳动参与率降低、劳动生产率下降等问题逐步显现,这与一国经济、社会、人口发展所处阶段有着密切的关系,也只有当人口老龄化达到一定程度之后才会出现。因此,目前已经进入老龄化社会的国家是本书主要的考察对象,也就是说,我们关注的是这些国家过往的人口老龄化过程对服务业发展的影响。二是服务业发展包含总量和结构变化两层含义,二者既有一致的趋势,也有背离的可能。比如,服务业的产出和就业总量虽然增长,但未必一定表现为服务业在整个国民经济中的比重提高。本文重点关注的是结构变化,其中既包括三次产业整体结构的变化,也包括服务业内部结构的变化。上述变化在不同的产业发展阶段可能会有所不同。比如,在工业化的早期阶段,三次产业之间的交替变化可能比较明显,服务业比重表现为较大幅度的提高;然而到后期特别是后工业化时期,三次产业结构基本稳定,取而代之的是服务业内部结构的变化。

---

① 联合国国际人口学会:《人口学词典》,杨魁信、邵宁译,商务印书馆,1992,第41页。

第二章 老龄化过程中服务业发展的趋同与差异

人口老龄化和经济服务化是每个国家人口和经济发展的必经过程，是人口结构与产业结构演变到较高阶段的表现，从时间趋势上看二者具有很高的一致性。当今世界的主要发达国家几乎无一例外地进入了老龄化社会和服务经济阶段，形成了一种人口结构与另一种产业结构相容的新形态。这种形态的形成是一个必然的规律吗？一个国家在进入老龄化社会后，服务业是否一定会发展成为经济主导产业，还是有例外的情况出现？在所有的老年型国家中，服务业在内部结构上存在哪些趋同和差异？对于以上问题目前尚没有定性的结论，甚至缺少基于经验事实的描述和分析，本章将针对这些内容展开研究。

第一节 人口老龄化与服务业发展的现状

人口老龄化是指老年人口占总人口比例不断上升的过程，全世界范围内的国家都在或快或慢地经历这一人口转变。人口老龄化最早开始于19世纪的发达国家，如今在更多的发展中国家也陆续出现。按照65岁及以上人口占总人口的比重超过7%的静态标准来衡量，1950年大多数发达国家的人口类型已经为老年型①。法国 1870 年时老龄化率已达到 7.41%,成为世界上最早的老年型国家。多数发达国家老龄化率超过 7% 发生在 1930—1950 年间(United Nations,1956)。到 1950 年,全世界人口 老龄化率的平均值为 5.2%,发达国家已达到 8.2%,转型经济国家为 6.7%,发展中国家只有 3.9%,见表 2.1。在 OECD 成员国中,只有韩国、 日本、波兰、希腊等少数国家在 1950 年的人口老龄化率还低于 7%,大部 分欧洲国家如法国、英国、比利时等已达到 10% 以上(United Nations, 2012)。相比发达国家,发展中国家的老龄化进程开始得晚,程度较低,但 速度更快。

表 2.1　不同经济体的老年抚养比和老龄化率

年份	世界		发达国家		转型经济		发展中国家	
	抚养比	老龄化率	抚养比	老龄化率	抚养比	老龄化率	抚养比	老龄化率
1950	9	5.2	13	8.2	11	6.7	7	3.9
1975	10	5.7	17	11.2	13	8.5	7	3.9
2005	11	7.4	23	15.5	18	12.4	9	5.5
2025	16	10.5	34	21.4	23	15.3	13	8.6
2050	25	16.1	45	26.2	34	21.4	23	14.6

注:抚养比为 65 岁及以上人口占 15—64 岁人口的比例(%),老龄化率为 65 岁人口 占总人口的比例(%)。资料来源:United Nations(2005),*World Population Prospects:the 2004 Revision*.

一、人口老龄化与服务业的截面观察

选取截面数据最多的 2019 年绘制老龄化率与服务业比重的散点图 观察二者的水平特征,见图 2.1 和图 2.2。两图中绝大多数老龄化率超 过 7% 的国家,集中分布在右上区域。这表明,大部分老年型国家的服务 业增加值比重和就业比重都达到 50% 以上,超过了农业和工业比重的总

---

① 　按照 1956 年联合国《人口老龄化及其社会经济后果》中的划分标准,将 65 岁及 以上人口比例超过 7% 的称作老年人口;低于 4% 的称作年轻型人口,介于 4%—7% 之 间的为成年型人口。

和。只有少数位于右下区域的国家,也就是服务业增加值比重或就业比重低于50%的老年型国家①,大多属于中低收入水平②。总的来看,高收入国家的老龄化率与服务业比重较高,中低收入国家的较低。图中的拟合曲线反映了各个国家在服务业比重上的趋同现象,特别是服务业增加值比重的趋势比就业比重更加一致③。这种趋势是符合现实情况的,因为对于部分发达国家来说,服务业在总体经济中的比重已经达到很高水平,比如美国、英国、法国、丹麦等国家的服务业增加值比重和就业比重接近甚至超过了80%,再继续提高的空间十分有限。

---

①　图2.1中服务业增加值比重低于50%的老年型国家有白俄罗斯(48.4%)、阿尔巴尼亚(48.4%)、波多黎各(47.8%)、科索沃(46.4%)、越南(42.5%);图2.2中服务业就业比重低于50%的国家是罗马尼亚(48.7%)、中国(47.2%)、斯里兰卡(47.2%)、阿尔巴尼亚(43.4%)、朝鲜(43.5%)、越南(35.3%)。

②　在老龄化率超过7%但服务业比重低于50%的国家中,波多黎各和罗马尼亚为高收入国家,越南、斯里兰卡和朝鲜为低收入国家,中国、白俄罗斯、阿尔巴尼亚、科索沃为中等偏上收入国家。世界银行根据世界银行图表集法(Atlas method,采用图表集转换因子 Atlas conversion factor 计算用美元计值的国民总收入 GNI,是为了在对国民收入进行跨国比较时减少汇率波动的影响,详细介绍见 http://data. worldbank. org/about/country-classifications/world-bank-atlas-method),按照人均国民总收入将所有经济体划分为三类:高收入(high income)、中等收入(middle income)和低收入(low income)。其中,中等收入包括中等偏上收入(upper middle income)和中等偏下收入(lower middle income)。世界银行每年7月1日(财政年度起始日)公布上一年度各收入组的临界值,以此来划分经济体的收入类型。按照世界银行每年公布的收入分类标准,部分国家在不同年份属于不同的收入类别。因此,在本书考察的样本期间内,部分国家所在收入组可能会发生变动。2023年的收入组分类标准是:人均 GNI 在1035美元以下为低收入国家,超过12536美元为高收入国家,介于二者之间的为中等收入国家,以4045美元划分中等偏上和中等偏下收入。

③　陈卫民、施美程(2013)通过对澳大利亚、加拿大、法国、德国、意大利、日本、韩国、荷兰、英国、美国10个人口较多的发达国家1970—2011年服务业就业比重变化的计算结果发现,平均值从50.1%提高到75.7%,标准差由10.1%缩小到5.0%;服务业增加值比重由52.2%提高到72.1%,标准差由7.3%缩小到6.0%。就业比重由低于增加值比重转变为高于后者,就业比重标准差也由大于增加值比重标准差转变为小于后者。

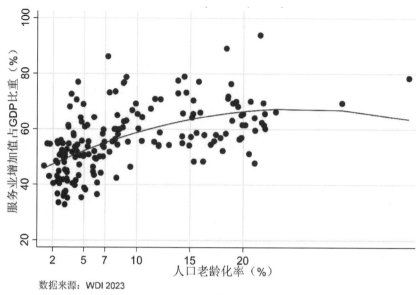

数据来源：WDI 2023

图 2.1　2019 年 183 国老龄化率与服务业增加值比重

注：数据选自世界银行世界发展指数（World Development Indicators，WDI，2023）；横轴代表老龄化率（%），纵轴代表服务业增加值占 GDP 比重（%）；虚线曲线是按照服务业增加值比重与老龄化率的二次项关系拟合的趋势线。

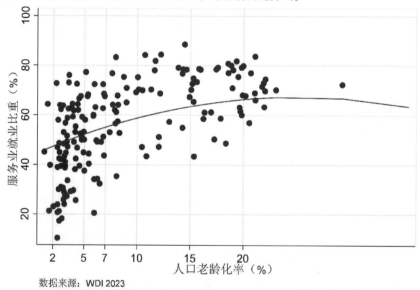

数据来源：WDI 2023

图 2.2　2019 年 177 国老龄化率与服务业就业比重

注：数据选自世界银行世界发展指数（World Development Indicators，WDI，2023）；横轴代表老龄化率（%），纵轴代表服务业就业比重（%）；虚线曲线是按照服务业就业比重与老龄化率的二次项关系拟合的趋势线。

二、不同类型国家的划分和比较

按照老龄化率达到或超过 7% 的标准,2013 年世界银行统计的 221 个国家中有 81 个国家(地区)进入了老龄化社会,其中高收入国家[①]共 49 个,中高收入国家 25 个,中低收入国家 6 个,低收入国家只有 1 个,见附录 A。从这些国家中筛选出人口规模超过百万的 61 个国家[②]进行初步观察,发现老年型国家的经济发展水平普遍较高,全部达到中等收入或以上水平,而且经济越发达的国家老龄化越严重,从老龄化率的平均值来看,高收入国家为 15.38%,中等收入国家为 10.67%。而一般来讲,收入水平高的国家服务业发展水平也较高。在 12 个服务业比重低于 50% 的国家中,除特立尼达和多巴哥以外,均为中等收入水平;49 个服务业比重超过 50% 的国家中,属于高收入的有 35 个,中等偏上收入的 12 个,中等偏下收入的只有乌克兰和萨尔瓦多 2 个。从服务业增加值比重和就业比重的平均值看,高收入国家分别为 69% 和 70%,中等收入国家平均为 62% 和 53%,后者较低。

按照老龄化和服务业的水平将以上国家简单地分为四类[③],表 2.2 列出了四类国家服务业比重和老龄化率的平均值,每个国家的详细情况见附录 B。第一类是老龄化率和服务业比重均较高的国家,以欧美发达国家为代表,这些国家的老龄化率已超过 13%,意大利、德国、日本达到了 20% 以上,服务业比重接近或超过 70%,属于典型的高度老龄化和经济高度服务化国家;第二类国家的老龄化虽然也达到较高程度,但服务业水平与第一类国家相比稍显落后,以东欧国家最为典型;第三类国家具有比较

① 世界银行 2013 年公布的收入组分类标准是:人均 GNI 在 1045 美元以下为低收入国家,超过 12745 美元为高收入国家,介于二者之间的为中等收入国家,以 4126 美元划分中等偏上收入和中等偏下收入。

② 人口百万以上的老龄化国家共有 64 个,剔除数据缺失的以色列、朝鲜、波多黎各 3 个国家后剩余 61 个国家。

③ 这里对老龄化率和服务业比重的划分是相对的。

年轻的人口结构,服务业发展超前于老龄化进程,如新兴工业化国家新加坡、韩国、巴西、阿根廷、智利等,这些国家工业体系较为成熟,服务业发展开始得早,在经济中的比重已超过工农业之和;第四类国家的特点是老龄化率和服务业比重均较低,绝大多数是属于中等收入水平的发展中国家,如中国、泰国、斯里兰卡等,处于传统农业社会向现代工业社会过渡的阶段,服务业发展落后。

表 2.2　2013 年四种类型国家的老龄化率与服务业比重平均值　　单位:%

类型	老龄化率	服务业增加值比重	服务业就业比重
高老龄化率、高服务业比重	16.89	72.39	72.05
高老龄化率、低服务业比重	15.28	63.07	56.90
低老龄化率、高服务业比重	8.76	68.66	68.69
低老龄化率、低服务业比重	9.07	54.35	45.78

注:根据附录 B 计算。数据取自世界银行世界发展指数(World Development Indicators,WDI) 。

第二节　人口老龄化与服务业的发展趋势

一、服务业初始水平

在前述四种类型的 61 个国家中,2010 年人口超过千万的大国①有 27 个,这些国家从进入老龄化社会②开始至 2010 年每隔 10 年的三次产业比

---

①　一般来讲,规模越大的国家经济对外依赖程度越小,产业结构越完整。本书以总人口数衡量国家规模,超过千万人口的国家是:高收入 OECD 成员国捷克、希腊、比利时、荷兰、智利、澳大利亚、加拿大、波兰、西班牙、韩国、意大利、英国、法国、德国、日本、美国、葡萄牙;高收入非 OECD 成员国俄罗斯;中等偏上收入国家突尼斯、罗马尼亚、阿根廷、泰国、土耳其、巴西、中国;中等偏下收入国家斯里兰卡、乌克兰;低收入国家朝鲜,总共 28 个国家。但由于朝鲜的服务业数据缺失,因此本书仅研究除朝鲜以外的其他 27 个国家。

②　这里和后文所指的老龄化社会,均以老龄化率达到或超过 7% 为标准。

重的变化见附录 C。我们将每个国家期初和期末的老龄化率与服务业增加值比重绘制在图 2.3 中。可以看到,各国在进入老龄化社会时的服务业初始水平差异很大,服务业增加值比重最低的刚刚超过 20%(捷克),最高的已接近 70%(巴西)。早期进入老龄化社会的国家,服务业初始比重较低的一类是刚刚完成工业革命的国家如法国、德国,这些国家由于工业化进程短,小农经济仍广泛存在,另一类是东欧国家如俄罗斯、捷克、波兰、罗马尼亚等,国民经济以重工业优先,因此限制了服务业的发展。早期进入老龄化社会的国家,服务业初始比重较高有工业革命先驱英国,先行国家荷兰、希腊以及后发赶超国家美国、日本,它们共同的特点是工业化相对成熟,服务业获得了一定的发展。一般而言,老龄化开始晚的国家服务业初始比重比较高,最典型的是部分发展中国家特别是新兴经济体,如韩国、巴西、土耳其等,在 2000 年前后进入老龄化时的服务业比重已经超过 60%,中国、泰国、斯里兰卡等国家的服务业发展虽然滞后,但也超过了 40%,比早先欧美国家的初始水平要高[1]。

---

① 法国 1870 年进入老龄化社会时,农业比重高达 43%,工业比重为 30%,服务业仅占 27%;英国和德国 20 世纪 40 年代才进入老龄化社会,比法国迟了半个多世纪。两国工农业水平差别较大,前者为 4% 和 29%,后者为 18% 和 45%。随后是意大利、荷兰和美国,这三个国家在 1940 年进入老龄化社会时的服务业比重分为 40%、51% 和 55%(就业比重)。1950 年进入老龄化社会的有葡萄牙(增加值比重 32%)、希腊(增加值比重 52%)、西班牙(增加值比重 65%),后两国的服务业比重高是由于工业比重过低。20 世纪六七十年代,东欧国家进入老龄化社会,捷克(增加值比重 22%)、波兰(增加值比重 26%)、罗马尼亚(增加值比重 23%)、俄罗斯(增加值比重 25%)处于优先发展重工业时期,服务业在经济中不占主导地位。日本和阿根廷 1970 年进入老龄化社会时服务业比重较高,前者增加值和就业比重分别为 53% 和 48%,后者增加值比重为 48%。20 世纪末 21 世纪初成为老年型国家的有韩国(增加值比重 59%、就业比重 61%),发展中国家如中国(增加值比重 41%、就业比重 28%)、泰国(增加值比重 48%、就业比重 34%)、斯里兰卡(增加值比重 58%、就业比重 38%)、土耳其(增加值比重 63%、就业比重 50%)、巴西(增加值比重 67%、就业比重 63%)、突尼斯(增加值比重 60%、就业比重 49%),这些国家的服务业初始比重相比发达国家要高。

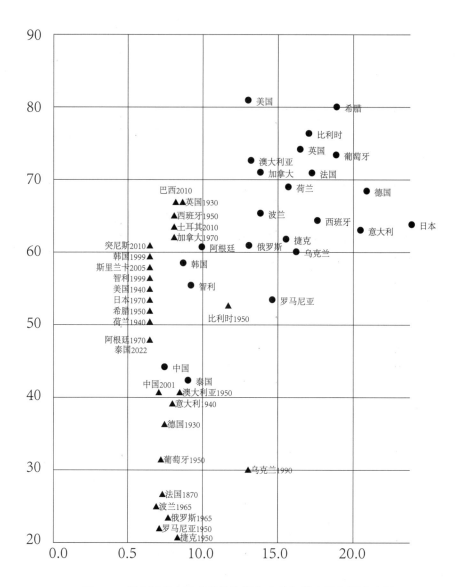

图 2.3　部分国家人口老龄化和服务业的初始水平与期末水平

注:横轴代表老龄化率(%),纵轴代表服务业增加值比重(%)。图中三角形表示各国期初的位置(进入老龄化社会时的服务业初始水平),圆形表示期末(2010年)的位置。由于部分国家的服务业初始水平数据缺失,比利时、澳大利亚1930年数据用1950年代替,美国增加值比重用就业比重代替,加拿大1950年数据用1970年代替,乌克兰1960年数据用1990年代替。

二、人口老龄化与服务业的趋势观察[①]

发达经济体中1950年已经是老年型的国家,美国和英国的三次产业水平最为接近,两国农业就业比重都已降至10%以下,服务业成为经济中占比最大的产业,美国的服务业增加值和就业比重分别达到67%和58%,英国略低,分别为55%和49%,但工业比重高于美国。相比之下,意大利和西班牙的服务业增加值比重虽然已高达65%,但由于农业就业比重仍然很大,有超过40%的劳动力滞留在农业,因此服务业就业比重只有30%左右;法国和德国介于前两种情况之间,服务业增加值比重已超过工农业总和,但就业比重较低,分别为42%和34%,原因同样是农业部门的劳动力过多。随后的半个世纪,这些国家的产业结构特别是劳动力结构越来越接近,到2010年时,服务业比重均超过了60%,工业比重全部降到30%以下,农业不到10%。服务业增加值比重和就业比重之间的差距也缩小了。与此同时,各国在人口老龄化程度上的差距有所扩大,德国、意大利、西班牙的老龄化速度比较快,到2010年时分别提高了11%、12%和9.8%,前两个国家的老龄化率超过了20%,西班牙为17.1%;法国、英国、美国老龄化发展速度较慢,增加了5个百分点左右,美国仅为13.1%,英法两国分别为16.6%和16.8%。1950年以前进入老龄化社会且产业结构表现趋同的发达国家还有希腊、葡萄牙、荷兰、加拿大、比利时和澳大利亚,其中希腊和葡萄牙的老龄化发展速度较快,分别提高了12.2%和11%,其他国家增加幅度在5—7个百分点范围内。日本虽然老龄化开始得稍晚,却是发达国家中老龄化速度最快的,1970年进入老龄化社会时服务业已达到较高水平,增加值和就业比重分别为53%和48%,40年内老龄化率提高了16个百分点,到2010年时已成为人口年龄结构最老的国家,产业结构也与上述发达国家趋同。部分中欧、东欧国家

[①] 虽然很多国家早在19世纪末20世纪初就已经进入老龄化社会,但是由于数据限制,这里分析的时段是1950至2010年。

如捷克、波兰、俄罗斯、乌克兰和罗马尼亚等,20世纪六七十年代进入老龄化社会后至东欧剧变前,经济以工农业为主,服务业发展缓慢;随着转轨后市场经济框架建立,经济结构调整,工业在国内生产总值中所占的比重逐渐下降,服务业获得快速发展。进入老龄化社会最晚的国家,智利、韩国、中国和泰国10年里老龄化率提高了1—2个百分点,其间服务业就业比重提升较大,智利和韩国最为明显,到2010年时已接近世界发达水平。

以1950—2013年的服务业就业比重、增加值(现价和不变价)比重为纵轴,以老龄化率为横轴绘制的趋势图2.4中显示,尽管代表每一个国家的曲线斜率并不完全一致,但服务业比重随老龄化率不断提高的趋势是

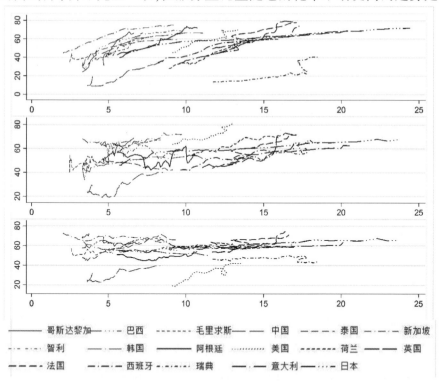

图2.4 部分国家服务业比重随老龄化率变化的趋势

注:横轴代表老龄化率(%),数据取自WDI;纵轴由上至下分别代表服务业的就业比重、增加值(现价)比重和增加值(不变价)比重(%),根据GGDC10部门数据计算。

一致的。曲线的斜率代表服务业比重随老龄化率变动的弹性,由于所观察的样本期间(1950—2013年)内各个国家处于不同的产业发展阶段和老龄化阶段,变动的弹性自然会有所差异。老龄化程度较低的国家,曲线的位置偏左且比较陡峭,因为这类国家大部分处于农业国向工业国转变的初期或中期,三次产业比重变化较大,因此弹性较大;老龄化程度较高的国家,曲线的位置偏右且比较平缓,因为进入工业化中后期和后工业化时期后三次产业比重相对稳定,因此变化弹性小。上述国家共同的特点是服务业比重在超过60%以后的变化速度开始减缓。

三、老龄化过程中服务业发展的特征

以上通过对老年型国家服务业整体情况的观察发现,服务业比重既有随老龄化不断提高的趋势,又表现出显著的国别差异;不仅表现在发达国家与欠发达国家之间,也存在于同类收入水平的国家之间。主要原因是每个国家人口老龄化和产业结构转换的时点和背景有很大的差距。一个国家的服务业发展,除受初始水平和所处产业阶段制约外,还会受到体制框架、市场环境、资源禀赋、国际分工地位等诸多方面的影响,其中也包含人口因素。事实表明,只要具备适当的客观条件,服务业完全可以在人口年龄结构较低阶段获得发展;也存在服务业滞后于老龄化进程的情况。

虽然人口老龄化并非服务业发展的决定性条件,但是一个重要的影响因素。对此,我们可以从老龄化过程中服务业发展表现出的一些特征,在人口老龄化背景下做一些引申性的思考。

一是服务业占总体经济的比重在增加值与就业上的表现不一致,反映在二者的初始水平上,前者高于后者,主要是因为服务业就业比重的提升受其他部门特别是农业劳动力状况的制约。在较低水平上起步的服务业就业比重增长较快,在图2.4中反映为就业比重随老龄化变化的趋势线更陡①,说明就业比重的变化弹性更大。发达国家产业结构演变的历程表明,服务业就业比重的增长慢于增加值比重的增长,但二者的差距会随着其他部门的剩余劳动力转移到服务部门而不断缩小。服务业就业的增长很大程度上取决于其他部门的剩余劳动力转移,对于后者,我们从老龄化社会要素禀赋结构的变化来分析。进步部门的剩余劳动力的产生,是以资本替代劳动为主要形式的劳动节约型技术进步的一个结果。其发生的前提是,遵循成本最小化原则的企业,当劳动力相对于资本的价格上升时,在使用资本密集型设备和增加劳动力之间进行权衡,从而选择了前者。而人口老龄化的影响是使劳动力和资本的相对稀缺性发生了变化。

二是以名义值和实际值表示的服务业增加值比重存在差异。后者比前者,即增加值(不变价)比重的曲线比增加值(现价)的曲线平缓,主要是因为以名义值表示的服务业增长中包含了价格变化因素。很多学者将服务业增长的原因完全归于相对价格上涨②,这种观点过于绝对和笼统。虽然服务业实际产出份额相对于制造业而言没有简单上升,国际价格数据也显示大多数工业化国家的消费者支付了较高的服务相对价格,但是以实际产出衡量的服务业增长是有目共睹的。而且,以未经通货膨胀调整的名义市场价格计算的服务增加值中,既包含了通货膨胀的价格效应,也有服务质量提高的贡献,只是后者很难量化而已。至少可以明确的是,服务业实际产出与名义产出之间的差距与服务产品的价格密切相关。因为在其他条件不变的情况下,较高的价格意味着至少在实际意义上的较低需求份额,服务的价格越高,服务在实际收入中的份额就越少。从某种

---

① 对于增加值比重增长慢于就业比重的现象,格鲁伯和沃克(1993)用生产中的相对劳动生产率和资本加深来解释,即服务业资本投入相对经济社会其他部分的相应投入趋势来说,比劳动投入增加得要慢一些。也就是说服务部门每个人的资本量与生产率的增长要慢于经济社会的其他部分。

② Baumol(1967)指出,工业的技术进步使制成品越来越便宜,因此增加了服务业的相对价格。事实上,服务业的绝对资源成本没有上升,只是机会成本增加了,因为服务生产所需要的等量资源能够生产出更多的工业制成品。很多学者根据不同国家和地区的事实经验观察后也发现,整体上看服务数量并没有显著增加,服务业增长只是服务部门与制造部门相对价格上涨率所造成的一种幻觉,并非其实际产出的体现。

意义上说,人口老龄化带来的劳动力短缺问题会加剧人工成本上升的趋势,从整体上拉高服务业的价格。

第三节　老龄化社会的服务业内部结构

研究服务业内部结构的首要任务是对不同属性的行业进行合理的归类。但是,服务业是一个内部差异性很大的部门,内部结构划分缺乏统一的标准,不同的国际组织、国家和学者的分类方法都各有优缺点,主要原因是某些服务类型很难界定明确的服务对象(陈凯,2009)。国内外几种代表性的分类方法有,Katouzian(1970)按照服务业在经济变化阶段中的地位与作用将服务部门划分为新兴服务(new service)、传统服务(old service)与补充服务(complementary service)三种类型;Singelmann(1978)将服务业按照不同性质归为流通服务、生产服务、个人服务、社会服务四类,前两类具有生产性服务或生产资料型服务性质,后两类具有公共服务与生活性服务性质;格鲁伯和沃克(1993)以服务对象为标准,将被消费者所购买的服务归为消费者服务,被政府提供的服务归为政府服务,面向企业的服务归为生产者服务;国内学者李江帆(1990)根据不同服务部门的功用和意义将服务业归并成生活服务业与生产服务业两大类;黄少军(2000)提出经济网络型服务、最终需求型服务、生产者服务、交易成本型服务四分法等。上述方法对从不同角度解释服务业增长具有十分重要的价值。然而,毕竟服务业内部的众多行业属性繁杂,很难有一种方法能够既做到完整归类,又避免外延交叉的问题。对于服务部门的分类,只能是从研究目的出发来选择一个相对适宜的方法。本书从驱动服务业比重上升的主要动力来源出发,将服务业内部各个部门[1]划分为生活性服务与生产性服务两大类,分别考察这两类服务业在老龄化社会的表现。这样

---

① 联合国统计署 2006 年修订的《全部经济活动的国际标准产业分类》(ISIC, Rev. 4.0)将全部经济活动划分为 21 个门类,其中服务业包含代码从 G 到 U 的 15 个门类。

做的目的,是通过观察在老龄化过程中受不同动力驱使的服务业发展特征,深入理解人口老龄化与服务业的内在联系。

一、生活性服务业

生活性服务主要指直接为个人和家庭最终消费提供服务的活动,如餐饮、休闲、医疗保健、教育、社会服务等,由于具有较高的收入弹性,人们对这类服务的需求会随收入水平的提高而增长。贝尔(1984)认为以服务活动为主的后工业社会将沿着个人和家庭服务,交通通信等公共设施服务,商业、金融、保险和房地产,休闲性服务和社会公共服务的次序扩展。在生活性服务业发展过程中,城市化和人口的变化是重要的推动力量。城市化促进了生活性服务市场的形成和发展,为生活性服务业空间集聚创造了条件;人口老龄化则直接为生活性服务业提供了不断增长的刚性需求,包括个人和家庭服务、社会公共服务等。很多实证研究发现了生活性服务业中与人口老龄化关系密切的部门,如社团、社会和工人服务(Siliverstovs,Kholodilin 和 Thiessen,2011),社区服务、健康服务、与休闲文化有关的娱乐和服务(Thießen,2007),健康服务(Fougère,Mercenier 和 Mérette,2007)。尽管受研究范围的影响结论不尽一致,但都肯定了老龄化与老年消费相关的服务部门之间关系密切。

在 GGDC 10 部门数据库中,所有的服务被归入五个门类[①],分别是批发零售、餐饮住宿(简称商贸),交通、仓储、通信(简称交通),金融保险、地产、商务(简称金融),政府服务以及社团、社会个人服务,其中以提供生活性服务为主的部门是政府服务部门,社团、社会和个人服务部门,以及批发零售、住宿餐饮服务部门中的一部分,我们将前两类部门合并为公共服务部门,对 17 个老年型国家该部门增加值和就业占整个服务业的比重进行详细的观察。为了比较更多老年型国家的情况,我们还从 EUKL-

---

①　五大类服务部门 2007 年的增加值和就业比重详见附录 E。

EMS 数据库中增加了 16 个国家相应部门的数据[①]，见表 2.3。对于绝大部分国家来说，公共服务部门就业占服务业比重是最大的。多数国家该部门增加值和就业比重都达到了 40%—50% 以上。

表 2.3 部分国家 2007 年老龄化率与公共服务部门比重　　单位:%

国家	老龄化率	公共服务部门比重			国家	老龄化率	公共服务部门比重		
		增加值现价	增加值不变价	就业			增加值现价	增加值不变价	就业
哥斯达黎加	6.10	34.39	33.14	33.41	爱尔兰	11.07	34.39	33.14	44.48
巴西	6.44	38.90	37.98	42.70	斯洛伐克	11.87	29.08	27.66	49.28
毛里求斯	6.98	27.55	28.45	39.10	澳大利亚	13.07	28.79	28.65	41.64
中国	7.94	29.20	29.77	55.89	波兰	13.33	36.51	36.70	49.69
泰国	8.15	28.79	28.65	28.56	捷克	14.47	29.20	29.77	70.36
新加坡	8.45	13.08	13.67	21.22	立陶宛	15.37	13.08	13.67	36.59
智利	8.46	29.08	27.66	37.42	丹麦	15.63	47.88	45.37	68.80
韩国	10.02	44.30	43.20	33.52	斯洛文尼亚	16.00	39.62	34.36	65.14
阿根廷	10.37	39.62	34.36	49.14	匈牙利	16.08	42.04	41.59	57.88
美国	12.52	29.21	28.12	42.41	芬兰	16.27	44.30	43.20	49.80
荷兰	14.44	41.23	38.66	41.30	奥地利	16.73	37.35	36.09	61.83
英国	16.13	37.35	36.09	45.10	比利时	17.15	38.90	37.98	59.85
法国	16.48	51.93	49.42	46.72	爱沙尼亚	17.17	27.55	28.45	56.27
西班牙	16.79	42.04	41.59	41.80	葡萄牙	17.46	46.62	45.95	59.96
瑞典	17.52	47.88	45.37	53.17	拉脱维亚	17.79	28.26	40.85	59.90
意大利	19.89	46.62	45.95	42.51	德国	19.85	41.23	38.66	61.15
日本	21.02	36.51	36.70	36.36					
平均值	12.22	36.33	35.22	40.61	平均值	15.58	35.30	35.13	55.79

注:左侧 17 国根据 GGDC 10 部门数据计算,增加值不变价以 2005 年为基期;右侧 16 国根据 EU KLEMS 数据计算,增加值不变价以 1995 年为基期。新加坡由于政府部门未被计入所以比重偏低。

----

① 本书所指的公共服务部门对应 GGDC 10 部门数据中的(9)政府服务和(10)社团、社会和个人服务,对应 EU KLEMS 数据库中 L 公共管理、国防和社会保障,M 教育,N 健康和社会工作,O 社团服务,P 社会和个人服务。具体的行业部门及其分类详见附录 D。

从部门比重的变化幅度来看,各个国家在老龄化时期公共服务部门就业占社会总就业比重的增加是最突出的,这主要是由该部门的劳动密集型特征所决定的。表2.4是29个国家进入老龄化社会以来①服务业内部各部门就业比重的变化。除智利、斯洛伐克、匈牙利和拉脱维亚外,其他国家公共服务部门在社会总就业中的比重全部是增加的。其中,19个国家所有部门中占社会总就业比重提高的百分点最多的是公共服务部门。瑞典提高了21.09%;其次是法国和英国,分别提高了18.36%和18.04%。公共服务部门就业增加对这些国家服务业就业比重的提高起到了关键性的作用,瑞典服务业就业比重提高的36.16个百分点中有58.32%是由公共服务部门贡献的;芬兰、葡萄牙、韩国该部门的贡献超过70%。总的来看,进入老龄化社会越早的国家,公共服务部门就业占社会总就业提高的比重越大,对服务业就业增长的贡献越大,对于高收入国家来说尤为明显。从开始观察不晚于1970年的17个发达国家的平均水平看,公共服务部门就业占社会总就业的比重平均提高了13个百分点,为服务业就业增长平均贡献53%。进入老龄化社会稍晚一些的中、高收入国家,如捷克、斯洛伐克、波兰、泰国、中国、智利等,公共服务部门就业占社会总就业比重提高很小,仅0.7个百分点,为服务业就业增长平均贡献5.3%。

表2.4 部分国家老龄化时期服务部门的就业比重变化　　　　单位:%

国家 (老龄化初始年)	时期	公共服务	商贸	交通	金融	服务业	公共部门贡献
瑞典(1960)	1950—2010	21.09	5.67	(1.43)	10.84	36.16	58.32
法国(1870)	1950—2010	18.36	4.63	1.65	11.31	35.94	51.07
英国(1930)	1950—2010	18.04	6.36	(4.11)	9.39	29.68	60.78
阿根廷(1970)	1970—2010	15.27	3.45	(1.22)	6.55	24.05	63.48

---

① 由于大部分国家进入老龄化社会初期的数据缺失,所以只能覆盖部分年代。每个国家老龄化进程不同,所以对应的时期不完全相同。

续表

国家 (老龄化初始年)	时期	公共服务	商贸	交通	金融	服务业	公共部门 贡献
西班牙(1950)	1970—2010	14.94	7.77	1.07	8.80	32.58	45.86
意大利(1940)	1960—2010	14.61	8.89	1.71	9.32	38.27	38.17
美国(1940)	1950—2010	14.49	3.90	(3.39)	11.27	26.26	55.18
日本(1970)	1970—2010	13.64	1.49	0.63	7.43	23.18	58.85
芬兰(1960)	1970—2007	13.08	(2.18)	(0.25)	7.83	18.47	70.80
比利时(1930)	1970—2007	12.28	3.59	(0.01)	9.55	25.41	48.32
丹麦(1960)	1970—2007	12.10	0.74	(0.31)	8.51	21.03	57.53
德国(1930)	1970—2007	12.08	5.01	(0.37)	11.05	27.76	43.50
葡萄牙(1950)	1970—2006	11.99	1.01	(1.27)	5.00	16.73	71.69
澳大利亚(1930)	1970—2007	11.98	2.21	(1.56)	8.96	21.59	55.51
荷兰(1940)	1970—2010	9.27	1.98	(0.71)	10.77	21.31	43.48
奥地利(1960)	1970—2007	7.62	5.10	(1.04)	9.26	20.95	36.38
爱尔兰(1960)	1970—2007	6.60	0.96	3.34	5.20	16.10	40.97
斯洛文尼亚 (1960)	1995—2006	4.31	(0.43)	0.46	3.06	7.40	58.27
中国(2001)	2000—2010	4.30	1.87	0.62	0.31	7.10	60.54
韩国(1999)	2000—2010	4.19	(3.40)	0.51	4.07	5.36	78.13
捷克(1950)	1995—2007	2.10	0.99	(0.07)	2.72	5.73	36.61
泰国(2002)	2000—2010	1.90	4.95	0.03	0.62	7.50	25.28
波兰(1965)	1995—2006	0.61	4.90	(0.97)	3.77	8.31	7.38
爱沙尼亚(1960)	1995—2007	0.23	4.51	(1.79)	1.42	4.37	5.24
立陶宛(1960)	1995-2007	0.04	5.27	1.10	1.69	8.10	0.48
匈牙利(1960)	1992—2007	(0.57)	4.88	(1.40)	3.23	6.15	(9.21)
斯洛伐克(1962)	1995—2007	(0.67)	6.91	(0.83)	3.30	8.71	(7.68)
智利(1999)	2000-2010	(2.76)	6.00	(0.97)	0.60	2.87	(96.00)
拉脱维亚(1960)	1995—2007	(4.84)	5.63	0.11	4.16	5.07	(95.36)
平均		8.15	3.54	(0.36)	6.21	17.66	33.23

注:作者计算,数据来源同表2.3。单位(%),加括号的为负数。详细数据见附录F。

二、生产性服务业

第二次世界大战以后,生产性服务业在发达国家变得日益重要,涉及领域越来越广泛。与满足最终需求为主的生活性服务业相比,生产性服务业主要是用于商品和服务生产的中间投入(格鲁伯和沃克,1993),靠效率牵引和驱动,通过把大量的人力资本和知识资本引入生产过程中,发挥降低成本、提高产品附加值和增强企业竞争力的作用。在生产性服务中最常见的一种形式是服务外包,包括信息技术外包(Information Technology Outsourcing, ITO)和业务流程外包(Business Process Outsourcing, BPO)(邓于君,2008),主要适用于物流、仓储、技术服务等部门。该类服务对于生产者的意义在于,通过重组生产过程,外移非核心和优势生产环节,实现降低生产成本、提高效益和市场竞争力;另一种形式的生产性服务是基础设施保障,包括金融、通信、商务服务等,主要通过为生产者提供更好的融资、交易服务,降低经营过程中的交易成本,提高生产率,同时实现自身的发展。近年来,发达国家通过创新和使用ICT技术特别是生物技术,加之与高素质的劳动力要素的匹配,大大促进了金融、软件、零售和分销等生产性服务的发展,这些部门推动了生产率的提高,劳动生产率增长甚至高过工业(Maddison,1991)。

同样是在GGDC 10部门数据库中五个服务门类的基础上,我们将批发零售、餐饮住宿(商贸部门),交通、仓储、通信(交通部门),金融保险、地产、商务(金融部门)三个部门归入生产性服务业。另外结合EU KLEMS数据,计算了29个国家老龄化时期生产性服务业就业比重及其增长率,见表2.5。结果表明,所有国家的金融保险、地产、商务部门(金融部门)和绝大多数国家的批发零售、餐饮住宿部门[①](商贸部门)就业占社会总就业的比重都是持续上升的,交通、仓储、通信部门(简称交通部门)

---

① 从严格意义上说,批发零售、餐饮住宿部门不能完全划分为生产性服务业,其中的餐饮住宿部门主要提供的是生活性服务。

的就业比重有升有降,若以占服务业就业比重看均为下降。对于生产性服务业就业增长的贡献,金融部门是最显著的。绝大多数国家金融部门占社会总就业比重的年均增长速度都是最快的,年均增长率为4.3%,商贸和交通部门仅为1.3%和0.1%。金融部门中,增长最快的是意大利,1950—2010年由1.81%提高到14.73%,年均增长率高达11.92%;瑞典次之,年均增长率为9.39%,由1.92%提高到12.76%;智利增长率最低,年均增长率仅0.56%。在老龄化初始时期,各国占社会总就业比重最高的部门是商贸,金融部门居于次低或最低的位置,与商贸部门的就业水平相差比较悬殊;到期末时绝大多数国家就业比重最大的部门仍是商贸,但金融部门就业比重大幅度提高,不仅缩小了与商贸部门的差距,而且超过了交通部门,法国和爱尔兰的金融部门就业比重已上升到第一位。生产性服务业的就业结构重心由商贸、运输向金融部门转移的现象在发达国家表现最为突出。

表2.5　部分国家老龄化时期生产性服务部门就业比重及增长率　　单位:%

国家	时期	期初水平			期末水平			年均增长率		
		商贸	交通	金融	商贸	交通	金融	商贸	交通	金融
瑞典	1950—2010	10.66	7.99	1.92	16.33	6.55	12.76	0.89	(0.30)	9.39
法国	1950—2010	12.52	4.82	5.99	17.15	6.47	17.30	0.62	0.57	3.15
英国	1950—2010	13.98	14.90	2.25	20.34	10.79	11.63	0.76	(0.46)	6.97
阿根廷	1970—2010	17.60	7.20	3.34	21.05	5.98	9.89	0.49	(0.42)	4.90
西班牙	1950—2010	11.25	3.91	2.28	23.11	6.53	11.74	1.76	1.12	6.92
意大利	1950—2010	9.03	3.01	1.81	20.13	4.75	14.73	2.05	0.96	11.92
美国	1950—2010	20.11	7.83	6.78	24.01	4.44	18.04	0.32	(0.72)	2.77
日本	1970—2010	20.82	5.46	7.04	22.30	6.09	14.47	0.18	0.29	2.64
芬兰	1970—2007	18.38	7.22	4.84	16.19	6.97	12.66	(0.32)	(0.09)	4.37
比利时	1970—2007	12.97	7.74	6.50	16.56	7.74	16.05	0.75	(0.00)	3.97
丹麦	1970—2007	18.54	6.80	7.04	19.28	6.49	15.55	0.11	(0.12)	3.27
德国	1970—2007	13.86	6.18	5.49	18.87	5.81	16.53	0.98	(0.16)	5.44
葡萄牙	1970—2006	23.45	5.81	3.66	24.46	4.53	8.65	0.12	(0.61)	3.80

国家	时期	期初水平			期末水平			年均增长率		
		商贸	交通	金融	商贸	交通	金融	商贸	交通	金融
澳大利亚	1970—2007	22.09	8.09	6.99	24.31	6.53	15.94	0.27	(0.52)	3.47
荷兰	1960—2010	15.47	6.68	5.45	20.60	5.31	19.43	0.66	(0.41)	5.12
奥地利	1970—2007	16.94	8.03	5.06	22.04	6.99	14.32	0.81	(0.35)	4.95
爱尔兰	1970—2007	11.28	1.74	9.72	12.24	5.08	14.92	0.23	5.21	1.45
斯洛文尼亚	1995—2006	17.03	5.88	9.21	16.60	6.34	12.27	(0.23)	0.70	3.02
中国	2000—2010	7.81	3.38	1.11	9.68	4.01	1.42	2.39	1.84	2.80
韩国	2000—2010	27.21	5.96	10.00	23.81	6.47	14.07	(1.25)	0.85	4.07
捷克	1995—2007	15.59	7.27	7.87	16.58	7.20	10.58	0.53	(0.08)	2.88
泰国	2000—2010	18.44	2.88	2.35	23.39	2.91	2.98	2.69	0.10	2.65
波兰	1995—2006	12.53	7.29	7.02	17.42	6.31	10.79	3.55	(1.22)	4.89
爱沙尼亚	1995—2007	14.64	10.29	5.98	19.16	8.49	7.41	2.57	(1.45)	1.98
立陶宛	1995—2007	13.48	7.15	4.91	18.75	8.26	6.60	3.26	1.29	2.87
匈牙利	1992—2007	13.11	9.33	5.33	17.98	7.93	8.56	2.48	(1.00)	4.04
斯洛伐克	1995—2007	11.60	7.74	6.63	18.51	6.90	9.93	4.96	(0.90)	4.15
智利	2000—2010	21.60	7.36	10.68	27.60	6.39	11.28	2.78	(1.31)	0.56
拉脱维亚	1995—2007	14.14	9.78	5.54	19.77	9.89	9.70	3.32	0.10	6.26
平均		15.72	6.47	5.61	19.59	6.49	12.08	1.30	0.10	4.30

注:作者计算,数据来源同表2.3。加括号的为负数。

三、不同服务部门的差异

在服务业内部,各个部门以增加值(现价、不变价)和就业衡量的比重均存在一定程度的差异。表2.6是根据附录E计算的2007年33个老年型国家不同服务部门增加值比重和就业比重的平均值。通过对比可以发现,在生产性服务业中,交通、金融两个部门的增加值比重高于就业比重,商贸部门的就业比重高于增加值比重(包含部分生活性服务)。公共服务部门的情况正好相反,政府服务与社团、社会和个人服务两个部门的就业比重高于增加值比重。由此可见生产性服务业与生活性服务业之间的差别,后者由于所提供服务的性质难以采用劳动节约型技术,生产率提高缓慢,因此吸纳了大量的劳动力,具有较高的部门就业比重。相比之下,劳动生产率较高的生产性服务部门,所提供的服务具有高附加值特征,因此表现为较高的增加值比重和较低的就业比重。

表2.6　部分国家2007年服务部门比重的平均值　　　　　　单位:%

类型	部门	增加值(现价)	增加值(不变价)	就业
生产/生活性服务	批发零售、餐饮住宿	25.65	26.83	30.03
生产性服务	交通、仓储、通信	13.69	14.83	10.10
生产性服务	金融保险、地产、商贸	26.65	26.24	17.19
生活性服务	政府服务	28.11	26.32	33.56
生活性服务	社团、社会个人服务	8.75	8.91	12.40

注:作者计算,数据来源同表2.3。

　　从动态上看,不同服务部门以增加值(现价、不变价)和就业衡量的比重变化也不完全同步。附录 D 和附录 E 分别是 29 个老年型国家 1950—2010 年每隔 10 年各服务部门的增加值和就业占整个服务业比重的变化情况。在这些国家中,1970 年以前进入老龄化社会的有 25 个①,其中的 17 个国家②基本上是当今世界经济最发达的国家,服务部门增加值比重和就业比重可获得的数据起始年份为 1970 年,其余的 8 个国家③可获得的数据起始年份为 1990 年,大多数是东欧国家,经济相对落后。我们对这两组国家的服务部门比重变化的平均值分别进行比较,见表2.7。总的来看,无论以就业还是增加值来衡量,金融部门在服务业中

---

　　①　25 个国家为瑞典、法国、英国、西班牙、意大利、美国、芬兰、比利时、丹麦、德国、葡萄牙、澳大利亚、荷兰、奥地利、爱尔兰、日本、阿根廷、捷克、波兰、斯洛文尼亚、爱沙尼亚、立陶宛、匈牙利、斯洛伐克、拉脱维亚。中国、泰国、智利和韩国在 2000 年前后才进入老龄化社会。

　　②　17 个国家为瑞典、法国、英国、西班牙、意大利、美国、芬兰、比利时、丹麦、德国、葡萄牙、澳大利亚、荷兰、奥地利、爱尔兰、日本,为第一组。

　　③　8 个国家为阿根廷、捷克、波兰、斯洛文尼亚、爱沙尼亚、立陶宛、匈牙利、斯洛伐克、拉脱维亚,为第二组。

的份额都是增长的。所有国家1990—2010年间政府服务部门占服务业比重都下降了。交通部门的就业和增加值(现价)比重虽然减少了,但第一组国家的部门增加值(不变价)即实际产出的份额并没有减少,第二组国家虽减少但很小,从侧面反映出该部门劳动生产率的增长。与之正好相反的是社会服务部门,由于需求稳定增加和劳动生产率缓慢提升的缘故,导致该部门的服务成本不断上升,实际产出份额(增加值不变价比重)没有增加的情况下,名义产出份额(增加值现价比重)上升。两组国家最大的差别在商贸部门,第一组国家商贸部门的比重下降,第二组国家商贸部门的比重上升。

表2.7　两组国家服务部门增加值比重和就业比重变化的平均值　单位:%

	贸易餐饮	交通通信	金融房地产	政府服务	社会服务
就业比重变化					
第一组(1970—1990)	(4.47)	(2.83)	4.14	3.00	0.16
第一组(1990—2010)	(2.55)	(1.49)	4.05	(0.50)	0.49
第二组(1990—2010)	3.73	(2.24)	3.38	(4.15)	(0.71)
增加值(现价)比重变化					
第一组(1970—1990)	(3.84)	(2.30)	2.72	2.65	0.77
第一组(1990—2010)	(4.11)	(1.62)	5.74	(0.16)	0.16
第二组(1990—2010)	(0.62)	(2.49)	4.50	(1.86)	0.48
增加值(不变价)比重变化					
第一组(1970—1990)	(2.13)	0.96	3.41	(1.50)	(0.73)
第一组(1990—2010)	(1.49)	2.12	5.66	(5.28)	(1.01)
第二组(1990—2010)	4.07	(0.61)	0.74	(4.08)	(0.12)

注:根据附录D和附录E汇总计算。括号内的数字为负。

从服务业内部结构分析中得到的启示是,不同类型的服务部门,其服务范畴受不同经济作用的影响,有着不同的需求与产出决定因素。因此,我们应该区别地看待人口老龄化对服务业的影响机制。推动生产性服务业发展的根本动力是生产效率,该类服务部门的发展对于整个服务业生产率和增加值的提高,以及服务业内部结构层次的提升,起到至关重要的推动作用。生产性服务业从以商贸服务为主要形式的传统服务向以金融、通信等为代表的现代服务类型转变,是老龄化社会服务业发展的一个特征,也是老龄化社会提高生产效率的内在要求。相反,生活性服务业的劳动生产率增长缓慢,特别是那些劳动密集型的个人和家庭服务、社会公共服务部门,其发展更多是源于消费者对服务的需求。如前所述,这类服务部门面临成本上涨的压力,面对不断递增的服务价格,人们在消费时如何作出反应,关键取决于对服务需求的依赖程度,也就是需求的价格弹性。价格对需求的影响程度因服务的类型而不同,有些服务尽管价格急剧上涨但实际需求不减反增,如发达国家过去几十年卫生保健与教育服务需求大幅增长[①]。造成该现象的主要原因是对这类服务的需求具有刚性,这与发达国家近年来应对人口老龄化问题与建设福利社会,进而对扩大服务的需求是一致的,另外也和这些国家经济快速发展和收入水平不断提高有很大关系。

第四节 本章小结

本章以当今世界主要老年型国家为例,对人口老龄化与服务业的发展水平、趋势以及老龄化过程中服务业内部结构的特征和演变做了详细观察和分析。

从人口老龄化与服务业发展的现状看,发达国家的老龄化程度较高,服务业发展水平也较高;欠发达国家的老龄化程度和服务业发展水平较低。现有的老年型国家大致可以分为四种类型:以欧美发达国家为代表

---

① 据统计,20世纪下半叶经济合作与发展组织国家用于卫生保健的资源包括医生与护士的数量都比人口增长要快得多。根据经合组织的报告,成员国的医生/人口比剧烈上升,1970—1990年法国每千人的执业医生数量翻番,其他国家也类似,见 OECD. *Health at a Glance*,1993,p. 166。《美国统计摘要》也表明1960—1996年间每10万人口的医生数量从151增加到239,护士数量从293增加到815。

的典型高度老龄化和经济高度服务化国家;以东欧国家为代表的老龄化程度较高但服务业发展相对落后的国家;新兴工业化国家如新加坡、韩国、巴西、阿根廷、智利等,人口结构年轻、服务业发展超前于老龄化进程的国家;老龄化率和服务业比重均较低的欠发达国家如中国、泰国、斯里兰卡等。

上述国家进入老龄化社会后服务业发展的趋势是,尽管服务业初始水平差异很大,但各国在产业结构特别是劳动力结构上越来越接近,服务业增加值和就业在总体经济中所占比重的差距不断缩小,以发达国家最为明显。东欧国家虽然早在 20 世纪六七十年代就已经进入老龄化社会,但服务业在 20 世纪末期经济转轨之后才获得一定发展;在进入老龄化社会最晚的国家中,智利和韩国的服务业发展最突出,其他国家如中国、泰国相对滞后。总体趋势上,服务业比重随老龄化率提高而不断提高,在超过 60% 后速度明显递减。服务业比重随老龄化率变动的弹性主要受一国的经济和产业发展阶段以及老龄化程度制约。一些国家由于处在农业国向工业国转变的初期或中期阶段,产业结构演变表现在三次产业比重上的变化比较明显,因此弹性较大;进入工业化中后期和后工业化时期后,三次产业比重相对稳定,因此弹性较小。

人口老龄化与服务业发展都与经济水平有密切的关系。经济社会发展提高了平均预期寿命,死亡率下降,是老龄化的重要推动因素;也是服务业发展的基础,只有人均国民收入提高,才会有消费者和企业对农产品和工业制成品的需求不断下降,对服务的需求(包括最终服务需求和中间服务需求)不断上升。此外,服务业还受产业结构、体制框架、市场环境、资源禀赋、人口以及国际分工地位等因素制约。人口老龄化只是其中的一个影响因素,服务业发展存在超前或滞后于老龄化进程的国别差异。

服务业占总体经济的比重以增加值和就业衡量不一致的现象,首先反映在二者的初始水平上,前者高于后者,原因是服务业就业比重的提升受其他部门特别是农业劳动力状况的制约。从发达国家产业结构变化历程看,服务业就业比重的增长慢于增加值比重的增长,但二者的差距会随其他部门的剩余劳动力不断转移到服务部门而不断缩小。在工业化过程中，剩余劳动力的产生受以资本替代劳动为主要形式的劳动节约型技术进步推动，是劳动力供给短缺情况下，企业在使用资本密集型设备和增加劳动力之间权衡，选择前者以最小化成本的必然结果，而人口老龄化是导致劳动力供给短缺的一个原因。

服务业占总体经济的比重还存在名义值与实际值之间的差异，说明服务业增长中包含了部分价格变化的因素。从某种意义上说，人口老龄化带来的劳动力短缺问题会加剧人工成本上升的趋势，从整体上拉高服务业价格。尽管递增的服务价格会使人们对服务的需求做出反映，但影响程度因服务的类型而不同。有些服务尽管价格急剧上涨但实际需求不减反增。从西方国家经验看，节省劳动量的新机器发明使某些家政服务需求大大减少；然而卫生保健与教育服务需求不断扩张。后者的发展与应对人口老龄化问题与建设福利国家的需要有很大关系。

进一步观察生活和生产两种类型服务部门发现，以公共服务（政府服务，社团、社会和个人服务）为代表的生活性服务部门，无论是部门就业比重，还是对服务业就业增长的贡献，都是最突出的；生产性服务业中的金融（金融保险、地产、商务）和商贸（批发零售、餐饮住宿）部门的就业占社会总就业比重都持续上升，金融部门对生产性服务业就业增长的贡献最突出。总的来看，在服务业发展过程中，生活性服务业中的政府服务，社团、社会个人服务部门与生产性服务业中的金融部门贡献最大。生活性服务部门由于稳定的需求和较低的生产率，对服务业的就业增长贡献最大；生产性服务部门对服务业生产率和增加值增长的贡献更大。总体趋势是服务业中低生产率增长的部门吸收了更多的就业。

从服务业内部结构分析中得到的启示是，不同类型的服务部门，其服务范畴受不同经济作用的影响，有着不同的需求与产出决定因素。因此，我们应该区别地看待人口老龄化对服务业的影响机制。推动生产性服务业发展的根本动力是生产效率。生产性服务业从以商贸服务为主要形式的传统服务向以金融、通信等为代表的现代服务类型转变，是老龄化社会服务业发展的一个特征,也是老龄化社会提高生产效率的内在要求。生活性服务业的发展更多是源于消费者对服务的需求,与经济快速发展和收入水平提高有很大关系,是老龄化社会的刚性需要。

本章的经验事实分析表明,人口老龄化过程中服务业发展表现出趋同与差异并存的现象。在导致趋同的条件以及造成差异的原因中,老龄化起到了什么作用?与之相关的问题是服务业在老龄化过程中的增长模式及其影响因素有哪些?这将是我们接下来需要探讨的问题。

第三章 老龄化过程中的
服务业增长模式

第二章以老年型国家为样本,主要采用比较分析的方法观察老龄化社会服务业发展的水平和趋势。本章将利用包含更多国家的跨国面板数据和更精确的计量方法,对服务业随老龄化发展的趋势进行更准确的描述。具体来说,本章的目的是要揭示随着人口老龄化的发展,服务业在国民经济中所占比重的变化所表现出的规律,这里称之为老龄化过程中的服务业增长模式。

第一节 服务业增长模式的由来

有关服务业增长模式的研究由来已久。学者们从关注工业化时期产业结构演变特征开始,发现了农业比重下降、工业比重上升的一般规律;随后又观察到后工业化社会工业比重下降、服务业比重上升的趋势(Clark,1940;Kuznets,1973;Chenery and Syrquin,1975)。经济发展和收入水平提高,需求结构随之发生变化,导致产业结构相应变动,人们自然而然地将二者联系起来,试图从中寻找一些规律。但迄今为止,对于服务业与收入水平关系的诸多研究,由于所使用的样本覆盖范围和时期不同,加之各国的经济特征以及在服务业分类和统计上的差异,得到的结论不尽一致。比如 Kuznets(1957)认为服务业在国民产出中的份额并没有随人均收入显著变化。Chenery(1960)的研究同样否定服务业比重与人均收入存在相关性;但他的另一项研究又发现二者之间呈倒U型关系(Chenery 和 Syrquin,1975)。更多学者肯定经济发展水平对服务业发展的影响,最具一般性的观点是二者有线性正相关关系(Kongsamut,Rebelo 和 Xie,2001;Buera 和 Kaboski,2009)。Eichengreen 和 Gupta(2013)发现了更复杂的非线性模式,即服务业在收入水平由低到高的过程中会出现两波段增长。国内学者李江帆(1994)使用1982年92个国家的截面数据拟合三次产业增加值结构模型的结果是,服务业占国内生产总值比重与人均国内生产总值为对数函数型相关关系。此外,学者们还给出了不同服务业比重所对应的收入水平范围。比如在库兹涅茨(Kuznets)模式中服务业增加值比重在40%时的人均 GDP 应该为500美元,钱纳里(Chenery)模式中对应的数值分别为50%和600美元;Buera 和 Kaboski(2009)在线性关系的基础上得到人均收入的"门槛效应",当超过7100-9200美元的区间后,服务业比重与人均收入对数之间的斜率变大;Eichengreen 和 Gupta(2013)在四次方关系的基础上计算出服务业比重两次上升所对应的人均收入分别为1800美元和4000美元。

对服务业内部结构变化的研究进一步清晰了服务业增长模式及其与经济发展之间的内在联系。Kuznets(1966)专门研究了20世纪50年代中期发达国家服务业中的贸易金融、政府和国防、专业性服务三大部门。他指出,贸易金融服务的桥梁作用随着商品生产规模扩大和集中度提高,以及消费地域、时间方面的愈趋分散而增强;教育、娱乐及其他专业需求增加主要受收入水平提高拉动;国家生产系统愈趋复杂导致政府监督和调节作用加强。另外,城市化的发展使得公共服务的需求越来越重要。Browning 和 Singlemann(1978)观察到1870—1970年间美国服务业结构变化呈现流通服务业比重先升后降,生产服务业、社会服务业迅速发展的特征。格鲁伯和沃克(1993)对发达国家20世纪七八十年代服务业实证分析得出的结论是,生产性服务业代表服务业内部结构演进的方向。OECD(2001)基于1984—1998年 OECD 国家面板数据的回归分析表明,

20世纪90年代后期几乎所有OECD成员国的生产性服务业比重都大幅上升,大多数国家的政府服务部门比重也有所上升,但幅度不及生产性服务,且上升到一定程度后比重趋于稳定,流通服务业比重趋于停滞,一些国家还出现了大幅下滑。人均GDP对生产服务业、社会服务业的就业比重有正面影响。魏作磊(2010)分析了1979年以来美国、欧盟15国和日本服务业增加值结构变化的特点,指出推动发达国家服务业比重上升的主要动力是房地产、租赁与商务服务业和教育、医疗卫生、社会及其他服务业,但服务业还是以传统服务业如批发零售与餐饮旅店业、交通运输仓储与通信业等为主要组成部分。邓于君(2009)对OECD成员国1970—2005年服务业及其各分类行业部门比重与人均GNP的回归模型计量分析结果得出,人均收入水平提高会导致流通服务部门比重下降,带动消费性服务部门发展,导致生产性服务业比重增大。

以上研究启发了我们对人口老龄化与服务业关系的思考。在第二章对老年型国家的经验分析中发现,人口老龄化、服务业比重与人均收入之间存在密切关系:经济越发达的国家,老龄化程度越高,服务业比重也越高;我们还观察到服务业比重随老龄化率提高呈不断上升的趋势,见图2.1、图2.4。但纵观以往涉及人口老龄化与服务业的研究,一般直接建立在简单的线性关系假设之上,既没有为此提供解释,更没有深入分析二者之间可能存在的其他形式。服务业在人口老龄化过程中表现出怎样的增长模式、原因是什么,是一个值得深入探究的问题。

我们对老龄化与服务业关系作出的初步判断是非线性的,理由有两点:第一,发达国家经验表明,工业化初期服务业的部门增加值占GDP份额上升明显,但随着服务业在经济结构中逐渐占据主体地位,其比重增加的速度递减。尤其是进入后工业化阶段,发达国家的服务业比重均已超过60%甚至接近80%,继续上升的空间十分有限,因此表现在三次产业外延上的变化幅度越来越小。在第二章的分析中,我们基于截面数据观察到老龄化过程中的服务业比重趋同现象,为二者的非线性关系提供了初步的经验证据。第二,虽然从整体上看,服务业所占比重在接近饱和点之后的变化不再显著,但并不意味着服务业增长放慢或停滞。进入服务经济和后工业化社会后,服务领域发展的一个普遍特征和趋势是内部结构层次的提升。然而,服务业内部不同部门具有种类繁多和彼此迥异的特性,在增长源、对生产要素的要求以及增加值的贡献等方面差异较大,增长模式自然不一样。大量经验事实和文献研究表明,服务业内部结构不断呈现高级化的发展趋势,主要表现在流通部门比重降低,生活和生产服务部门比重提高;现代服务业地位上升,传统服务业地位下降等特点。从人口老龄化角度看,老龄化对不同服务部门的影响路径和作用机制存在差异。就从最简单的分类而言,为生活提供服务的部门与最终消费关系密切,其发展主要靠需求拉动;为生产提供服务的部门与中间投入的关系密切,其发展受效率牵引和驱动。老龄化对于这两种服务部门的作用机制和路径不同,其影响还会随老龄化程度的加深而发生改变。比如生活性服务特别是与老年需求相关的服务会随着老龄化程度的提高而不断增长;而老龄化初期阶段由于对生产要素和生产效率的影响不显著,可能并不存在驱动生产性服务业的机制。而且,由于价格变化、生产率增长差异等原因,不同部门的增长在增加值比重上的表现也存在差异。接下来,我们将通过纵向数据对以上判断进行检验。

第二节　老龄化过程中服务业增长模式 及影响因素

一、老龄化过程中服务业增长模式的判断和检验

本章使用来自世界银行世界发展指数(WDI)提供的1960—2013年85个国家服务业增加值比重(以美元现价表示)和老龄化率数据。首先参考 Eichengreen 和 Gupta(2013)的做法,采用局部加权回归散点平滑法

（Locally Weighted Scatterplot Smoothing,LOWESS）[1]，在未对老龄化率与服务业比重的关系进行假设的条件下模拟其走势，以此作为建立回归模型的依据。以 1990 年为节点，分为前后两个时期模拟，绘制成图 3.1。

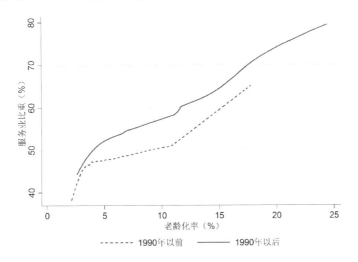

图 3.1　服务业比重与老龄化率关系的 LOWESS 拟合

从图 3.1 中曲线的形状来看，服务业比重与老龄化率大致为三次方的关系，虽然四次方关系不明显，但考虑到服务业比重最大值是 100%，随着老龄化率的提高，只包含三次项（意味着服务业比重增加的速率越来越大）是不符合常理的，因此仍然按照包含老龄化率四次项[2]的形式设立回归方程式如下：

$$service_{it} = con + \sum_i \theta_i D_i + a_1 old_{it} + a_2 old_{it}^{\ 2} + a_3 old_{it}^{\ 3} + a_4 old_{it}^{\ 4} + e_{it}$$

$$\cdots\cdots(3.1)$$

---

① 局部加权回归方法（LOWESS）是一种非参数回归方法，可以观察数据在局部展现出来的规律和趋势，其主要思想是取一定比例的局部数据拟合多项式回归曲线。图 3.1 中 LOWESS 的带宽设置为 0.8（表示回归中包含 80% 的观测值，将带宽改为 0.6 和 1 之后得到的结果依然稳健），使用 Tricube 加权方案（表示远离均值的观测值被赋予较低的权重，使用相等权重的 rectangular 加权方案结果依然稳健）。

② 表 3.1 中的四次项回归系数在统计上显著，表明在较高的老龄化水平上服务业比重增长的确有减慢趋势。

被解释变量 service 为服务业增加值占 GDP 比重,主要解释变量 old 是老龄化率(65 岁及以上人口占总人口比重),con 是常数项,i 和 t 分别代表国家和年份,e 代表残差。另外,在回归式中加入代表不同时期的虚拟变量 Di(Dummy),以区分老龄化率的影响随时间的变化。表 3.1 报告了使用固定效应方法的估计结果。第(1)列是对全样本的估计,回归式中不包含时期虚拟变量,也就是假定不同时期的截距相等;第(2)列是加入时期虚拟变量(区分 1990 年前后两个时期)的估计,代表不同时期的截距不等[①];第(3)列在第(2)列的基础上加入老龄化率与时期虚拟变量的交叉项,反映不同时期的老龄化率系数差异。回归结果表明,老龄化率的四次项回归系数显著异于零。时期虚拟变量的系数在 1% 水平上显著,说明两个时期的截距是不同的。时期虚拟变量与老龄化率各次项交叉项的系数均显著不等于零,但与老龄化率各次项的系数符号相反,说明 1990 年前后两个时期服务业随老龄化率变化的趋势总体上一致,波动幅度略有不同。以上结果与图 3.1 所反映的现象相吻合。

表 3.1　服务业比重与老龄化率的非线性关系回归结果

	(1)	(2)	(3)
old	8.729***	2.962**	20.879***
	(7.669)	(2.534)	(6.990)
old^2	−1.119***	−0.489***	−3.544***
	(−6.319)	(−2.771)	(−6.381)
old^3	0.079***	0.045***	0.245***
	(7.392)	(4.304)	(5.917)
old^4	−0.002***	−0.001***	−0.006***
	(−8.281)	(−5.389)	(−5.295)
Dummy		16.101***	19.929***
		(12.610)	(4.372)

---

① 也就是说,长期来看服务业比重会发生变化,这更符合常理。

	（1）	（2）	（3）
Old * Dummy			-11.203^{***}
			(-4.332)
old^2 * Dummy			2.242^{***}
			(4.531)
old^3 * Dummy			-0.164^{***}
			(-4.291)
old^4 * Dummy			0.004^{***}
			(3.920)
_cons	21.118^{***}	35.461^{***}	6.165
	(9.169)	(14.551)	(1.157)
国家数	85	85	85
观测值	2904	2904	2904

注:(1)括号中的数字为 t 值, * * * 、* * 、* 分别表示在 1%、5%、10%的水平下显著。

图 3.2 是根据表 3.1 第(3)列的结果绘制的服务业增加值比重的估计值随老龄化率变化的趋势,与图 3.1 基本一致。

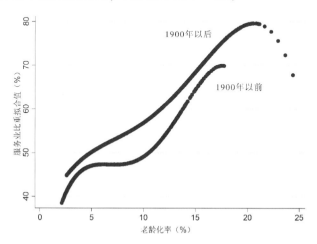

图 3. 2 服务业比重估计值与老龄化率

59

表 3.2 是表 3.1 第(3)列估计结果的稳健性检验,第(1)列同表 3.1
第(3)列;第(2)列是剔除老龄化率底部 10% 样本①的估计结果;第(3)列
是使用随机效应方法的估计结果;第(4)列用年度虚拟变量代替时期虚
拟变量。结果均没有发生实质性变化,说明结论是稳健的,如此便验证了
老龄化率与服务业比重的四次方关系。

表 3.2 非线性关系估计的稳健性检验结果

	(1)	(2)	(3)	(4)
old	20.879***	25.654***	21.342***	16.319***
	(6.990)	(6.476)	(7.227)	(5.470)
old^2	-3.544***	-4.313***	-3.657***	-3.112***
	(-6.381)	(-6.195)	(-6.666)	(-5.672)
old^3	0.245***	0.295***	0.253***	0.222***
	(5.917)	(5.928)	(6.181)	(5.455)
old^4	-0.006***	-0.007***	-0.006***	-0.005***
	(-5.295)	(-5.469)	(-5.527)	(-4.943)
Dummy	19.929***	21.751***	19.533***	
	(4.372)	(2.841)	(4.294)	
old * Dummy	-11.203***	-12.960***	-11.131***	-9.860***
	(-4.332)	(-3.340)	(-4.316)	(-3.846)
old^2 * Dummy	2.242***	2.633***	2.265***	2.090***
	(4.531)	(3.909)	(4.596)	(4.281)
old^3 * Dummy	-0.164***	-0.195***	-0.167***	-0.156***
	(-4.291)	(-4.031)	(-4.403)	(-4.165)
old^4 * Dummy	0.004***	0.005***	0.004***	0.004***
	(3.920)	(3.924)	(4.052)	(3.831)
_cons	6.165	-3.601	5.691	21.528***
	(1.157)	(-0.475)	(1.059)	(3.950)

① 将老龄化率样本十等分,删除底部 10% 的观测值 461 个,对应的老龄化率为
1.85%—3.26%。全部样本低于该数值的国家有刚果、赞比亚和津巴布韦。

续表

	（1）	（2）	（3）	（4）
国家数	85	82	85	85
观测值	2693	2232	2693	2693

注:(1)括号中的数字为 t 值,＊＊＊、＊＊、＊分别表示在 1%、5%、10%的水平下显著;(2)虚拟变量 Dummy(＝1)代表 1990 年以后;(3)第(4)列加入了年度虚拟变量 yr＊,限于篇幅没有报告。

根据表 3.1 第(3)列估计系数计算不同老龄化率对应的服务业比重的斜率,见表 3.3。在 1990 年以前,服务业比重先随老龄化率提高以递减速率上升,当老龄化率超过 6%后服务业比重随之下降,在老龄化率超过 9%时再一次以递增速率上升,直到老龄化率超过 15%时上升速度减慢,但在样本范围内老龄化率达到最大值 17.75%之前服务业比重没有出现下降趋势①。1990 年以后,服务业比重随老龄化提高的趋势更加明显。与 1990 年之前不同的是,同时期的斜率值一直为正,也就是说服务业比重不断上升,而且上升的速率在老龄化率超过 8%之后再次递增,比 1990年以前出现更早。在老龄化率超过 20%之后,服务业比重开始下降。由此可见,在人口老龄化过程中的服务业可以概况为两阶段增长的模式,第一阶段的增长出现在老龄化从低水平向中等水平发展时期;第二阶段的增长在老龄化提高到更高水平时出现。两阶段增长模式在 1990 年前后两个时期稍有差异,1990 年以后服务业第二阶段增长在老龄化率提高进程中出现得更早一点。

表 3.3　不同时期内老龄化率对应的斜率

老龄化率(%)	1990 年以前	1990 年以后
2	9.46	5.39
3	5.62	3.88
4	2.84	2.74

---

①　虽然无法观察到老龄化率超过 17.75%之后服务业增加值比重的真实变化,但不能否定存在服务业比重下降的可能性。

老龄化率(%)	1990 年以前	1990 年以后
5	0.99	1.92
6	−0.07	1.38
7	−0.48	1.09
8	−0.37	1.00
9	0.13	1.08
10	0.87	1.27
11	1.72	1.54
12	2.55	1.85
13	3.21	2.16
14	3.58	2.43
15	3.52	2.61
16	2.88	2.66
17	1.55	2.55
18	−0.63*	2.23
19	−3.79*	1.67
20	−8.06*	0.81
21	−13.58*	−0.38
22	−20.48*	−1.94
23	−28.91*	−3.91
24	−38.99*	−6.33

注:1990 年以前样本中老龄化率的最大值为 17.75%,因此老龄化率 18%—24% 对应的斜率值(加*)仅供参考。

二、影响服务业增长模式的相关因素

导致老龄化过程中服务业两阶段增长模式的原因是什么?或者说,人口老龄化过程中的服务业增长模式受哪些因素的影响?已有研究发现与服务业发展相关的因素有收入、贸易、城市化、消费、人力资本、人口密度、政府规模等(Riddle,1986;江小涓,李辉 2004;李江帆,1994;汪德华,张再金,白重恩 2007)。我们分别使用以下指标来代表这些因素:用人均GDP(GDPpc)衡量收入水平[①],由 2005 年美元不变价表示的 GDP 除以总人口计算得到,数据取自 WDI;用进出口总值占 GDP 的比重(trade)衡量贸易开放度,数据取自 WDI;用城市人口占总人口比重(urban)衡量城市化水平,数据取自 WDI;用消费支出占 GDP 比重(consum)衡量消费水平,数据均取自 WDI;用以综合平均受教育年限和不同受教育年限的教育回报率计算得到的人力资本指数(hc)衡量人力资本水平,数据取自宾州世界表(Penn World Table,PWT 8.0);用每平方公里人口数(density)衡量人口密度,数据取自 WDI;用政府消费支出占 GDP 比重(Gconsum)衡量政府规模,数据取自 WDI。将上述变量作为控制变量加入模型 3.1中后,a_1-a_4 表达的即是在以上因素相同的情况下,老龄化率对于服务业比重的边际影响。全部变量的描述性统计见表 3.4。

表 3.4　服务业增长模式影响因素回归的变量描述性统计

变量名	代码	观测值	均值	标准差	最小值	最大值
服务业增加值比重(%)	service	2270	56.42	10.96	18.58	80.81
老龄化率(%)	old	2270	8.54	5.03	2.28	23.67
人均GDP(美元/人)	lnGDPpc	2270	8.47	1.41	5.16	11.12
消费占 GDP 比重(%)	consum	2270	78.38	9.46	40.20	121.46
城市化率(%)	urban	2270	60.54	20.24	6.05	100.00
贸易占 GDP 比重(%)	trade	2270	75.69	50.95	9.10	439.66
人力资本指数	hc	2270	2.48	0.54	1.19	3.62
人口密度(人/km²)	lndensity	2270	4.05	1.38	0.11	8.91
政府消费占 GDP 比重(%)	Gconsum	2270	15.49	4.99	2.05	31.82

注:对人均 GDP 和人口密度取自然对数。

为了进一步找出与服务业增长模式相关的因素,将上述控制变量与

---

① 事实上,人均 GDP 不仅衡量国民收入水平,也一定程度上反映了一个国家的社会经济综合发展水平。

老龄化率各次项的交叉项加入回归式。如果某个变量的交叉项回归系数显著,而且降低或消除了老龄化率各次项系数的显著性,说明该变量衡量的因素对服务业增长模式有影响。我们使用逐步筛选的方法,先从包含最多变量的模型形式开始进行回归,直到所有交叉项系数显著且老龄化率各次项的系数不显著,此时得到的回归式中剩余的控制变量(交叉项包含的)就代表了影响服务业增长模式的因素。考虑到1990年前后的趋势基本一致,为简单起见,回归式中仅考虑两个时期的截距变化,不再加入老龄化率与时期虚拟变量的交叉项。表3.5第(1)列是包含所有控制变量与老龄化率各次项交叉项的回归结果;第(2)列剔除了贸易比重与老龄化率各次项交叉项;第(3)列剔除了城市化率与老龄化率各次项交叉项;第(4)列剔除了消费比重与老龄化率各次项交叉项。回归结果显示,包含人均GDP和人力资本指数及其交叉项的模型满足预设的条件,即交叉项系数显著且老龄化率各次项系数不显著①,说明收入水平和人力资本水平是决定老龄化过程中的服务业增长模式的因素。

表 3.5 服务业增长模式影响因素的回归结果

	(1)	(2)	(3)	(4)
old	9.282	14.679	17.305	24.202
	(0.192)	(0.313)	(0.453)	(0.859)
old^2	−1.882	−3.831	−5.494	−5.151
	(−0.254)	(−0.523)	(−0.816)	(−0.945)
old^3	0.118	0.302	0.466	0.446
	(0.247)	(0.625)	(0.987)	(1.104)
old^4	−0.002	−0.006	−0.011	−0.011
	(−0.139)	(−0.558)	(−0.970)	(−1.145)
period	1.807**	1.777**	1.723**	1.996**
	(2.244)	(2.215)	(2.108)	(2.557)

---

① 虽然老龄化率各次项系数不再显著,但是通过了联合显著性检验,说明老龄化率仍然是影响服务业的一个因素。

续表

	（1）	（2）	（3）	（4）
lnGDPpc	14.114	13.802	11.967	15.198**
	（0.908）	（0.892）	（1.646）	（2.487）
consum	0.071	0.146	0.145	0.391***
	（0.126）	（0.287）	（0.301）	（7.319）
urban	0.132	0.100	0.069	0.103
	（0.184）	（0.142）	（0.829）	（1.202）
trade	0.043	−0.020	−0.021	−0.026
	（0.264）	（−1.233）	（−1.303）	（−1.475）
old * lnGDPpc	−3.774	−3.610	−4.138	−4.772*
	（−0.619）	（−0.593）	（−1.365）	（−1.813）
old^2 * lnGDPpc	0.693	0.669	0.916*	0.923**
	（0.837）	（0.808）	（1.930）	（2.094）
old^3 * lnGDPpc	−0.054	−0.052	−0.073**	−0.074**
	（−1.128）	（−1.085）	（−2.301）	（−2.360）
old^4 * lnGDPpc	0.001	0.001	0.002**	0.002**
	（1.338）	（1.251）	（2.373）	（2.386）
old * hc	6.034**	5.447**	5.155**	4.283**
	（2.526）	（2.404）	（2.457）	（1.993）
old^2 * hc	−1.478**	−1.319**	−1.176**	−0.969*
	（−2.405）	（−2.166）	（−2.187）	（−1.700）
old^3 * hc	0.127**	0.113**	0.097**	0.082*
	（2.466）	（2.155）	（2.192）	（1.727）
old^4 * hc	−0.003**	−0.003**	−0.003**	−0.002*
	（−2.546）	（−2.161）	（−2.220）	（−1.776）
old * consum	0.083	0.019	−0.005	
	（0.282）	（0.072）	（−0.020）	
old^2 * consum	−0.011	0.006	0.014	
	（−0.214）	（0.119）	（0.297）	

	（1）	（2）	（3）	（4）
$old^3 * consum$	0.001	−0.000	−0.001	
	（0.333）	（−0.072）	（−0.311）	
$old^4 * consum$	−0.000	−0.000	0.000	
	（−0.489）	（−0.063）	（0.223）	
$old * urban$	−0.114	−0.093		
	（−0.362）	（−0.303）		
$old^2 * urban$	0.028	0.026		
	（0.593）	（0.580）		
$old^3 * urban$	−0.002	−0.002		
	（−0.745）	（−0.789）		
$old^4 * urban$	0.000	0.000		
	（0.853）	（0.938）		
$old * trade$	−0.023			
	（−0.326）			
$old^2 * trade$	0.001			
	（0.076）			
$old^3 * trade$	0.000			
	（0.153）			
$old^4 * trade$	−0.000			
	（−0.257）			
_cons	−61.406	−63.592	−49.302	−94.455*
	（−0.544）	（−0.583）	（−0.649）	（−1.774）
观测值	2270	2270	2270	2270
国家数	76	76	76	76

注：（1）系数标准差在国家层面进行聚类（cluster）处理；（2）括号中的数字为 t 值，＊＊＊、＊＊、＊分别表示在1%、5%、10%的水平下显著；（3）虚拟变量 Dummy（=1）代表1990 年以后；（4）加入人口密度和政府消费比重及其交叉项的回归结果不显著,限于篇幅没有报告。

第三节　老龄化过程中服务业增长模式的成因

上一节验证了服务业比重与老龄化率的非线性关系,证明服务业会在人口老龄化由低到高的过程中出现两次增长,并找到了影响这一增长模式的因素,但没有针对这一现象作出解释。本节将使用 EU KLEMS 数据库 1970—2005 年 19 个发达国家[①]的行业数据,通过观察服务业内部分支部门在人口老龄化过程中的变化规律,分析服务业增长模式的原因。

一、服务业内部结构及分类

服务业具有较强的异质性,从不同目的出发的研究需要不同的分类方法。Singlemann(1978)根据服务的经济功能、使用对象和提供方式,将服务业分成流通服务业(如批发零售、运输贮藏、交通邮电)、生产服务业(如金融、保险、房地产)、社会服务业(如医疗、教育)、私人服务业(如休闲、娱乐)四个部门。Katouzian(1970)基于罗斯托的经济发展阶段理论提出新兴服务业(new service)、补充服务业(complementary service)和传统服务业(old service)的三分法。新兴服务业一般出现在工业化后期,是在工业产品的大规模消费阶段以后出现加速增长的服务业,包括教育、医疗、娱乐、文化和公共服务等。补充性服务业指中间投入服务业,主要包括金融、交通、通信和商业、法律服务、行政服务等。这类服务发展的动力来自工业化进程深化而产生的工业生产的中间需求,主要与生产的迂回化进程相关,也与国内、国际市场一体化及城镇化有较大关联。传统服务

---

① 包括 1970 年开始统计的欧共体成员 15 国(奥地利、比利时、丹麦、芬兰、法国、德国、希腊、爱尔兰、意大利、荷兰、西班牙、瑞典、卢森堡、葡萄牙、英国)以及日本、韩国、美国和澳大利亚,总共 19 个国家。除韩国外,所有国家在 1970 年均已进入老龄化社会。老龄化率的范围在 3.3%—19.8% 之间,平均值为 13.2%。

业在工业化之前处于繁荣期,其重要性及对经济增长的贡献伴随着工业化进程深入而下降。有传统需求和传统生产模式两层含义,主要包括传统的家庭与个人服务、商业等消费性服务,主要受最终需求拉动。Eichengreen 和 Gupta(2013)在 Katouzian(1970)三分法的基础上进行了补充和调整,增加了现代服务类型。他们按照部门增加值比重随时间变化的程度将 13 个服务部门归类。第一类是传统服务业,包括零售批发贸易、运输仓储、公共管理和国防,这类服务在 GDP 中的份额显著下降。第二类是包含传统服务和现代服务的混合服务业,包括家庭服务、教育、健康和社会工作、餐饮住宿及其他社团、社会和个人服务,在 GDP 中的比重随时间缓慢上升。第三类是现代服务业,面向家庭和企业消费,包括金融中介、计算机服务、商务服务、通信、法律和科技服务,占 GDP 比重大幅增加。

考虑到人口老龄化随时间的变化趋势以及与经济发展水平的关系,本文借鉴 Katouzian(1970)和 Eichengreen 和 Gupta(2013)的做法,选取 EU KLEMS 数据库中的 14 个服务部门,按照与人口老龄化和经济发展水平的相关性分成三组:第一组是为生活提供服务的部门,包括教育、健康和社会工作、餐饮住宿、公共部门、其他社团社会和个人服务,都是与老龄化社会的生活密切相关的部门,这类服务的增长主要依靠经济发展和收入水平提升;第二组和第三组是为生产提供服务的部门,第二组包括金融中介、计算机服务、商务服务、研发、通信、法律和技术服务等现代部门;第三组包括零售贸易、批发贸易、运输仓储等传统部门。这些服务与老龄化社会的生产相关,增长条件除经济发展和收入水平外,还有技术进步(生产效率),特别是第二组。

二、老龄化过程中不同服务部门的增长模式

表 3.6 中列出了 19 个国家 14 个服务部门 1970—2005 年每隔 10 年的增加值(本币现价)占 GDP 比重的平均值。从 1970 年开始,除零售批

发贸易、运输仓储、公共管理部门的增加值比重下降,公共管理部门比重先升后降外,其他 10 个部门的增加值比重都有不同程度的上升。

表 3.6　服务业内部分支部门增加值占 GDP 比重变化　　　单位:%

行业名称(代码)	1970 年	1980 年	1990 年	2000 年	2005 年
第一类					
餐饮住宿(H)	2.28	2.36	2.61	3.03	3.05
	(0.98)	(1.16)	(1.27)	(1.75)	(1.97)
公共管理、国防、社保(L)	5.93	6.77	6.51	6.17	6.28
	(1.72)	(1.67)	(1.33)	(1.39)	(1.44)
教育(M)	3.91	4.78	4.93	4.98	5.13
	(0.92)	(1.10)	(0.67)	(0.82)	(0.86)
健康和社会工作(N)	3.95	5.08	5.68	6.23	7.11
	(1.69)	(2.29)	(2.06)	(1.81)	(1.90)
社团、社会和个人服务(O)	2.34	2.67	3.12	3.37	3.54
	(0.57)	(0.67)	(0.79)	(0.77)	(0.75)
第二类					
邮电(64)	1.83	2.01	2.23	2.61	2.57
	(0.62)	(0.57)	(0.52)	(0.68)	(0.56)
金融中介(J)	3.93	4.85	5.82	6.60	7.14
	(1.25)	(1.60)	(1.96)	(4.46)	(4.67)
计算机及相关服务(72)	0.35	0.50	0.76	1.64	1.74
	(0.32)	(0.41)	(0.42)	(0.66)	(0.68)
研发(73)	0.22	0.28	0.37	0.41	0.44
	(0.16)	(0.24)	(0.32)	(0.30)	(0.35)
法律、科技和广告(741t4)	2.33	2.59	3.65	3.87	4.10
	(1.36)	(1.20)	(1.35)	(1.56)	(1.68)
其他商务活动(745t8)	0.44	0.75	1.04	2.34	2.51
	(0.57)	(0.99)	(1.12)	(1.07)	(1.05)

行业名称(代码)	1970年	1980年	1990年	2000年	2005年
第三类					
批发贸易(51)	5.74	5.70	5.79	5.35	5.40
	(1.46)	(1.33)	(1.36)	(1.36)	(1.42)
零售贸易(52)	4.95	4.81	4.63	4.40	4.31
	(0.89)	(0.87)	(0.99)	(0.86)	(0.89)
运输、仓储(60t63)	5.23	5.05	4.86	4.82	4.84
	(1.22)	(0.98)	(0.87)	(1.06)	(1.17)

注:括号内数字为标准差。

将14个服务部门的增加值比重分别对老龄化率回归,根据结果绘制出增加值比重估计值随老龄化率变化的趋势图,见图3.3。很明显,不同

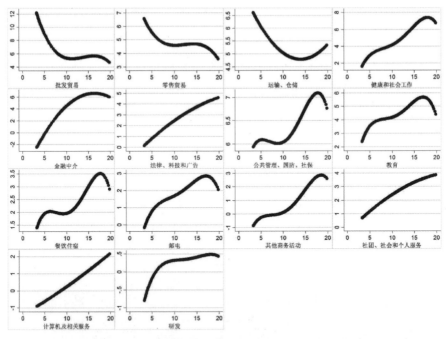

图3.3 14个服务部门增加值比重估计值与老龄化率

注:横轴为老龄化率(90%的样本值在7%—17%之间),纵轴为服务业增加值比重的估计值。每个部门对应的回归式中老龄化率的最高幂次根据回归系数的显著性决定,使用固定效应估计方法,出于稳健性考虑在国家层面聚类。

部门增加值比重随老龄化的变化趋势并不一致。部门增加值比重随老龄化率下降的有批发、零售贸易和运输仓储业,这三个传统服务部门都在老龄化初期出现了不同程度的下降,在老龄化率超过 10% 后,批发零售部门的下降速度减慢,但仍然保持向下的趋势,运输仓储部门的比重有所回升。生产性服务业中的 6 个现代部门在老龄化过程中的比重提高要显著得多。生活性服务业比重随老龄化率上升,其中表现比较突出的部门是健康和社会工作、教育、社团社区和个人服务部门,上升了 3—6 个百分点,餐饮和公共管理部门在老龄化率超过 10% 之后才出现了较小的升幅。由此可见,老龄化过程中服务业增长之所以呈现波动的模式,正是由于服务业内部不同部门随老龄化变化形态的多样性所致。

　　按照本书的分类标准,将三组类型的服务部门增加值比重分别与老龄化率回归得到趋势图 3.4。可以看到,第一类和第二类服务业比重随老龄化率上升,前者的初始比重高于后者约 10 个百分点,但后者的上升速率更快。这说明生活性服务业在老龄化较早时期就出现了增长,而现代的生产性服务业是在老龄化达到一定程度后才开始以更快的速率增

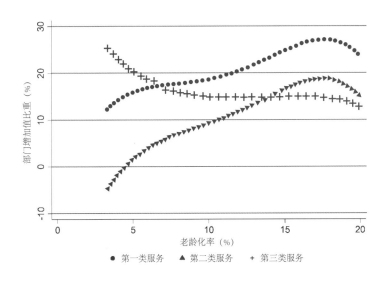

图 3.4　三类服务部门增加值比重估计值与老龄化率

长,两类服务业在老龄化更高阶段时都出现了第二次加速增长的趋势。传统的生产性服务发展最早(接近30%),在老龄化初期下降明显,中后期稳定在15%水平上。总的来看,在人口老龄化过程中,三类服务业的发展趋势之和与服务业整体的发展趋势是一致的。服务业内部结构变化的趋势是生活性服务部门缓慢增长,生产性服务部门由传统型向现代型转变,生活性服务和现代的生产性服务部门的发展共同决定了服务业在较高老龄化阶段的第二次增长。

三、对老龄化过程中服务业增长模式及影响因素的解释

如前所述,在老龄化过程中,服务业增长的模式是不同类型服务部门共同作用的结果。在老龄化低水平阶段,服务业以生活性服务和传统的生产性服务为主;随着老龄化程度加深,服务业进入以金融、通信、计算机、法律、技术和商务等现代服务为主导的发展阶段。特别是在老龄化较高阶段的服务业比重提升,既取决于生活性服务业的增长,更取决于生产性服务部门由传统服务向现代服务的转变。由于较高层次的生活性服务业与生产性服务业所提供的服务具有较高的附加值,因此很容易理解为什么在较高的老龄化水平上服务业增加值比重出现了更快的增长。

至于影响服务业增长模式的两个因素——收入水平和人力资本水平,可以从不同服务部门的需求收入弹性和技术密集程度来解释。服务的需求弹性大于商品的需求弹性(Fisher,1935;Clark,1940)。随着收入水平提高,服务需求增长相对迅速,服务业在国民经济结构中的比重增大,而且不同种类服务的需求收入弹性也不同①。一般来讲,需求收入弹

---

① 李江帆(1990)通过对美国、日本、联邦德国1970—1982年消费品需求收入弹性的比较发现,商业饮食业、医疗、交通通信、娱乐文化教育虽然同属服务业,但收入弹性不同。这几类服务的需求收入弹性分别为美国1.08、2.36、1.28、2.05;日本0.7、1.71、1.1、1.2;联邦德国0.66、1.29、1.42、1.79。

性大的服务需求增长速度较快,相应地部门增加值增长也较快;反之需求收入弹性小的服务需求增长速度缓慢,部门增加值增长较慢。这样,前者在国民经济中所占比重增加而后者减少,由此导致服务业内部结构变化。

表 3.7　服务业内部分类、收入弹性、技术密集性的比较

本书 分类	Katouzian 分类	Eichengreen 和 Gupta 分类	收入弹性	Buera 和 Kaboski 技术密集性	本书 劳动力技术 构成
第一类:生活性服务					
餐饮住宿	新兴服务	混合服务	高	低	7/55/38
公共管理、国防、社保	补充服务	传统服务	低①	低	24/56/20
教育	新兴服务	混合服务	高	高	45/42/13
健康和社会工作	新兴服务	混合服务	高	高	27/55/18
社团、社会和个人服务	新兴/传统	混合服务	高	低	15/55/30
第二类:现代生产性服务					
邮电	—	现代服务	高	—	10/58/32
金融中介	补充服务	现代服务	高	高/中	23/61/16
计算机及相关服务	—	现代服务	高	—	43/52/5
研发		—	—		57/37/6
法律、科技和广告	—	现代服务	高	高	50/46/4
其他商务活动	—	现代服务	高	高	23/61/16
第三类:传统生产性服务					
批发贸易	补充服务	传统服务	低	低	12/58/30
零售贸易	补充服务	传统服务	低	低	10/59/31
运输、仓储	补充服务	传统服务	低	低	7/56/37

注:"—"表示没有考虑的部门。劳动力技术构成根据 EU KLEMS 数据库计算,用"/"分隔的数值分别代表高、中、低技能工人的劳动时间比重(%)。

表 3.7 是对不同服务部门的所属类型及其收入弹性、技术密集性的对比。就收入弹性而言,以 Eichengreen 和 Gupta(2013)的标准,第一类生

----

① 与 Eichengreen 和 Gupta(2013)不同的是,本书将公共管理、国防、社保部门归入生活性服务类,考虑的是老龄化社会对公共服务的刚性需求。

活性服务属于高收入弹性和高闲暇弹性,部门增加值比重随收入增长,在高收入阶段减慢;第二类现代的生产性服务是高收入弹性的,部门增加值比重一直保持快速上升趋势;第三类传统的生产性服务是低收入弹性的,部门增加值比重在人均收入从中等水平向高水平提升过程中下降。就技术密集性而言,以 Buera 和 Kaboski(2011)的标准,技术密集型服务包括工程、证券、经纪、法律、教育(尤其是高等教育)、商务、会计、广播电视、空中运输、健康、医疗、房地产、金融服务等,这类行业占服务业比重随着市场化程度、人均收入水平以及技术劳动力可利用率的提高而增长。本书根据 EU KLEMS 数据计算的 14 个服务部门中高中低技能工人的劳动时间占比(详见附录Ⅰ),以此来衡量不同部门的技术密集程度,与 Buera 和 Kaboski(2011)的结论基本上是一致的。

从三种类型的服务业所对应的特征来看,传统生产性服务具有技术密集度低、收入弹性低的特点,相反现代性服务的技术密集度和收入弹性都比较高,而生活性服务业的收入弹性较高,但对技术有不同程度的需求。一般而言,收入水平变化会通过影响服务的需求和价格影响服务产出增长,而人力资本水平则制约着服务部门使用技术的能力,进而影响劳动生产率提高和产出增长。

在人口老龄化过程中,最初受经济水平和生产力制约,首先发展起来的是较低层次的生活性服务和传统生产性服务。在这一阶段,收入水平和人力资本水平的提高,可以增加人们对生活性服务的需求,提高服务部门的劳动生产率,从而增加服务的产出。更重要的是,由于对现代生产性服务需求增长快于传统性服务需求,使生产性服务业内部结构不断提升,其速度取决于收入增长和人力资本的积累情况。这一时期,生产性服务业内部不同部门之间此消彼长的变化,加之生活性服务部门的扩张,使得服务业整体上表现为随老龄化增长的趋势。可以说,生产性服务业内部结构转换的速度,很大程度上影响着服务业第一阶段增长的情况,也决定着第二次增长能否以及何时出现。

随着老龄化程度的不断提高,收入水平、人力资本水平以及服务业的发展水平也会相应地提高。除收入提高对具有更高收入弹性服务的拉动作用外,人力资本水平对于服务业结构升级的影响日益凸显。就不同服务部门而言,生活性服务和传统生产性服务对劳动力要素①的要求较低,因此这两类服务在人力资本较低水平上就能获得一定发展;相反,现在生产性服务是典型的知识和技术密集型,对高级劳动力要素投入的依赖较强,所以人力资本水平提高的越快,现代服务部门的发展越快。很多发达国家进入 20 世纪 90 年代后生产性服务业中的通信交通、物流贸易、金融服务、保险和商务活动等部门产出和生产率提高很快,主要得益于更多地利用能促进生产率提高的技术如 ICT②(Waldstein,1989),以及精通这类技术的工人的使用(World Bank,2011),与这些国家较高水平的人力资本积累是密不可分的。

可见,在伴随着人口老龄化的经济社会发展过程中,受逐渐提高的收入和人力资本水平推动,具有不同收入弹性和技术密集型的服务部门不停地交替、转换,实现了服务业内部结构提升和服务业在老龄化两个阶段的加速增长模式。

需要强调的是,人口老龄化并不只是一个观察服务业增长模式的维度,更重要的意义在于老龄化本身在这一过程中所发挥的作用。虽然从表面上看,服务业随老龄化增长模式的决定因素是收入水平和人力资本水平,但实际上这一现象的背后有着人口因素的影响。事实上,在老龄化程度由低向高发展的过程中,一方面不同的人口年龄结构特征会形成不同的需求结构,从而改变某些服务需求对收入变化的弹性,也就是说老龄化意味着社会对某些服务需求的刚性增强,比如与老年相关的健康、医

---

①　劳动力要素有初级和高级之分,非熟练和半熟练的劳动力属于初级要素,高科技人才为高级要素。这两种要素的获得方式不同,初级要素一般被看作是一国天然拥有的要素禀赋,高级要素则是通过长期的人力资本投资和开发累积起来的。在不同的产业发展阶段和不同的行业,两种要素的重要性是不同的。

②　Ark,Inklaar 和 McGuckin(2003)计算了不同行业的信息与通信技术(ICT)指标。使用 ICT 技术的部门主要有零售贸易和批发贸易、金融、邮电通信、计算机、法律科技广告以及部分商务服务,这些部门基本上对应着本文的现代生产性服务。

疗、照护等服务,同时也会削弱对另一些服务的需求,不同的需求结构必然要求有相应的产出结构相匹配;另一方面,人口老龄化还会从供给方面作用于生产要素,比如从长期看人口老龄化会改变一国的人力资本投资和积累状况,从而对劳动力供给的数量和素质,进而对服务业的增长模式产生深刻的影响。因此,人口老龄化对于服务业发展的作用机制是一个更值得研究的问题,也是我们在接下来的章节将要重点分析的内容。

第四节　本章小结

基于 1970—2013 年 85 个国家的面板数据分析发现,服务业在人口老龄化过程中呈现出两次加速增长的模式,第一次加速增长发生在较低的老龄化阶段,第二次加速增长发生在较高的老龄化阶段。人均收入和人力资本水平是影响老龄化过程中服务业增长模式的主要因素。

我们从服务业异质性角度对这一现象进行了解释。使用 19 个发达国家 1970—2005 年服务业内部 14 个分支部门增加值比重的数据对服务业内部结构进行深入分析,将 14 个服务部门分为生活性服务、传统生产性服务、现代生产性服务三种类型,使用回归拟合的方法观察部门增加值比重与老龄化率的关系,发现随着人口老龄化程度的加深,传统生产性服务部门增加值比重加速下降后趋缓,其他两种类型服务部门增加值比重不断增加。服务业随着人口老龄化表现出的两段增长模式实质上反映了生活性服务需求层次提升以及生产性服务业内部结构从传统向现代服务部门不断升级的过程。通过比较三种类型服务业的收入弹性和技术密集性得知,传统生产性服务具有技术密集度低、收入弹性低的特点,相反现代性服务的技术密集度和收入弹性都比较高,而生活性服务业的收入弹性较高,但对技术有不同程度的需求。在伴随着人口老龄化的经济社会发展过程中,受逐渐提高的收入和人力资本水平推动,具有不同收入弹性和技术密集型的服务部门不停地交替、转换,实现了服务业内部结构的不断提升和服务业在老龄化两个阶段的加速增长模式。

本章的分析虽然揭示了服务业在人口老龄化过程中的增长模式,但主要是将老龄化作为观察服务业发展趋势的一个维度,对服务业随老龄化增长模式背后的人口因素作用,也就是人口老龄化影响服务业的作用机制没有深入探讨。结合第二章对老龄化社会服务业内部结构的分析,以及本章关于服务业异质性的讨论,得到的启示是,服务业发展动力来自需求和供给两方面,驱动各类服务部门的增长源和影响因素不同,主要包括需求和供给两个方面。研究人口老龄化对服务业发展的作用机制,也可以从以上两个层面入手,这是本书后续将要完成的内容。

第四章　老龄化影响服务业发展的总效应

前面两章我们从人口老龄化的视角和维度,对服务业的发展水平、趋势以及服务业内部结构的特征和演变进行了事实观察分析,发现了老龄化过程中服务业发展趋同与差异并存的现象及其背后的原因;对服务业随老龄化发展的趋势进行了统计模拟分析,揭示了老龄化过程中的服务业增长模式。基于以上分析得到的初步结论,本章将利用跨国面板数据和计量经济学方法,将更多影响服务业发展的内外部因素考虑进来,从整体上对老龄化影响服务业发展的总效应进行实证检验。

第一节　老龄化总效应的实证检验

一、数据、变量和模型

老龄化总效应的实证分析使用的是 110 个国家 1969—2008 年的面板数据①。其中,部门就业数据来自国际劳工组织(International Labour

---

① 我们在世界范围内筛选出 2013 年总人口超过 100 万的 153 个国家,剔除数据严重缺失的国家后,最终进入样本的有 110 个,时间跨度为 1969—2008 年。每个国家可获得的观测值不同,是一组大 N 小 T 型非平衡面板。

Organization,ILO)。我们选择统计量最大、以 1971 年第二次修订和 1994 年第三次修订的国际标准产业分类(ISIC Rev. 2\Rev. 3)为标准的数据集,分别包含 9 个和 17 个一级类别,按照对应部门将 Rev. 3 版本的 17 个部门数据合并计算,全部统一为 9 个部门,包括:农业,采掘业,制造业,供电气水业,建筑业,零售、批发、贸易和餐饮住宿业,运输、仓储和通信业,金融和房地产业,社团、社会和个人服务业。老龄化率的数据来自世界银行世界发展指数(World Development Indicator,WDI)。样本描述性统计见表 4.1。以平衡面板计算的完整观测值应为 4290 个,但由于各国均存在不同程度的数据缺失问题,每个变量的观察值数量不等,除社区服务业就业比重外,其他变量的观测值均超过了 2000 个,数据量基本满足计量分析需要。

表 4.1　老龄化供给效应估计的全样本描述性统计　　单位:%

变量	代码	观测值（个）	平均值	标准差	最小值	最大值
农业	agr	2132	19.38	17.94	0.120	89.31
采掘业	min	2024	0.840	1.290	0.000	20.56
制造业	manu	2164	17.95	6.580	0.000	38.19
供电气水业	ele	2027	0.940	0.610	0.000	4.040
建筑业	const	2180	6.990	2.740	0.140	37.14
零售批发贸易和餐饮住宿业	whol	2177	17.50	5.950	1.480	58.38
运输、仓储和通信业	tran	2187	5.920	1.740	0.080	13.85
金融和房地产业	fin	2083	6.100	4.200	0.030	18.88
社团、社会和个人服务业	comm	1876	24.20	8.600	1.870	52.77
老龄化率	old	2194	9.302	4.689	1.228	21.64

在分析人口老龄化对不同国家和不同部门就业的影响时,涉及解释变量内生性、组内自相关和异方差以及固定效应等各种问题,要为每一个因变量找到合适的工具变量存在一定的困难,较为便捷且可靠的方法是将因变量的滞后期加入模型(Sachs 和 Wamer,1995),滞后因变量既充当了部分遗漏变量的代理变量,也可以反映变量本身的持续影响。因此,构

建动态面板模型如下：

$$emp_{it} = b_0 + b_1 emp_{i,t-q} + b_2 old_{it} + \mu_i + u_t + \delta_{it} \cdots\cdots \quad (4.1)$$

式(4.1)中，emp_{it} 表示每个部门的就业比重；$emp_{i,t-q}$ 代表滞后 q 期，若无特别说明 q = 1；old_{it} 是老龄化率；μ_i 是固定效应，代表不随时间变化的国家独有特征；u_t 是时间效应，反映各国共有的随时间变化的扰动；其他遗漏因素均包含在误差项 δ_{it} 中。

二、估计方法和结果

由于滞后因变量和固定效应相关，使用固定效应方法对动态面板模型的参数估计容易产生偏误，尤其在时间较短的情况下更为严重(Nickell,1981；Kiviet,1995)。针对该问题，Anderson 和 Hsiao(1981)提出了工具变量估计法，通过一阶差分消除固定效应，使用滞后两期的因变量和滞后一期的内生自变量作为差分后对应自变量的工具变量，参数估计采用 GMM 方法(Hansen,1982)。尽管差分 GMM 估计无须外部工具就处理了内生性，但存在弱工具变量的问题。Blundell 和 Bond(1998)提出的系统 GMM 方法，将差分后的滞后因变量和滞后内生自变量作为水平方程中对应变量的工具变量，同时保留了原始数据和差分数据，既解决了弱工具变量问题，又大大增加了观测值数量。另外，从本书所使用面板数据的宽截面短时期特征看，采用系统 GMM 方法也是最合适的。

为便于比较不同方法的估计效果，我们分别用混合 OLS、固定效应和系统 GMM 方法估计人口老龄化对三次产业(农业、工业和服务业，由 9 部门数据合并计算)就业结构的影响，见表 4.2。三种方法的估计结果均显示，老龄化对农业和工业就业有负面影响，对服务业就业有正面影响。混合 OLS 和系统 GMM 估计的结果均表明，老龄化对农业和服务业就业比重的影响显著且符号相反。从系统 GMM 估计结果的各项统计检验看，残差项序列相关检验不能拒绝 ar(1)或能拒绝 ar(2)，说明不存在模型误设；Hansen 过度识别检验不能拒绝原假设，说明所有工具变量中至少有一个是有效的。老龄化率对工业就业比重的估计结果没有在统计意义上获得足够的支持,估计系数为负但不显著。

直接使用系统 GMM 方法分别估计人口老龄化对 9 个部门就业的影响,见表4.3。结果显示老龄化率的估计系数 9 个部门中有 8 个显著不为零,老龄化对农业、采掘业、制造业、电气水部门就业的影响显著为负,对农业、制造业的影响最大;对零售、运输通信、金融地产、社团社会个人服务部门就业的影响显著为正,对社团社会个人服务业的影响最大。综合表4.2 与表4.3 的回归结果表明,人口老龄化通过使农业、制造业等部门的就业份额不断萎缩,同时加强各类服务部门特别是社团社会个人服务业就业的增长,从整体上推动就业结构从第一、第二产业向第三产业转变。

表4.2　老龄化对三次产业就业结构的影响

	农业			工业			服务业		
	混合 OLS	固定效应	系统 GMM	混合 OLS	固定效应	系统 GMM	混合 OLS	固定效应	系统 GMM
L. emp	0.954***	0.724***	0.783***	0.955***	0.851***	0.946***	0.965***	0.646***	0.914***
	(62.243)	(7.829)	(7.175)	(68.873)	(26.650)	(22.44)	(68.653)	(5.006)	(23.147)
old	−0.081**	0.029	−0.329*	−0.001	−0.110*	−0.011	0.072***	0.255	0.137*
	(−2.379)	(0.265)	(−1.678)	(−0.078)	(−1.971)	(−0.16)	(3.272)	(1.387)	(1.772)
_cons	1.176*	7.382***	6.385	0.838***	5.451***	1.350***	1.895***	13.047***	3.982*
	(1.931)	(2.756)	(1.640)	(3.634)	(4.033)	(3.28)	(2.787)	(2.882)	(1.982)
观测值	1931	1931	1931	1763	1763	1763	1578	1578	1578
国家数			92			91			86
Hansen			39.484			37.340			35.548
Hansen_p			0.665			0.407			0.842
ar1_p			0.058			0.025			0.084
ar2_p			0.069			0.880			0.215
工具滞后期			[1,6][5,5]			[1,1][2,3]			[2,2][3,3]
工具变量数			85			77			86

注:(1)所有回归模型中都控制住了时间虚拟变量,限于篇幅未报告;括号内为经异方差稳健标准差调整后的 t 值;*、**、*** 分别表示 10%、5% 和 1% 的显著性水平;(2)ar1_p 和 ar2_p 报告的是 Arelleno-Bond 一阶、二阶序列相关检验的 p 值;Hansen_p 报告的是 Hansen 过度识别检验的 p 值;工具滞后期分别报告的是滞后因变量和内生解释变量的滞后范围,工具变量的选取原则上尽量做到少而有效,遵照 Roodman(2006)给出的法则,即工具变量数小于国家数;L. emp 表示因变量的一期滞后。

表4.3　老龄化对9部门就业结构的影响

	agr	min	manu	ele	const	whol	trans	fin	comm
L. emp	0.529***	0.397**	0.944***	0.914***	1.012***	0.869***	0.485	0.901***	0.878***
	(2.839)	(2.166)	(29.918)	(31.320)	(8.315)	(14.835)	(1.636)	(10.816)	(17.455)
L2. emp	0.371**		0.056*		0.241			0.073	
	(2.543)		(1.792)		(0.972)			(0.796)	
old	-0.173*	-0.029*	-0.035*	0.004**	-0.032	0.044*	0.057*	0.025***	0.085**
	(-1.722)	(-1.956)	(-1.953)	(2.123)	(-1.030)	(1.716)	(1.716)	(3.019)	(2.384)
_cons	3.024	0.722**	0.087	0.032	-1.382	2.069**	2.538*	0.130	2.365**
	(1.579)	(2.535)	(0.507)	(1.044)	(-1.370)	(2.323)	(1.672)	(1.011)	(2.281)
观测值	1791	1821	1834	1835	1846	1988	1985	1753	1659
国家数	89	92	89	91	90	93	93	90	85
Hansen	87.192	83.788	3.080	81.101	6.345	78.832	78.831	77.174	78.136
Hansen_p	0.987	0.307	0.799	0.445	0.386	0.516	0.484	0.473	0.474
ar1_p	0.187	0.316	0.014	0.001	0.012	0.247	0.249	0.005	0.031
ar2_p	0.402	0.095	0.512	0.869	0.385	0.331	0.332	0.771	0.136
工具滞后期	[1,7][4,5]	[4,5][2,2]	[1,2][2,4]	[1,4][4,4]	[1,2][2,4]	[1,10][2,2]	[1,4][4,4]	[1,2][2,2]	[1,2][3,3]
工具变量数	86	81	10	83	8	83	82	81	81

注:同表4.2。L2. emp 表示因变量的二期滞后,通过残差项序列相关检验发现模型存在误设风险后加入。

第二节　老龄化总效应的国别差异

人口老龄化是每个国家必经的一个持续性变化过程,对于不同国家来说,不同的老龄化阶段所带来的影响应该是有所差别的。在老龄化程度尚不严重的国家,劳动年龄人口增长较快,人口抚养比下降,有利于储蓄和资本积累,具有劳动密集型产业的比较优势;随着老龄化程度的加深,上述情况可能会发生变化。但由于数据所限,我们无法获取足够完整描述老龄化和就业结构变化历程的面板数据。西方发达国家进入老龄化社会较早、工业化发展成熟,但是早期的数据无法获得;欠发达国家的人口年龄结构相对年轻,工业化历程较短,观察期也比较短。根据表4.4按收入水平分类进行的描述统计显示,高收入(OECD 国家)、中等收入(中高和中低)、低收入三类国家的老龄化率均值差距很大,分别为 12.8%、6% 和 3.8%。所有国家几乎 80% 的就业都集中在 4 个部门:农业、制造业、零售批发贸易和餐饮住宿业、社区社会和个人服务业,其余 5 个部门仅占 20%。但是 4 个部门就业比重分布的国别差异显著。高收入 OECD 国家农业就业比重的平均值仅为 9%,制造业就业比重为 20%,零售批发贸易和餐饮住宿业的就业比重为 18%,社区社会和个人服务业就业比重为 27%;中高收入国家以上 4 部门的平均就业比重分别为 23%、17%、17% 和 22%,除农业外,其他 3 个部门的就业比重均低于高收入国家;中低收入国家和低收入国家延续了这一趋势,前者农业比重为 37%,后者高达 65%,制造业就业比重分别为 13% 和 7%,两个主要服务部门就业比重合计,中低收入国家为 42%,低收入国家仅 18%。

表 4.4　按收入水平分类的样本描述性统计　　　　　　单位%

	变量	观测值	平均值	标准差	最小值	最大值
高收入 OECD	农业	920	9.216	7.977	1.251	51.253
	采掘业	896	0.815	1.413	0.047	20.565
	制造业	943	20.914	5.331	0.000	38.164
	供电气水业	900	0.944	0.432	0.214	2.848
	建筑业	936	7.524	1.559	2.857	13.409
	零售批发贸易和餐饮住宿业	943	18.610	4.788	8.546	58.378
	运输、仓储和通信业	936	6.431	1.067	2.942	10.254
	金融和房地产业	933	8.752	3.925	0.975	18.501
	社区、社会和个人服务业	789	27.078	6.598	9.724	50.702
	老龄化率	943	12.800	3.299	3.309	21.640
高收入非 OECD	农业	216	8.328	6.267	0.194	24.527
	采掘业	195	1.251	1.982	0.012	18.743
	制造业	228	17.564	5.448	0.000	30.374
	供电气水业	203	1.423	0.637	0.341	3.059
	建筑业	236	9.337	4.567	4.241	37.142
	零售批发贸易和餐饮住宿业	236	19.278	3.501	8.167	27.688

	变量	观测值	平均值	标准差	最小值	最大值
高收入非OECD	运输、仓储和通信业	236	7.012	2.340	3.033	13.848
	金融和房地产业	219	6.570	3.403	1.476	18.878
	社区、社会和个人服务业	205	30.773	9.566	17.787	52.771
	老龄化率	236	9.385	4.064	1.228	18.029
中高收入国家	农业	554	23.550	15.676	0.122	76.724
	采掘业	516	0.854	0.821	0.025	4.955
	制造业	568	17.305	6.896	2.579	34.783
	供电气水业	513	0.956	0.721	0.065	4.036
	建筑业	568	6.544	1.883	0.537	13.615
	零售批发贸易和餐饮住宿业	561	17.681	7.269	4.295	36.857
	运输、仓储和通信业	568	5.798	1.705	1.367	10.083
	金融和房地产业	504	4.387	2.511	0.271	12.003
	社区、社会和个人服务业	514	22.065	7.435	2.355	39.612
	老龄化率	568	6.755	3.530	2.566	17.730
中低收入国家	农业	386	37.175	16.281	0.987	76.870
	采掘业	360	0.721	1.039	0.005	4.710
	制造业	368	13.184	5.130	1.090	38.188
	供电气水业	354	0.768	0.626	0.086	3.587
	建筑业	383	5.682	2.881	0.317	22.204
	零售批发贸易和餐饮住宿业	380	14.284	5.929	1.478	33.481
	运输、仓储和通信业	390	4.759	1.340	0.472	8.702
	金融和房地产业	372	2.089	1.926	0.200	15.372
	社区、社会和个人服务业	317	18.956	6.929	5.058	39.462
	老龄化率	390	5.304	3.141	2.166	16.080
低收入国家	农业	56	65.090	13.933	7.886	89.309
	采掘业	57	0.397	0.518	0.010	3.568
	制造业	57	7.503	2.715	0.487	15.575
	供电气水业	57	0.200	0.263	0.004	1.497

续表

	变量	观测值	平均值	标准差	最小值	最大值
低收入国家	建筑业	57	1.838	1.751	0.135	12.069
	零售批发贸易和餐饮住宿业	57	11.431	5.388	2.389	32.363
	运输、仓储和信讯业	57	2.341	1.668	0.079	8.396
	金融和房地产业	55	1.990	2.373	0.033	6.634
	社区、社会和个人服务业	51	7.513	5.260	1.870	32.240
	老龄化率	57	3.817	0.457	2.429	4.656

注:收入类型按照世界银行 2013 年公布的人均 GNI 标准划分。

　　将全样本重新整理分为发达国家和欠发达国家两个子样本①,描述性统计见表4.5。

表 4.5　分样本描述性统计　　　　　　　　单位%

	变量	代码	观测值	平均值	标准差	最小值	最大值
发达国家	农业	agr	1120	9.120	7.710	0.190	51.25
	采掘业	min	1075	0.870	1.530	0.010	20.56
	制造业	manu	1155	20.41	5.390	0.000	38.16
	供电气水业	ele	1087	1.030	0.510	0.210	3.060
	建筑业	const	1156	7.760	2.150	2.860	22.10

---

　　①　发达国家包括澳大利亚、日本、韩国、新西兰、奥地利、比利时、瑞士、捷克共和国、德国、丹麦、西班牙、爱沙尼亚、芬兰、法国、英国、希腊、爱尔兰、意大利、荷兰、挪威、波兰、葡萄牙、斯洛伐克共和国、斯洛文尼亚、瑞典、智利、以色列、加拿大、美国(高收入 OECD 国家)和部分高收入非 OECD 国新加坡、塞浦路斯、克罗地亚、立陶宛、拉脱维亚、俄罗斯、波多黎各、特立尼达和多巴哥、乌拉圭(高收入非 OECD 国家)。在高收入非 OECD 国家中剔除了数据缺失严重、非市场经济和倚重资源出口(如石油出口)的国家。欠发达国家包括中国、马来西亚、泰国、阿塞拜疆、保加利亚、白俄罗斯、匈牙利、哈萨克斯坦、马其顿、罗马尼亚、塞尔维亚、土耳其、阿根廷、巴西、哥伦比亚、哥斯达黎加、多米尼加、厄瓜多尔、牙买加、墨西哥、巴拿马、秘鲁、委内瑞拉、突尼斯、毛里求斯、南非(中高收入国家)、蒙古国、菲律宾、越南、亚美尼亚、格鲁吉亚、摩尔多瓦、乌克兰、玻利维亚、洪都拉斯、尼加拉瓜、巴拉圭、萨尔瓦多、埃及、摩洛哥、叙利亚、斯里兰卡、巴基斯坦、赞比亚(中低收入国家)和缅甸、马拉维、刚果、津巴布韦(低收入国),出于样本量考虑仅剔除了数据缺失严重的国家,没有做进一步的筛选。

	变量	代码	观测值	平均值	标准差	最小值	最大值
发达国家	零售批发贸易和餐饮住宿业	whol	1163	18.78	4.580	8.170	58.38
	运输、仓储和通信业	tran	1156	6.570	1.410	2.940	13.85
	金融和房地产业	fin	1136	8.400	3.920	0.980	18.88
	社区、社会和个人服务业	comm	978	27.64	7.270	9.720	52.77
	老龄化率	old	1163	12.25	3.569	3.309	21.64
欠发达国家	农业	agr	912	29.87	17.85	0.120	76.72
	采掘业	min	853	0.800	0.920	0.000	4.950
	制造业	manu	914	15.70	6.590	2.760	38.19
	供电气水业	ele	844	0.870	0.690	0.0700	3.780
	建筑业	const	923	5.980	2.120	0.320	16.32
	零售批发贸易和餐饮住宿业	whol	913	16.19	7.000	1.480	36.86
	运输、仓储和通信业	tran	930	5.350	1.640	0.470	9.600
	金融和房地产业	fin	850	3.510	2.560	0.270	15.37
	社区、社会和个人服务业	comm	808	20.44	7.640	2.350	39.61
	老龄化率	old	930	6.261	3.451	2.738	17.73

表4.6的分样本回归结果显示,老龄化对发达国家和欠发达国家三次产业就业影响的差异表现在,对前者的影响系数小于后者。以农业为例,老龄化率每提高1个百分点,发达国家和欠发达国家的农业就业比重分别下降0.035个百分点和0.175个百分点。这说明老龄化进程开始早的发达国家,老龄化对就业结构转换的推动作用没有老龄化开始晚的国家大,主要原因是在样本的观测期间内两类国家分别位于不同的产业阶段,后者三次产业的就业比重变化相比前者的幅度更大。老龄化对两类国家工业就业的作用方向相反,老龄化率提高导致发达国家工业就业比重下降,使欠发达国家工业就业比重上升。该现象表明,对于处在不同产业发展阶段的国家来说,老龄化的作用对象有所不同。

表 4.6 老龄化对三次产业就业结构的影响（分样本）

	农业			工业			服务业		
	混合 OLS	固定效应	系统 GMM	混合 OLS	固定效应	系统 GMM	混合 OLS	固定效应	系统 GMM
发达国家									
L. emp	0.958 ***	0.953 ***	0.958 ***	0.964 ***	0.941 ***	0.960 ***	0.971 ***	0.943 ***	0.963 ***
	(230.256)	(63.454)	(118.619)	(177.433)	(99.910)	(97.012)	(125.163)	(30.817)	(99.393)
old	−0.006	−0.009	−0.035 *	−0.031 **	−0.081 ***	−0.026 *	0.024 ***	0.121	0.041 *
	(−0.723)	(−0.331)	(−1.852)	(−2.100)	(−3.525)	(−1.822)	(2.761)	(1.245)	(1.853)
_cons	0.100	0.184	0.461	1.189 ***	2.475 ***	1.213 ***	2.095 ***	2.613 ***	2.352 ***
	(0.804)	(0.404)	(1.654)	(3.713)	(4.697)	(3.515)	(4.907)	(3.374)	(5.330)
观测值	1066	1066	1066	988	988	988	888	888	888
国家数	37	37	37	38	38	38	35	35	35
Hansen			2.464			3.494			14.714
Hansen_p			0.482			0.174			0.472
ar1_p			0.037			0.000			0.062
ar2_p			0.664			0.396			0.057
工具滞后期			[4,4][3,4]			[3,4][0,0]			[1,3][1,9]
工具变量数			6			5			18
欠发达国家									
L. emp	0.956 ***	0.810 ***	0.939 ***	0.931 ***	0.795 ***	0.863 ***	0.973 ***	0.771 ***	0.938 ***
	(68.352)	(20.742)	(26.936)	(38.284)	(17.294)	(20.683)	(79.107)	(8.992)	(17.095)
old	−0.060 *	−0.502 **	−0.175 *	0.045	−0.286	0.066 *	0.040 *	0.997 ***	0.119 *
	(−1.667)	(−2.482)	(−1.725)	(1.395)	(−1.560)	(1.731)	(1.760)	(3.185)	(1.753)
_cons	1.361 **	8.539 ***	2.383	1.250 ***	6.346 ***	2.597 ***	1.382 ***	4.815 *	2.505
	(2.144)	(4.134)	(1.595)	(2.973)	(3.288)	(2.833)	(2.626)	(1.949)	(1.042)
观测值	817	817	817	736	736	736	659	659	659
国家数	44	44	44	43	43	43	42	42	42
Hansen			10.859			7.439			40.355
Hansen_p			0.369			0.190			0.543
ar1_p			0.064			0.044			0.143
ar2_p			0.064			0.890			0.239
工具滞后期			[1,4][2,7]			[1,3][2,3]			[2,6][2,7]
工具变量数			13			8			15

第三节　老龄化总效应的部门差异

从表4.7的9部门回归结果可以更清楚地看出人口老龄化影响的差异。对发达国家来说,老龄化带来农业、矿业、制造业、电气水业的就业比重下降,以及零售、金融和社会服务业就业比重的上升。其中影响较大部门的是制造业、社会服务业和金融业,老龄化率每提高1个百分点,引起制造业就业比重下降0.184个百分点,社会服务业和金融业就业比重分别上升0.154个百分点和0.073个百分点。老龄化对发达国家就业结构影响的总趋势是推动农业、制造业劳动力向服务部门转移。对于欠发达国家,老龄化带来农业、矿业就业比重下降,制造业、电气水业、建筑业以及服务业就业比重上升。其中影响最大的部门是零售业和制造业,老龄化率每提高1个百分点,零售业和制造业就业比重分别提高0.259个百分点和0.183个百分点。老龄化对欠发达国家就业结构影响的总体趋势是推动农业劳动力向制造业和服务业转移。

表4.7　老龄化对9部门就业结构的影响(分样本)

	agr	min	manu	ele	const	whol	trans	fin	comm
发达国家									
L. emp	0.958 ***	0.640 ***	0.889 ***	0.890 ***	0.908 ***	0.839 ***	0.841 ***	0.960	0.856 ***
	(118.619)	(3.74)	(22.02)	(41.99)	(35.56)	(46.49)	(26.20)	(56.54)	(17.20)
old	−0.035 *	−0.030 *	−0.184 **	−0.007 **	0.021	0.065 ***	−0.001	0.073 ***	0.154 **
	(−1.852)	(−1.84)	(−2.45)	(−2.68)	(1.44)	(3.20)	(−0.99)	(2.84)	(2.21)
_cons	0.461	0.641 **	4.266 **	0.183 ***	0.472	2.341 ***	1.023 ***	−0.327	2.336 ***
	(1.654)	(1.99)	(2.49)	(4.59)	(1.63)	(6.17)	(4.26)	(−1.61)	(3.18)
观测值	1066	1017	1103	1036	1103	1111	1103	1085	906
国家数	37	38	38	38	38	38	38	38	35
Hansen	2.464	7.95	4.78	12.64	7.54	4.74	11.64	8.12	1.68
Hansen_p	0.482	0.634	0.443	0.81	0.479	0.315	0.04	0.322	0.795
ar1_p	0.037	0.299	0.081	0.000	0.066	0.228	0.001	0.001	0.132
ar2_p	0.664	0.191	0.378	0.632	0.278	0.138	0.374	0.943	0.631
工具滞后期	[4,4][3,4]	[1,5][2,6]	[1,3][3,4]	[1,4][2,4]	[1,4][2,5]	[1,2][2,3]	[1,2][2,4]	[1,3][3,4]	[1,2][3,4]
工具变量数	6	13	8	10	11	7	8	10	7

续表

	agr	min	manu	ele	const	whol	trans	fin	comm
欠发达国家									
L. emp	0.939 ***	0.941 ***	0.907 ***	0.925 ***	0.9385 ***	0.927 ***	0.761 ***	0.827 ***	0.841 ***
	(26.936)	(18.89)	(35.95)	(77.55)	(44.62)	(11.02)	(3.18)	(19.64)	(4.52)
old	−0.175 *	−0.006 *	0.183 ***	0.005 ***	0.01 **	0.259 ***	0.028	0.176 ***	0.114 **
	(−1.725)	(−1.76)	(2.56)	(2.73)	(2.16)	(3.02)	(1.12)	(5.36)	(2.02)
_cons	2.383	0.068	0.608 **	0.021 *	0.414 *	0.151	1.984 **	0.181 *	2.721
	(1.595)	(1.26)	(2.07)	(1.89)	(1.83)	(0.31)	(2.15)	(1.65)	(0.74)
观测值	817	760	822	755	831	820	837	756	706
国家数	44	44	44	43	44	44	44	44	40
Hansen	10.859	12.38	6.69	4.53	5.82	6.51	9.08	7.18	5.81
Hansen_p	0.369	0.089	0.351	0.475	0.324	0.369	0.458	0.305	0.325
ar1_p	0.064	0.001	0.046	0.026	0.023	0.07	0.268	0.034	0.056
ar2_p	0.064	0.177	0.712	0.665	0.112	0.201	0.320	0.599	0.095
工具滞后期	[1,4][2,5]	[1,6][2,6]	[1,3][2,4]	[1,4][2,4]	[1,4][2,4]	[1,2][2,4]	[1,4][2,4]	[1,2][3,4]	[1,3][3,4]
工具变量数	11	15	9	9	9	6	10	9	8

第四节　本章小结

为验证人口老龄化在推动产业结构升级和服务业发展中的总效应，本章使用包含110个国家的1969—2008年9部门面板数据估计老龄化对三次产业以及9部门就业结构的影响。估计表明人口老龄化通过使农业、制造业等部门的就业份额不断萎缩，同时加强各类服务部门特别是社区社会个人服务业就业的增长，从整体上推动了就业结构从第一、第二产业向第三产业转变。

考虑到不同国家、不同老龄化阶段所带来的影响可能存在差异，进一步对发达国家和欠发达国家分开样本进行回归，发现老龄化对发达国家产业和部门就业比重的影响系数小于欠发达国家。老龄化率提高导致发达国家工业就业比重下降，欠发达国家工业就业比重上升。老龄化影响的总趋势是，推动发达国家农业、制造业劳动力向服务部门转移，推动欠发达国家农业劳动力向制造业和服务业转移。

　　本章的内容只是检验老龄化影响产业结构升级和服务业发展的第一步,接下来,我们将从需求侧和供给侧的视角分别展开分析,深度剖析老龄化影响的路径机制、效应及其异质性等。

第五章 老龄化影响服务业发展的需求效应

关于人口老龄化影响服务业发展的研究中,少数学者就老龄化对需求结构乃至产业结构的影响做过一些初步探讨(Siliverstovs,Kholodilin 和 Thiessen,2011),但是对老龄化的作用机制进行系统的理论阐述和实证检验的文献较少。本章集中从需求视角探讨人口老龄化通过消费路径影响服务业发展的作用机制,并使用 1960—2009 年 55 个国家的面板数据进行了实证检验,通过对比发达国家和欠发达国家①的情况,考察了处于不同经济发展水平和服务业初始发展水平下人口老龄化影响的差异。

第一节 老龄化需求效应的理论分析

一、需求效应的提出

根据生命周期理论,个人的消费需求会随年龄增长而改变。随着人

---

① 发达国家与欠发达国家的划分是依据世界银行 2011 年标准划分:人均 GNI 在 1025 美元以下为低收入,超过 12374 美元为高收入,介于二者之间的为中等收入,以 4036 美元分界划分为中等偏上和中等偏下收入。我们将高收入国家统称为发达国家,中、低收入国家统称为欠发达国家。

口年龄结构演变,个体层面的需求结构变化会累积叠加导致社会总需求结构的变化,最终反映到产业结构上。当人口老龄化发展到一定阶段,老年群体占总人口的比例越来越大,老年人偏好服务的消费结构特征会影响整个社会的消费结构向服务倾斜,从而推动服务业的发展,本书称之为老龄化的"需求效应"。

老年人对服务消费的偏好是由其生理特征决定的。由于健康状况和生活自理能力随年龄下降,老年人对医疗、护理和生活照料服务的需求增多,这种服务需求具有刚性,而且会随年龄增长而不断提高①。此外,服务具有较高的收入弹性和相对时间密集的特性,而老年人享有更多的闲暇和稳定的收入,也为服务消费提供了时间和财力保证。有关年龄消费模式差异的经验证据表明,老年人相比年轻人倾向于消费更多的服务(Lührmann,2005;Mason 和 Lee,2007;Groezen,Meijdam 和 Verbon,2005),老龄化社会总消费结构必然向服务倾斜。

消费结构的变化最终会反映到产业结构上(Fuchs,1968)。随着人口老龄化程度提高,快速增长的老年消费需求将对市场产生深刻影响,甚至左右产业的发展进程和形态。从老龄化开始较早的发达国家经验看,老年群体在经济社会生活中的地位和作用不断增强。比如德国 50 岁以上人口拥有一半的国民财富,年均消费能力达 90 亿欧元(United Nations,2007),许多行业都是应对老年消费市场需求增长而产生的,专门根据老年消费群体的需求提供产品和服务。服务业尤甚,其产品具有无形性、多样性、不易储存等特性,要求消费和供给同时进行(Hill,1999)。服务供给对本地市场的依赖性强,决定其发展状况更离不开所在地区的服务消费需求(李江帆,1997)。老年服务需求增长为服务业发展提供有利的市场环境,是服务业发展的重要推动力。

需要强调的是,人口老龄化是一个长期发展过程,其对服务业发展的

---

① 一些学者认为,个人的服务需求可以通过购买和使用商品来自我满足,而不一定消费最终服务(Gershuny,1978)。但老年人的情况有所不同,因为生理条件会限制自我服务能力,增强对服务需求的刚性。

影响是逐步由弱渐强表现出来的。老龄化水平较低时,人口年龄结构对经济包括服务业发展的影响主要由少儿人口和劳动年龄人口主导。只有当老龄化水平提高到一定程度,特别是出现高龄化后,老年服务消费需求才会开始加速增长,从而使拉动服务业发展的需求效应显露出来,并呈现递增趋势,这是因为高龄人口的消费结构更加偏重服务。一般地,高龄化滞后于人口老龄化。当老龄化达到较高水平后,高龄化会加速发展,直至超过老龄化速度。因此,人口老龄化引起的消费模式变化也应是缓慢而渐进的(Lührmann,2005)。

基于以上分析,我们提出第一个待检验假设:人口老龄化达到一定程度后,会通过消费路径产生促进服务业发展的需求效应;随着老龄化水平提高,这种效应递增。

二、需求效应的差异

人口老龄化对服务业发展的影响与经济发展水平有直接关系。不同国家人口老龄化过程所处的经济发展阶段不同,相应地,老龄化促进服务业发展的需求效应也会存在国别差异。

首先,处在不同经济发展阶段的国家,老年人的收入水平和收入稳定性相差很大。而收入是消费水平和消费结构的决定性因素,直接关系到服务消费需求的形成及其实现。发达国家人口老龄化基本与经济发展同步,人口老龄化水平高,经济发展水平也高,社会福利制度比较完善。老年人较好的收入和资产状况为服务消费提供了购买力支撑。相比之下,一些欠发达国家的人口老龄化超前于经济发展,老年人收入水平相对低,特别是社会保障和福利制度不完善,加剧了老年人在经济方面的弱势地位。据推算,日本1980年老年人口与总人口人均消费需求量之比为1.44,2000年上升到1.5;美国1985年该比值为2.57;中国2000年仅为1.054,预计到2050年会升到2.01(谢建华,2003)。根据世界银行世界发展指数(World Development Indicators,WDI)数据查对同期的服务业增加值比重,日本从 1980 年的 57.9% 提高到 2000 年的 67.4%;美国 1985 年为 66.7%;中国 2000 年仅为 39%。老年人服务消费对服务业发展的贡献需要以消费能力为基础。中国服务业发展落后的主要原因之一就是服务需求受到了较低的消费水平抑制(江小涓,李辉,2004;乔为国,周卫峰,2004),其中自然也包括老年人的服务需求。

其次,处在不同经济发展阶段的国家,服务业在国民经济中所占比重以及服务业自身的部门结构会大不相同,这会导致老龄化的需求效应在影响服务业发展的路径和形式上表现出差异。服务业内部不同部门之间异质性大,劳动生产率相差悬殊。老年服务特别是日常生活照护服务基本是劳动密集型的,因此老龄化的需求效应对服务业就业有直接拉动作用,但对服务业增加值增长的拉动程度则要受到服务价格的影响,后者取决于各国服务业的相对劳动生产率。发达国家在工业化后期及后工业社会时期,服务业中的传统服务业比重下降,新兴服务业比重上升。新兴服务业相对劳动生产率高,吸收的从业人员大都具备较高的人力资本水平(魏作磊,2010)。这些部门就业的增长同时推动着增加值的较快增长,并且由于部门间工资趋同作用的存在,传统服务业受人工成本压迫也必然发生价格上涨,从而导致整体服务业增加值相应的较快增长。当老龄化达到更高程度后,劳动力供给约束会抑制服务业特别是劳动密集程度高的服务业就业增长,这时服务业增加值增长就会超越就业增长。形成对比的是,在欠发达国家中,服务业仍以传统服务业为主,新兴服务业就业比重低使得其较高的劳动生产率难以产生拉动整体服务业增加值增长的作用,人口老龄化的需求效应对服务业发展的影响更多表现在就业增长上。

最后,上面所说的服务业就业和增加值增长都是就市场化的服务供给而言的。在市场化的服务供给之外还存在着大量的非正式、非市场化的服务,比如家庭内部、亲属朋友间提供的老年服务,这是一种隐性的服务消费。服务供给市场化程度伴随着经济发展水平的提高而提高,特别是在妇女劳动参与率提高和人们的传统养老观念发生变化的情况下,更易出现老年服务市场化。家庭服务的市场化是驱动消费者服务业发展的主要因素(Browne,1986)。人口老龄化促进服务业发展的需求效应受服务市场化程度制约,后者则与经济发展的阶段有关。服务市场化程度影响着老年人的居住安排。据联合国的报告,全世界老年人住养老机构的比例都不高,但发达国家老年人中独居或与配偶居住的比例不断增加,而欠发达国家中,大部分老年人则选择与子女共同生活(United Nations,2005)。在欠发达国家,由于家庭服务供给没能在国民经济核算中反映出来,人口老龄化的需求效应被低估了。

基于以上分析,我们提出第二个待检验假设:发达国家和欠发达国家处于不同的经济发展阶段,消费水平和服务业发展状况相差很大,导致人口老龄化的需求效应及其作用路径存在差异。

第二节 老龄化需求效应的实证分析

一、计量模型

为检验人口老龄化的需求效应,我们在计量分析中重点考察老龄化与消费对服务业发展的协同作用,观察消费对服务业发展的影响会不会因人口老龄化外加强。考虑到国别差异和产业发展过程的阶段性,计量分析采用固定效应模型的估计方法。同时,针对国家之间不可观测的异质性可能造成误差项和解释变量相关,从而使回归结果产生偏误,以及突发事件变动等原因可能导致数据异常波动带来时间序列不稳定等问题,我们在计量分析中同时对个体和时点效应进行控制。此外,为减弱异方差影响,模型中对全部变量取自然对数;为降低回归中可能存在的内生性问题,所有解释变量和控制变量做滞后一期处理。这样,基本的计量模型5.1如下:

$$\ln service_{it} = b_0 + b_1 \ln elder_{it-1} + b_2 \ln consum_{it-1} + b_3 \ln elder_{it-1}$$
$$\times \ln consum_{it-1} + b_4 \ln X_{it-1} + A_i + V_t + \gamma_{it} \quad \cdots\cdots (5.1)$$

其中,$service$ 为服务业比重(分增加值和就业);b_0 是公共截距,表示各国共有形态;i 为国家,t 为时间;$elder$ 为老龄化率;$consum$ 为总消费占 GDP 比重;$elder \times consum$ 为老龄化率与总消费比重的交叉项;X 为其他控制变量;A_i 为个体固定效应,V_t 为时点固定效应,γ_{it} 为残差项。

在进行回归分析之前,首先使用 ADF 方法对各个变量进行单位根检验,见表 5.1。全部变量时间序列的水平值检验结果表明拒绝"存在单位根"的原假设,断定这些变量的时间序列均为平稳序列,可以进行回归分析。

表 5.1　老龄化需求效应估计的变量平稳性检验结果

	Inverse chi-squared P	Inverse normal Z	Inverse logit T L*	Modified inv. chi-squared Pm
lnservice	185.60 (0.0000)	−0.71 (0.2381)	−2.67 (0.0041)	5.10 (0.0000)
lnEservice	295.61 (0.0000)	−5.92 (0.0000)	−8.57 (0.0000)	13.29 (0.0000)
lnelder	234.44 (0.0000)	−4.89 (0.0000)	−5.53 (0.0000)	8.39 (0.0000)
lnconsum	266.43 (0.0000)	−6.41 (0.0000)	−7.83 (0.0000)	10.55 (0.0000)
lnGDPpc	273.98 (0.0000)	−4.38 (0.0000)	−6.90 (0.0000)	11.06 (0.0000)
lnKL	165.62 (0.0005)	−0.31 (0.3800)	−1.52 (0.0651)	3.75 (0.0001)
lnhc	157.58 (0.0000)	−3.10 (0.0010)	−3.09 (0.0011)	4.07 (0.0000)
lnFDI	165.1157 (0.0005	−2.1829 (0.0145	−2.3756 (0.0091)	3.7159 (0.0001)
lntrade	252.31 (0.0000)	−4.96 (0.0000)	−6.62 (0.0000)	9.59 (0.0000)
lnurban	163.47 (0.0007)	−2.51 (0.0060)	−2.30 (0.0110)	3.61 (0.0002)

二、样本

计量分析使用的数据来自世界银行世界发展指数(WDI)和宾州世界表(PennWorldTable,PWT 8.0)。在实证分析之前,我们先根据研究目标确定样本。首先,鉴于人口老龄化的需求效应显现是一个渐进的由弱变强的过程,我们暂不考虑那些人口老龄化水平还很低的国家,只把2012 年老龄化率已达到7%的国家作为分析样本。这些国家或者是人口老龄化开始较早,或者是老龄化速度较快。需要说明的是,虽然选择国家时要求 2012 年老龄化率已达到7%,但使用的样本国家数据是包含7%之前的数据的,所以准确地说,实证分析考察的是当今老年型国家过往的人口老龄化过程对服务业发展的影响;其次,考虑到人口过少的国家的经济对外依赖性可能较强,容易发生产业结构单一的情况,不适于观察人口老龄化影响服务业发展的需求效应,我们剔除了人口规模不足百万的国家。这样共得到 55 个样本国家①。计量分析使用的是这些国家 1960—2009年的面板数据,但对部分国家的数据异常值进行了处理②。由于部分国家特别是欠发达国家的数据缺失严重,得到的是一组非平衡面板数据。

---

① 55 个国家分别是,高收入 OECD 成员国:挪威、美国、澳大利亚、加拿大、新西兰、荷兰、英国、瑞典、丹麦、德国、奥地利、比利时、法国、芬兰、意大利、爱尔兰、西班牙、日本、葡萄牙、智利、韩国、捷克、爱沙尼亚、波兰、斯洛伐克、斯洛文尼亚;高收入非 OECD 成员国:特立尼达拉和多巴哥、乌拉圭、新加坡、克罗地亚、立陶宛、拉脱维亚、俄罗斯;中等偏上收入国家:阿尔巴尼亚、阿根廷、保加利亚、波黑共和国、白俄罗斯、巴西、中国、匈牙利、牙买加、黎巴嫩、马其顿、毛里求斯、巴拿马、泰国、突尼斯、土耳其;中等偏下收入国家:亚美尼亚、格鲁吉亚、斯里兰卡、摩尔多瓦、萨尔瓦多、乌克兰。低收入国家由于人口老龄化率低,全部被筛选掉,没有进入样本。

② 中东欧和中亚地区的部分国家由于经历战乱、政局变动和经济改革,1995 年前后经济数据变化异常,我们剔除了这些国家 1995 年之前的数据。一些国家受 2008 年金融危机的冲击,2010—2012 年的数据也发生异常,被剔除。

三、变量与数据说明

被解释变量是服务业比重,分别用增加值(service,服务业增加值占 GDP 比重)和就业(Eservice,服务业就业占总就业比重)衡量,数据取自 WDI。

主要解释变量有三个:一是老龄化率(elder),即 65 岁及以上人口占总人口比重;二是消费比重,以消费支出占 GDP 比重(consum)作为衡量消费水平的变量①,等于家庭消费支出占 GDP 比重(Hconsum)和政府消费支出占 GDP 比重(Gconsum)之和,以上数据均取自 WDI;三是老龄化率与消费比重的交叉项,反映两者对服务业发展的协同作用,即老龄化对消费作用的影响和消费水平变化对老龄化作用的影响,以此检验人口老龄化经由消费路径影响服务业发展的增强效果。这三个解释变量共同检验老龄化对服务业发展的需求效应。

控制变量包括两类。一类反映老龄化影响服务业发展的其他路径。本书中老龄化需求效应的作用机制是通过消费路径发挥的。除此之外,老龄化还会通过生产(供给)路径影响服务业,我们称为"供给效应"②。简单地概况供给效应的作用机制是,人口老龄化改变了生产要素的禀赋结构,增加了劳动密集型产业的成本压力,产生通过资本积累和专业化分工驱动生产率提高的内在要求。导致的结果是,在资本积累过程中,服务业由于较低的劳动生产率而充当了吸收剩余劳动力的角色;专业化分工则促进了生产性服务业的发展③。因此,为了控制老龄化的供给效应对服务业的影响,我们引入两个相关变量:一个是与资本积累相关的变量资

---

① 衡量消费水平的指标包括总量和结构两个维度,由于数据获得所限,我们使用总量指标。事实上,在同等收入水平下,消费比重一定程度上决定了消费结构的层次。

② 我们将在第五章讨论老龄化影响服务业的供给效应。

③ 生产者服务的实质是通过分工增加生产过程的迂回度和专业化程度,借由人力和知识资本在主要生产环节的集聚获得规模经济,提高生产效率(格鲁伯和沃克,1993)。

本劳动比(KL),等于资本存量除以总就业人数,资本存量以2005年美元不变价格折算,数据取自PWT;另一个是与生产率相关的变量人均人力资本指数(HC),数据也来自PWT,它是综合平均受教育年限和不同受教育年限的教育回报率计算得到的。

另一类控制变量反映除人口老龄化外影响服务业发展的其他社会经济因素。根据已有文献的研究结论和上文的理论分析,首先选择收入水平。这是影响服务业发展的最重要因素,也是我们划分发达国家和欠发达国家样本的依据。使用人均GDP(GDPpc)作为衡量收入水平的变量,由GDP除以总人口计算得到。总人口数据取自WDI,GDP数据采取PWT提供的基于2005年PPP不变价以美元衡量的真实GDP(RGDP)[①]。城市化水平也是相关文献提及较多的影响因素(江小涓,李辉,2004),代表变量为城市化率,即城市人口占总人口比重(urban),数据取自WDI。另外,根据国际产业转移理论,一国通过外商直接投资和进出口贸易形式将本国失去优势的产业转移到别国,既可以实现本国产业的动态比较优势升级,也可以带来正的外溢效应,比如竞争示范效应、人员流动效应和供应链效应等,从而使东道国企业受益,促进产业结构调整。因此加入两个衡量对外开放程度的变量,外商直接投资占GDP比重(FDI)[②]和进出口总值占GDP的比重(trade),数据取自WDI。表5.2是全部变量的描述性统计。

---

① 参考Feenstra,Inklaar和Timmer(2013)意见,本书采用以基年本币计价的真实GDP(RGDPna)来计算GDP增长。基于支出衡量的真实GDP(RGDPe)和基于产出衡量的真实GDP(RGDPo)都可以用来衡量不同国家间经济发展的相对水平,区别是:RGDPe着眼于反映一个经济体的生活水平和消费能力,RGDPo则偏重反映一个经济体的生产能力。本书的研究着眼消费,使用RGDPe更为合适。

② FDI一定程度上也可以作为衡量东道国制度环境优劣的指标,理由是制度环境越好,市场运行越规范,政府提供的公共产品质量越高,投资预期收益越高。该变量的加入一定程度上起到了控制影响服务业发展的制度环境因素的作用。

表 5.2 老龄化需求效应估计的变量描述性统计

变量	变量名	观测数		均值		标准差	
		D	L	D	L	D	L
服务业增加值比重(%)	service	997	443	62.51	54.07	7.31	10.86
服务业就业比重(%)	Eservice	797	369	63.37	46.64	8.17	14.60
人口老龄化率(%)	elder	997	443	12.77	7.40	3.45	3.55
消费占 GDP 比重(%)	consum	997	443	75.56	80.70	6.90	11.49
家庭消费占 GDP 比重(%)	Hconsum	902	161	57.07	68.15	6.37	14.45
政府消费占 GDP 比重(%)	Gconsum	902	161	19.20	15.29	3.85	5.18
资本劳动比(百万美元/人)	KL	997	443	0.14	0.05	0.06	0.03
人力资本指数	HC	997	443	2.81	2.40	0.40	0.46
人均 GDP(美元/人)	GDPpc	997	443	20523	5930	8822	3327
外商直接投资比重(%)	FDI	997	443	2.89	3.01	4.20	4.79
进出口总值比重(%)	trade	997	443	77.80	75.58	62.16	43.17
城市化率(%)	urban	997	443	72.71	53.58	15.33	19.96

变量	变量名	最小值		最大值	
		D	L	D	L
服务业增加值比重(%)	service	33.40	21.85	79.30	77.51
服务业就业比重(%)	Eservice	36.10	13.40	80.90	78.50
人口老龄化率(%)	elder	3.54	3.12	22.29	18.10
消费占 GDP 比重(%)	consum	40.20	47.35	90.81	118.94
家庭消费占 GDP 比重(%)	Hconsum	29.16	33.94	77.57	107.72
政府消费占 GDP 比重(%)	Gconsum	9.51	2.98	29.79	28.38
资本劳动比(百万美元/人)	KL	0.02	0.004	0.32	0.13
人力资本指数	HC	1.66	1.41	3.61	3.26
人均 GDP(美元/人)	GDPpc	4029	705	53220	18425
外商直接投资比重(%)	FDI	-5.90	-12.2	36.43	51.90
进出口总值比重(%)	trade	11.26	9.10	444.10	198.77
城市化率(%)	urban	8.53	15.06	100.00	92.16

注:D 代表发达国家,L 代表欠发达国家。

从表 5.2 可以看出,发达国家的多项指标明显高于欠发达国家,两类国家的老龄化率平均相差 5.37 个百分点;服务业比重的差距更大,欠发达国家服务业增加值比重均值低于发达国家近 9 个百分点,就业比重低近 17 个百分点,且离散程度较高;欠发达国家的总消费支出比重略高于发达国家。

四、不同老龄化程度的需求效应

根据前文的理论分析,需求效应要在人口老龄化达到一定程度后显现。为了验证该假设,我们采用逐步缩小样本量的方式[①]对模型 5.1 进行估计,见表 5.3。当样本起始的老龄化率超过 6% 时,主要解释变量的估计系数通过了显著性检验,样本均值水平下计算的老龄化率的总边际效应[②]为正,说明老龄化产生了促进服务业比重提升的作用,即存在需求效应。交叉项估计系数显著为正,说明消费比重与老龄化率有协同关系,这种关系一方面反映了需求效应的作用机制,即老龄化率越高,服务消费的比例越大,消费增加带动服务业比重提升的作用越大;另一方面也印证了需求效应是通过消费路径实现的,老龄化对服务业的促进作用会随消费比重的提高而不断增强。

通过逐步缩小样本量(提高样本起始的老龄化率)回归还发现,需求效应会随着人口老龄化水平提高而逐渐增强。从对服务业增加值比重的影响看,样本起始老龄化率为 6%、7%、8%、9%、10% 时,老龄化率的总边际效应分别为 0.053、0.105、0.116、0.156、0.187,交叉项估计系数分别为 0.705、1.044、1.115、1.409、2.150,两者都呈递增趋势,见表 5.4。这与前文关于老龄化程度越高,需求效应越强的预期相吻合,验证了本文的第一

---

①　从老龄化率在 3% 及以上的样本数据开始回归,再对老龄化率在 4% 及以上的样本进行回归,以此类推直至老龄化率在 10% 及以上的样本。

②　老龄化率的总边际效应(弹性)= 消费比重(取对数)均值×交叉项估计系数+老龄化率(取对数)估计系数。

个假设。其原因是,老龄化水平提高的同时会伴随着高龄化程度不断加深,它使社会总消费需求中老年服务需求加速增长。但从表 5.3 中也会看到,按就业比重回归得到的交叉项系数和计算的总边际效应都小于按增加值比重回归计算的结果,说明与对增加值比重的影响相比,老龄化的需求效应对服务业就业比重的影响要弱一些。并且,当样本的起始老龄化率超过 10% 以后,老龄化对服务业就业比重的作用不再显著,这可能是因为高度老龄化后,劳动力供给约束会限制服务业就业增长。

表 5.3 不同老龄化程度下的需求效应估计结果

	elder>=4%		elder>=5%		elder>=6%		elder>=7%	
	增加值	就业	增加值	就业	增加值	就业	增加值	就业
lnelder	-2.813***	0.343	-3.313***	-1.260	-3.007***	-3.208***	-4.430***	-3.141***
	(-3.108)	(0.250)	(-3.404)	(-1.084)	(-2.802)	(-3.022)	(-3.584)	(-3.024)
lnconsum	-0.794*	0.333	-1.088**	-0.469	-0.994*	-1.447**	-1.866***	-1.429**
	(-1.856)	(0.476)	(-2.315)	(-0.754)	(-1.898)	(-2.541)	(-2.961)	(-2.541)
lnelder * lnconsum	0.645***	-0.045	0.763***	0.305	0.705***	0.747***	1.044***	0.726***
	(3.085)	(-0.147)	(3.367)	(1.123)	(2.792)	(3.007)	(3.593)	(3.023)
lnhc	0.197	0.013	0.055	0.260**	0.094	0.328***	0.128	0.326***
	(1.519)	(0.090)	(0.510)	(2.061)	(0.874)	(3.561)	(1.156)	(3.740)
lnKL	0.113**	0.148***	0.179***	0.187***	0.129**	0.147***	0.047	0.134***
	(2.144)	(2.990)	(3.642)	(6.835)	(2.232)	(4.518)	(1.093)	(3.305)
lnGDPpc	0.071***	0.045	0.090***	0.022	0.074**	0.122***	0.090***	0.124***
	(3.270)	(0.790)	(3.963)	(0.445)	(2.407)	(3.829)	(3.437)	(3.801)
lnFDI	0.007*	0.004	0.008*	0.007*	0.010*	0.006*	0.010**	0.006
	(1.819)	(0.996)	(1.727)	(1.864)	(1.899)	(1.783)	(2.025)	(1.638)
lntrade	-0.023	0.051	-0.003	0.050**	-0.011	0.041*	-0.029	0.026
	(-0.521)	(1.406)	(-0.070)	(2.236)	(-0.209)	(1.772)	(-0.508)	(1.250)
lnurban	0.081	0.171	0.049	0.315***	-0.010	0.046	0.064	-0.015
	(0.637)	(1.068)	(0.357)	(3.923)	(-0.052)	(0.562)	(0.365)	(-0.166)
_cons	6.731***	1.270	8.148***	4.395	7.862***	8.718***	10.952***	8.980***
	(3.237)	(0.427)	(3.656)	(1.655)	(3.184)	(3.947)	(3.769)	(3.602)
yr *	yes	yes	yes	yes	yes	yes	yes	yes
N	1333	1112	1226	1033	1115	921	1024	830
Adjust_R^2	0.723	0.675	0.747	0.808	0.754	0.821	0.762	0.806
lnelder~lnelder * lnconsum	0.0000	0.4162	0.0000	0.5764	0.0006	0.0218	0.0000	0.0000

续表

	elder>=8%		elder>=9%		elder>=10%	
	增加值	就业	增加值	就业	增加值	就业
lnelder	-4.734***	-3.969**	-5.979***	-4.807**	-9.164***	-4.352
	(-3.309)	(-2.639)	(-2.840)	(-2.126)	(-4.149)	(-1.579)
lnconsum	-2.047**	-1.919**	-2.907**	-2.450*	-5.022***	-2.243
	(-2.480)	(-2.225)	(-2.384)	(-1.826)	(-3.906)	(-1.358)
lnelder * lnconsum	1.115***	0.917**	1.409***	1.113**	2.150***	1.018
	(3.334)	(2.619)	(2.862)	(2.109)	(4.121)	(1.584)
lnhc	0.101	0.299***	0.115	0.283***	0.085	0.243***
	(0.900)	(3.700)	(1.081)	(3.899)	(0.927)	(3.517)
lnKL	0.069	0.138***	0.058	0.126***	0.053	0.131***
	(1.410)	(3.166)	(1.279)	(2.825)	(1.175)	(2.773)
lnGDPpc	0.087***	0.125***	0.090***	0.140***	0.062*	0.128***
	(3.249)	(3.648)	(2.972)	(3.848)	(1.809)	(3.436)
lnFDI	0.008*	0.006	0.008*	0.006	0.003	0.006
	(1.894)	(1.648)	(1.752)	(1.594)	(1.160)	(1.633)
lntrade	-0.017	0.035	-0.033	0.032	0.005	0.029
	(-0.275)	(1.476)	(-0.534)	(1.213)	(0.093)	(1.173)
lnurban	0.056	-0.055	0.079	-0.091	0.079	-0.101
	(0.308)	(-0.602)	(0.507)	(-0.948)	(0.592)	(-0.994)
_cons	11.800***	11.213***	15.348***	13.495**	24.605***	12.733*
	(3.408)	(2.922)	(2.922)	(2.229)	(4.258)	(1.696)
yr*	yes	yes	yes	yes	yes	yes
N	958	774	904	745	846	710
Adjust_R^2	0.811	0.822	0.814	0.839	0.823	0.854
lnelder~lnelder * lnconsum	0.0026	0.0023	0.0030	0.0011	0.0059	0.0017

注:(1)出于稳健性考虑,所有的系数标准差在国家层面进行聚类(cluster)处理,括号中的数字为t值,***、**、*分别表示在1%、5%、10%的水平下显著;(2)yr*表示加入年度虚拟变量,限于篇幅没有报告回归结果;(3)lnelder~lnelder * lnconsum 报告的是 lnelder、lnconsum、lnelder * lnconsum 联合显著性检验的 p 值。

老龄化需求效应对服务业就业影响较弱的原因需要进一步分析。如果是受到劳动力供给的影响,那么考虑到发达国家与欠发达国家在劳动力供给约束上的差异,有必要分别加以考察。

表 5.4　根据表 5.3 估计结果计算的老龄化率的总边际效应

	>=4%		>=5%		>=6%		>=7%	
	增加值	就业	增加值	就业	增加值	就业	增加值	就业
consum 均值	76.58	76.37	76.72	76.72	76.83	76.74	77.04	76.80
lnconsum 均值	4.338	4.336	4.339	4.339	4.342	4.341	4.344	4.344
lnelder 总效应	-0.016	不显著	-0.001	不显著	0.053	0.036	0.105	0.012
	>=8%		>=9%		>=10%			
	增加值	就业	增加值	就业	增加值	就业		
consum 均值	77.38	77.37	77.66	77.70	77.43	77.53		
lnconsum 均值	4.349	4.349	4.352	4.353	4.349	4.351		
lnelder 总效应	0.116	0.021	0.156	0.038	0.187	不显著		

五、不同收入水平的需求效应

为检验老龄化的需求效应在发达国家和欠发达国家之间是否存在差异,我们首先引入虚拟变量(Dummy=0 为发达国家,Dummy=1 为欠发达国家)进行回归分析。参考前面逐步缩小样本量回归得到的结果,我们把样本的起始老龄化率定为 7%。表 5.5 的回归结果(第二列和第三列)显示,老龄化的需求效应对服务业增加值的影响在发达国家与欠发达国家之间的差异不显著,但对服务业就业的影响存在显著差异。

为进一步观察老龄化的需求效应在两类国家之间的差异,表 5.5 中也列出了对两类国家分样本回归的结果。可以看到,老龄化的需求效应在发达国家对服务业增加值比重和就业比重的影响都显著,但在欠发达国家,只对就业比重的影响是显著的,对增加值比重的影响不显著。最后一个结论有两种可能:一是由于本研究中欠发达国家的样本偏少,影响了结果的可靠性;二是对欠发达国家服务业增加值比重影响不显著是真实的,原因是欠发达国家中,老龄化产生的服务消费刚性需求虽增加了大量服务业就业,但由于该类服务价格水平低,增加值比重的提高不及就业比重;而在发达国家,由于劳动力供给约束更强,老年服务的价格水平会因劳动力市场工资趋同成本压力而上升,老龄化产生的服务消费刚性需求会拉动就业和增加值一起增长,甚至增加值比重的增长更快。表 5.6 是根据回归结果计算的老龄化率和消费比重的均值及总边际效应。

表 5.5　老龄化需求效应的估计结果及其在不同收入水平下的差异

	全样本		发达国家		欠发达国家	
	增加值	就业	增加值	就业	增加值	就业
lnelder	-5.356^{***}	-1.828^{**}	-4.952^{***}	-1.906^{**}	-0.512	-5.475^{**}
	(-3.140)	(-2.276)	(-3.388)	(-2.458)	(-0.095)	(-2.393)
lnconsum	-2.749^{***}	-0.826^{*}	-2.425^{***}	-0.798^{*}	0.117	-2.821^{**}
	(-2.841)	(-1.956)	(-3.049)	(-1.980)	(0.044)	(-2.831)
lnelder * lnconsum	1.262^{***}	0.421^{**}	1.164^{***}	0.434^{**}	0.280	1.326^{**}
	(3.126)	(2.321)	(3.362)	(2.478)	(0.240)	(2.832)
Dummy * lnelder	1.931	-2.647^{**}				
	(0.549)	(-2.026)				
Dummy * lnconsum	1.455	-1.445^{**}				
	(0.820)	(-2.163)				
Dummy * lnelder * lnconsum	-0.366	0.676^{**}				
	(-0.453)	(2.372)				
lnhc	0.139	0.361^{***}	0.110	0.329^{***}	0.762	0.447^{**}
	(1.318)	(4.099)	(1.037)	(5.040)	(1.391)	(2.710)
lnKL	0.085^{**}	0.137^{***}	0.025	0.134^{**}	0.219^{***}	0.027
	(2.186)	(3.234)	(0.607)	(2.711)	(3.157)	(0.290)
lnGDPpc	0.036	0.098^{**}	0.094^{***}	0.140^{***}	0.077	0.129
	(1.596)	(2.650)	(3.715)	(4.551)	(1.298)	(1.294)
lnFDI	0.006	0.003	0.001	0.001	0.028^{**}	0.016
	(1.462)	(1.336)	(0.447)	(0.341)	(2.398)	(1.468)
lntrade	-0.057	0.009	0.027	0.061^{**}	-0.122^{***}	-0.030
	(-1.083)	(0.318)	(0.413)	(2.401)	(-5.604)	(-1.104)
lnurban	0.080	0.036	0.198	-0.010	-0.838	0.514^{***}
	(0.439)	(0.325)	(1.243)	(-0.086)	(-1.594)	(3.251)
_cons	14.229^{***}	7.436^{***}	12.499^{***}	5.993^{***}	5.028	12.004^{**}
	(3.780)	(4.314)	(3.639)	(3.407)	(0.391)	(2.766)
yr *	yes	yes	yes	yes	yes	yes
N	1024	830	859	688	165	142

续表

	全样本		发达国家		欠发达国家	
	增加值	就业	增加值	就业	增加值	就业
Adjust_R^2	0.807	0.829	0.839	0.873	0.856	0.820
lnelder ~ lnelder * lnconsum	0.000	0.000	0.000	0.001	0.000	0.000

注:(1)出于稳健性考虑,所有的系数标准差在国家层面进行聚类(cluster)处理,括号中的数字为 t 值,＊＊＊、＊＊、＊分别表示在1%、5%、10%的水平下显著;(2)yr＊表示加入年度虚拟变量,限于篇幅没有报告回归结果;(3)lnelder ~ lnelder * lnconsum 报告的是 lnelder、lnconsum、lnelder * lnconsum 联合显著性检验的 p 值。

表 5.6　7%及以上样本回归中老龄化率和消费比重的均值及总边际效应

	全样本		发达国家		欠发达国家	
	增加值	就业	增加值	就业	增加值	就业
elder 均值	12.78	12.77	13.11	13.51	10.34	10.48
consum 均值	76.92	76.92	76.01	76.02	81.81	81.43
lnelder 均值	2.54	2.54	2.57	2.60	2.34	2.35
lnconsum 均值	4.34	4.34	4.33	4.33	4.40	4.40
lnelder 总效应	0.11	0.01	0.11	-0.03	不显著	0.36
lnconsum 总效应	0.79	0.44	0.58	0.33	不显著	0.29

根据表5.5的回归结果,我们将老龄化率的总边际效应随消费比重提高而不断增强的趋势绘制成图5.1,以便更直观地比较两类国家间的差异。图5.1中纵轴表示老龄化率的总边际效应,实斜线反映的是老龄化率的总边际效应随着消费比重(取对数)变化而变化的趋势。垂直虚线与横轴的交点是样本中消费比重的均值,垂直虚线与实斜线的交点代表消费比重均值水平下老龄化率的总边际效应。图5.1中发达国家子样本的平均消费比重为76.3%(对应横轴上的对数值刻度为4.33),对应的老龄化率对服务业增加值和就业的总边际效应分别为0.09和-0.03;欠发达国家子样本的平均消费比重为82.5%,对应的老龄化率对服务业就业的总边际效应为0.36(对服务业增加值的影响统计上不显著)。

上述数据说明,在样本消费比重均值水平上,发达国家老龄化率每提高1%,服务业增加值比重提高0.09%,而就业比重则下降0.03%;欠发达国家老龄化率每提高1%,服务业就业比重提高0.36%,但对增加值比

重的影响不显著。老龄化的需求效应对发达国家服务业就业的影响为负
的原因,一是可能与本研究中发达国家样本平均老龄化率较高(13.7%)
有关。高度老龄化后,劳动力供给约束使老龄化影响服务业就业的需求
效应受到抑制。二是可能与消费比重不够高有关。图5.1中实斜线和横
轴的交点反映的是老龄化的需求效应开始显现正向影响(总边际效应大
于等于0)时的消费比重。发达国家增加值和就业对应的值分别为
70.4%(图4.1A)和80.8%(图5.1B),这意味着在发达国家,老龄化水平
提高如要起到提升服务业就业比重的作用需要达到更高的消费比重。在
欠发达国家,相应的值要低得多(62.1%,图5.1D)。由此可以总结,老龄
化影响服务业发展的需求效应的性质和大小同时受到老龄化水平和消费
比重的影响。

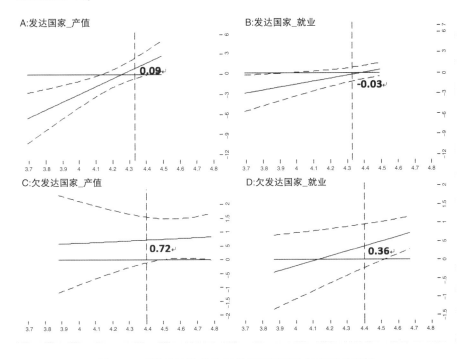

图5.1　老龄化率的总边际效应随消费比重变化的趋势

　　注:(1)A 和 C 分别代表发达国家和欠发达国家子样本,横轴代表消费比重(取对
数),纵轴代表老龄化率对服务业增加值比重的总边际效应;B 和 D 分别代表发达国家和
欠发达国家子样本,横轴代表消费比重(取对数),纵轴代表老龄化率对服务业就业比重
的总边际效应。(2)实斜线为总边际效应,虚斜线为置信区间。垂直虚线代表消费比重

(取对数)均值,图中数字是样本均值水平下的老龄化率总边际效应。(3)欠发达国家样本量小,导致标准差和置信区间较大;由于老龄化率、消费比重及其交叉项对服务业增加值比重的估计系数不显著,因此 C 仅供参考。

　　同样,也可以根据表 5.5 把消费比重的总边际效应随老龄化率变化的趋势绘制成图 5.2。图中纵轴表示消费比重的总边际效应①,实斜线反映的是消费比重的总边际效应随着老龄化率(取对数)变化而变化的趋

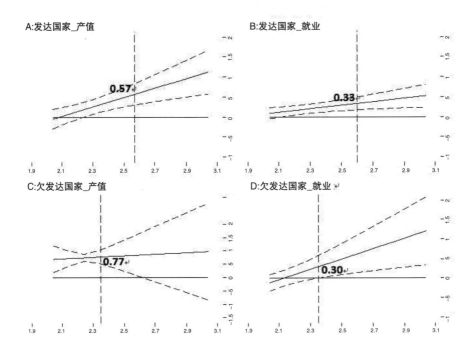

图 5.2　消费比重的总边际效应随老龄化率变化的趋势

注:(1)A 和 C 分别代表发达国家和欠发达国家子样本,横轴代表老龄化率(取对数),纵轴代表消费比重对服务业增加值比重的总边际效应;B 和 D 分别代表发达国家和欠发达国家子样本,横轴代表老龄化率(取对数),纵轴代表消费比重对服务业就业比重的总边际效应。(2)实斜线为总边际效应,虚斜线为置信区间。垂直虚线代表老龄化率(取对数)均值,图中数字是样本均值水平下消费比重的总边际效应。(3)欠发达国家样本量小,导致标准差和置信区间较大;由于老龄化率、消费比重及其交叉项对服务业增加值比重的估计系数不显著,因此 C 仅供参考。

──────────

　　① 消费比重的总边际效应(弹性)= 老龄化率(取对数)×交叉项估计系数+消费比重(取对数)估计系数。

势。垂直虚线与横轴的交点是样本中老龄化率的均值,垂直虚线与实斜线的交点代表老龄化率均值水平下消费比重对服务业增加值或就业的总边际效应。图 5.2 中发达国家子样本的平均老龄化率为 13.7%,对应的消费比重对服务业增加值和就业的总边际效应分别为 0.57 和 0.33;欠发达国家子样本的平均老龄化率为 10.9%,对应的消费比重对就业的总边际效应为 0.30(对服务业增加值的影响统计上不显著)。从该图看,在样本区间内,消费比重提高对服务业发展的影响都是正向的,且边际效应随老龄化水平提高而不断增强。在发达国家,随老龄化水平提高,消费比重影响服务业增加值的总边际效应提高得更快(斜率更大),在欠发达国家,则是影响服务业就业的总边际效应提高得更快。

表 5.5 中控制变量的估计结果显示:(1)人力资本对服务业就业的影响显著为正。(2)资本积累带来的劳动生产率提升,在发达国家起到了带动就业向服务业转移的作用,在欠发达国家则表现为服务业增加值比重相对上升。(3)人均 GDP 对发达国家服务业增加值和就业的影响显著为正,但在欠发达国家不显著。发达国家经济增长中服务业的贡献大,欠发达国家经济增长还主要靠工业推动。(4)欠发达国家中 FDI 越高,服务业增加值比重越高,但贸易比重越高,服务业增加值比重反而越低,说明在欠发达国家中,外资和贸易对服务业的作用是相反的。FDI 的技术溢出效应在一定程度上提升了欠发达国家服务业增加值和劳动生产率,而欠发达国家贸易主要是产品贸易,贸易增长更多反映的是制造业增长,对服务业增加值比重的影响反而为负。(5)城市化对服务业发展的作用只在欠发达国家的服务业就业上显著,可能是因为发达国家已实现高度城市化,而欠发达国家城市化还处于较快发展期,人口向城市集聚为服务业就业快速增长提供了土壤。

六、不同消费路径的需求效应

将模型 5.1 中的消费比重分解为家庭消费比重和政府消费比重两部

分重新回归,进一步观察不同收入水平下老龄化的需求效应在两种消费路径上的差异,结果见表 5.7。发达国家和欠发达国家中的家庭消费在总消费支出中的比例分别达到 75% 和 82%,欠发达国家更高。但是从回归结果看,在欠发达国家中家庭消费比重与老龄化率交叉项的估计系数不显著,说明老龄化对服务业的影响随家庭消费的变化不明显。导致这一结果的原因可能是,在欠发达国家,老年人消费中服务消费的比例低,较低的人均收入水平抑制了老年服务需求的实现。另外,在欠发达国家,老年人服务需求更多靠家庭、亲属等非正式、非市场的供给途径来满足,其经济价值没有在国民经济核算中反映出来,隐性化了,相应地,通过市场反映的老年服务消费需求被低估。政府消费由于比例较小,对需求效应的影响仅在欠发达国家服务业就业中显著。

表 5.7　老龄化需求效应的路径——家庭消费和政府消费

	发达国家		欠发达国家	
	增加值	就业	增加值	就业
lnelder	-3.938^{***}	-1.308^{**}	-1.425	-4.016^{*}
	(-3.043)	(-2.471)	(-0.288)	(-1.803)
lnHconsum	-2.311^{***}	-0.626^{*}	-0.129	-1.781
	(-3.411)	(-1.858)	(-0.056)	(-1.643)
lnelder * lnHconsum	1.083^{***}	0.289^{*}	0.347	0.796
	(3.683)	(1.961)	(0.341)	(1.626)
lnGconsum	0.446	0.125	-0.414	-1.029^{***}
	(1.126)	(0.296)	(-0.732)	(-3.500)
lnelder * lnGconsum	-0.145	0.033	0.205	0.502^{***}
	(-0.904)	(0.207)	(0.831)	(3.869)
lnhc	0.094	0.246^{***}	0.787	0.502
	(1.043)	(3.893)	(1.124)	(1.224)
lnKL	0.013	0.105^{**}	0.217^{***}	0.033
	(0.293)	(2.260)	(4.282)	(0.337)
lnGDPpc	0.071^{***}	0.138^{***}	0.096^{*}	0.019
	(3.038)	(5.644)	(1.892)	(0.495)

	发达国家		欠发达国家	
	增加值	就业	增加值	就业
lnFDI	0.002	0.000	0.020	0.019*
	(0.833)	(0.008)	(1.406)	(1.854)
lntrade	0.013	0.067***	-0.148***	-0.048
	(0.213)	(2.795)	(-4.568)	(-1.490)
lnurban	0.256*	-0.182*	-0.648	0.431
	(1.740)	(-1.789)	(-1.380)	(1.758)
_cons	10.287***	5.488***	6.584	10.387*
	(3.307)	(4.114)	(0.571)	(2.085)
yr*	yes	yes	yes	yes
N	859	688	157	135
Adjust_R^2	0.849	0.882	0.829	0.782
lnelder ~ lnelder * lnGconsum	0.0003	0.0000	0.0000	0.0000

注:(1)出于稳健性考虑,所有的系数标准差在国家层面进行聚类(cluster)处理,括号中的数字为 t 值,*** 、** 、*分别表示在 1%、5%、10%的水平下显著;(2)yr* 表示加入年度虚拟变量,限于篇幅没有报告回归结果;(3)lnOdepend ~ lnOdepend * lnconsum 报告的是联合显著性检验的 p 值。

七、稳健性检验

我们从三个方面进行稳健性检验:第一,前面的估计中使用解释变量和控制变量的滞后一期代替当期值,但是这种方法难以完全克服内生性问题,因此采用系统广义矩估计(GMM)方法再对前述结果进行检验,同时加入因变量的滞后项将模型扩展为动态面板模型。第二,参照 Siliverstoves、Kholodilin 和 Thiessen(2010)的做法,采用"老年抚养比"即老年人口占劳动年龄人口的比例,作为老龄化率的替代指标。该指标不仅显示老年人口的相对规模,还能从一定程度上反映老龄化给社会带来的经济负担。第三,以起始老龄化率为 8%和 9%来改变样本规模进行回归,检验需求效应和作用路径在不同收入水平下的差异。上述稳健性检验得出的结论均未发生实质性改变,限于篇幅不再报告。

第三节　本章小结

本章从理论上分析了人口老龄化通过消费路径影响服务业发展的需求效应,并利用 1960—2009 年 55 个样本国家的数据进行了实证检验。计量分析结果表明,人口老龄化在达到一定程度后,会通过消费路径产生推动服务业(包括增加值和就业)比重提升的作用;随着老龄化水平提高,这种需求效应的作用递增;但高度老龄化后,由于会加强劳动力供给约束,老龄化可能对服务业就业增长起抑制作用。老龄化影响服务业发展的需求效应在发达国家和欠发达国家之间存在差异,特别是对服务业就业比重的影响上。背后的原因是两类国家处在不同的经济发展阶段和人口老龄化阶段,服务业比重和内部结构、服务供给的市场化程度等方面都大不相同。老龄化的需求效应的性质和作用大小同时受到老龄化水平和消费比重的影响。

最后必须强调,需求效应的分析着眼的是最终消费层面的变化,不足以概括老龄化对服务业发展的影响。无论是从人口老龄化的作用范围,还是从服务业发展的影响因素来看,绝非仅涉及消费层面。人口老龄化使劳动力和资本相对稀缺程度发生改变,进而带来要素禀赋结构及其所决定的比较优势变化,会对整个生产层面包括服务产业带来深刻的影响。因此,在接下来的一章,我们将重点从供给侧对老龄化影响服务业的作用机制进行分析和检验。

第六章 老龄化影响服务业发展的供给效应

从供给侧看,人口老龄化对服务业的影响是通过生产要素间接发挥作用的。概括地讲,在新古典经济劳动力有限供给的假设下,人口老龄化进一步加剧了劳动力相对于资本稀缺的状况,加速了资本积累速度,产生推动服务业就业增长的效应;为了抵消资本报酬递减所产生的提高生产效率的驱动机制,促进了产业结构升级和生产性服务业发展,以上统称为老龄化的供给效应。

第一节 老龄化供给效应的理论分析

一、成本驱动机制的理论逻辑

要素禀赋由一国所拥有的资本和劳动力两种生产要素的相对比率决定。要素禀赋在任意特定时刻是给定的,但会随着时间推移而发生变化。人口是影响要素禀赋的一个重要因素。人口老龄化对劳动力的影响主要表现在三个方面:一是老年人口规模和比重增加,劳动年龄人口规模和比重减少;二是劳动力人口年龄结构老化,中青年龄组劳动力人口的规模和比重减少,中高年龄组劳动力人口的规模和比重上升;三是劳动参与率相对较低的高年龄组劳动力人口比重增加,导致整体劳动参与率下降。上述变化不仅会直接影响劳动力供给数量,还会通过劳动时间和劳动效率的变化间接影响"有效的"劳动力供给。随着人口年龄结构的老化,劳动力增长呈现不断放缓、停滞甚至负增长的趋势(Börsch-Supan,2003)。基于此,很多研究老龄化宏观经济效应的文献一般假定人口年龄结构老化会损失劳动供给和经济增长(Oliveira,Martins,Gonand 和 Antolin,2005),但该论点并没有在所有领域得到证实。实际上"有效的"劳动供给还取决于劳动时间和劳动生产率。对于后者,老龄化的不利影响在于通过提高劳动群体的平均年龄,从整体上削弱劳动效率,假设前提是老年人的劳动生产率比年轻人要低①。虽然各个国家进入老龄化社会后实际劳动供给的变化情况不尽相同,但长期看,随着人口老龄化的发展,劳动年龄人口增长不断放缓、停滞甚至负增长的趋势下,劳动供给压力是客观存在的事实。

即使不考虑劳动力供给量的变化,仅从人口年龄结构看,老龄化也会从两方面增加劳动成本:一是青年劳动力的比重下降和劳动力整体的平均年龄上移,工资水平随年龄上升,尤其在具有年功序列特征的工资制度下,用工成本增加更明显;二是养老、医疗和社会服务在内的社会保障公共支出增加,这些支出最终将通过税收和社会保障费等形式转变成用人单位的负担,进入用工成本②。假定资本供给不变的情况下,用工成本上升意味着劳动力和资本两种生产要素的相对价格发生变化,要素禀赋结构决定的比较优势也随之变化。人口老龄化是带来资本和劳动力相对价格变化的一个因素。Sayan(2005)、Nait 和 Zhao(2009)研究发现,老龄化使一国资本变得相对充裕,劳动力变得相对稀缺,削弱劳动密集型产业的比较优势。此外,人口老龄化过程中抚养比的变化还会改变储蓄率,进而

---

① 这是对老年个体特征的一般性结论,存在一定的偏见,详见后文评述。
② 狭义上的用工成本指工资。工资是劳动力价值的表现形式,分为名义工资和实际工资,名义工资剔除物价等因素的变动后为实际工资。从总体发展趋势看,发达国家的名义工资和实际工资都呈不断上涨趋势,相当于劳动力价值不断增加。

影响投资和资本积累的速度。根据生命周期假说(Modigliani 和 Brum-berg,1954)和永久收入假说(Friedman,1957),人口老龄化会带来储蓄率的下降。但一些实证研究发现,储蓄在老年时期未出现下降(Lydall,1955)。为解释这一现象,理论分析对基本生命周期模型的假设条件进行了放松并从退休期间的预防动机、退休收入和消费角度对基本生命周期模型进行了扩展(Ando 和 Modigliani,1963;Börsch-Supan 和 Stahl,1991)。此外实证研究结果相互之间存在不一致还与宏观层面和微观层面的数据不同来源有关(Bosworth 等,2004)。

　　由以上可知,在人口转变的过程中,劳动年龄人口占总人口的比重变化,直接影响劳动力资源的丰富程度的变化;抚养比变化则会改变储蓄率,进而影响投资和资本积累的速度。从已有的研究结论来看,一般来讲,相对于劳动力而言,老年型国家拥有更丰富的资本(Börsch-Supan,1996;Börsch-Supan 和 Joachim,2001)。Lee(2003)认为尽管人口老龄化减少总储蓄率和资本积累的速度,但同时带来劳动力增长减慢,因此资本劳动比上升。由于人口老龄化是一个长期的动态过程,在这一过程中劳动力和资本两种要素的相对价格和比例究竟如何变化,需要从长期和动态的视角来考察。通过构建包含人口年龄结构的世代交叠模型,一些学者发现老年型国家的经济要素结构具有资本相对密集的特征。Auerbach 等(1989)发现老龄化使一个国家的资本密集程度和真实工资提高。Börsch-Supan(1996)指出老龄化会导致资本劳动比上升,可能减少资本的回报。在 Craig Brett(2008)构建的世代交叠模型中,人口老龄化存在资本深化效应。Andreas Irmen(2009)使用 OLG 模型构建的理论分析框架研究发现,短时期内(两代以内),以老年人抚养比衡量的人口老龄化增加了劳动要素相对于资本的稀缺,老年型经济有更高的资本劳动比率,因此带来更多劳动节约型技术进步。Beaudry 和 Collard(2003)使用跨国数据,观察不同工业化国家在 1960—1974 年、1975—1997 年两个时期的表现,以劳动年龄人口增长率来解释不同国家在经济表现上的差异。他认为,一个成年人口增长率低的国家,会采取比人口增长更快速度的资本密集型新技术,这样就可以减少工作时间而不会影响人均产出。也就是说,成年人口增长越慢,一国的资本密集型技术进步越快。

根据西方生产理论,一定技术条件下,生产同样数量的产品,可以由要素的不同组合实现。对于按照利润最大化原则进行生产决策的企业来说,当一种生产要素的相对价格上升时,在利润最大化原则下,短期内厂商会相应减少这种要素的投入比例,增加其他相对便宜的要素来替代该要素的投入,因此会选择成本最小的要素组合进行生产。长期看还可以采取以节约相对昂贵要素为目的的技术进步,也就是通过技术进步来提高单位劳动产出,抵消要素成本上升的压力。因此,当资本与劳动力的相对价格发生变化时,只要技术条件允许,厂商会选择使用相对便宜的要素替代另一种要素,资本劳动力的相互替代也就取决于技术因素和两者价格的相对变化。由此,资本与劳动替代的决定因素是生产过程中的技术条件,而诱因是两者相对价格的变化。短期来看,技术条件不变,相对价格变化就是唯一原因。当劳动要素的价格相对资本要素价格上升时,会增加企业用资本替代劳动的动机,资本增长速度快于劳动增长速度,结果就是资本劳动比不断上升,这一过程被称为资本深化。从整体经济来看,众多微观厂商的行为将导致全社会资本深化的趋势。Fougere(2010)分析了10国以及加拿大老龄化与资本深化的关系及其对人均GDP的影响;Rausch(2012)基于德国人口转变趋势,构建了扩展的OLG世代交叠模型发现:由于老年社会的人口构成朝着持有更多资产的老年家庭转变,资本变得相对充裕,而新增工人缓慢使得劳动力变得相对稀缺,因此人口老龄化伴随着"资本深化"过程,表现为资本劳动比增加。

产业结构演变动因理论[①]中主要有需求论和供给论两派观点:"需求论"观点认为收入引起的需求变化是导致产业结构变化的主要动力;"供给论"观点强调生产率差异,即在资本深化的情况下,不同行业由于要素

---

① 理论上,推动产业结构演变的内生机制来自需求和供给两个方面。需求方面认为,由于存在异质性偏好,收入提高成为产业结构变迁的动力(Kongsamut等,2001;Buera和Kaboski,2009)。供给方面强调技术进步和资本深化的作用。

替代弹性和技术进步等方面的差异,资本与劳动力的配置比例也会发生变化。Clark(1940)、Kuznets(1957)、Chenery(1960)很早就指出,在经济增长过程中,由于部门间生产率的差别,劳动力会从农业向制造业和服务业流动。丹尼尔·贝尔(1984)也认为不同部门在生产率趋势上的结构性差异导致了劳动力在这些部门之间的转移。简单地说,如果农业的生产率增长较快,就会释放出大量劳动力,转移到非农部门。同样,如果工业部门的劳动生产率增长快于服务部门,那么劳动力就会从工业流向服务业。通过假定部门间生产率的非均衡增长,Baumol(1967)对资源从制造业向服务业的重新配置进行了理论分析,他将一个经济体分为生产率增长的滞后部门和进步部门,如果两个部门的产出比例不变,进步部门生产率的增加将导致劳动力不断地转移到滞后部门。于是他认为滞后部门的生产成本和产品价格会无限期上升,这就是所谓的“成本病”假说。Ngai 和 Pissarides(2007)从理论上进一步论证了 Baumol 假说成立。

Acemoglu 和 Guerrieri(2006)通过构建非均衡内生增长模型研究发现,资本深化会增加资本比例更大的部门的相对产出,同时带来这类部门的资本和劳动力的再配置。发现资本密集度低的部门,就业增长更快,资本密集度更高的部门,真实的产出增长更快。Acemoglu 和 Guerrieri 认为决定产业结构转化的主要是部门间要素密集度的差异。一般来讲,工业中的制造业、采掘业、建筑业和公共事业等部门,由于生产活动的空间集聚性,有利于资本积累,具有密集使用资本生产的优势,因此资本深化的速度比较快。相反,一些密集使用劳动力的行业如服务业特别是生活性服务业,资本替代劳动的程度比较低。如果存在资本深化的情况,由于资本的积累速度快于劳动力的增加速度,资本密集型部门必定比劳动密集型部门增长得更快,从而生产出更多的工业产品,导致制造业部门产品的相对过剩。这将导致其价格的下降,并使得部分资本从制造业部门转移到服务业部门,服务业部门中的资本占总资本存量的比例必将增加,即发生从制造业部门到服务业部门的转型。Alvarezcuadrado 等(2014)认为1960—2005 年美国制造业向服务业转型,部门间的资本密集度差异起到重要作用,规律是资本与劳动的替代弹性较高的部门向替代弹性较低的部门转变,也就是说就业从前者流向后者。

从微观来看,不同类型行业的要素替代弹性不同(实际上还是要素密集类型)——替代弹性越高的行业(资本密集型),资本劳动比提高得较快;替代弹性越低的行业(劳动密集型),资本劳动比提高得较慢(甚至不变)——部门间存在技术差异(技术差异意味着企业要素密集度的差异,效率高的企业往往是资本密集型),人口老龄化带来总资本劳动比增加,被这些部门以不同的比例吸收(Rausch,2015)。从整体经济来看,资本和劳动力在不同类型行业间的分配比例就会不同,更高比例的资本流入资本密集型行业,更高比例的劳动力流入劳动密集型行业——表现为劳动密集型行业的就业比重增加;资本密集型行业的产值比重增加。

以上分析可见,既然资本深化和部门要素比例差异是产业结构演变的原因,而老龄化又是资本深化的原因,那么资本深化就成为人口老龄化影响产业结构演变的一个路径。也就是说,人口老龄化通过改变要素禀赋(资本劳动比)的途径加速资本深化,从而导致经济非均衡增长,不同要素密集程度的行业分布表现为更多的就业增长或产值增长。以上所分析的人口老龄化与要素禀赋的关系主要指的是人口老龄化带来资本与劳动力两种生产要素的相对价格变化,因此我们将由此产生的对产业结构的影响称为人口老龄化的"成本驱动"效应。

二、成本驱动机制的经验事实

根据古典经济学理论,产出增长是劳动力供给、物质资本存量以及全要素生产率共同作用的结果。假定全要素生产率不变,在利润最大化原则下进行生产决策的企业,在一种生产要素的相对价格上升的情况下,会选择使用其他要素替代该要素的投入。因此,当人口老龄化使劳动力相对资本变得稀缺,劳动力要素价格相对资本要素价格上升时,企业出于成本最小化目的会使用资本替代劳动,由此产生的结果是,企业、行业和整个经济范围内的资本劳动比都会随之上升。与此同时,由于不同部门在生产率趋势上的结构性差异,劳动力会在这些部门之间转移(Daniel Bell,1984)。一般规律是,劳动生产率增长较快的"先进"部门挤出劳动力到劳动生产率增长较慢的"落后"部门①。也就是说,"先进"部门减少用于自身的劳动要素投入产生的剩余劳动力,由额外的部门吸纳,这个部门就是"落后"部门。服务业由于生产率增长速度慢,因此吸收了其他行业特别是工业部门②因自动化的不断应用而产生的剩余劳动力(Thijs ten Raa and Ronald Schettkat,2012)。由此可见,在劳动力从其他部门向服务部门转移的过程中,资本积累发挥了重要的作用,而如前所述,人口老龄化的作用就在于加快了资本积累的速度。

　　我们通过老年型国家三次产业的资本和劳动力构成变化,观察这些国家在老龄化过程中资本积累带来的就业转移效应③。实际情况是,世界上主要发达国家在进入老龄化社会后的一段时期内(1970—2007年,老龄化率平均值为11.1%—16.5%④)总体经济和三次产业的资本劳动比绝对值一直在上升,说明整个经济范围内的资本密集度都在提高。作为工业化进程加速的标志,农业部门劳动生产率改进释放出大量劳动力到其他的生产部门,资本密集度大幅度提高。如图6.1所示,到1970年的时候,大部分国家农业相对资本密集度(资本劳动比的相对值,总体经济=100)已经远远高于总体经济和其他部门,具体数据详见附录J、附录K。

　　然而,此时的农业就业比重基本降到10%以内(个别国家如芬兰、法

---

①　理论上可以将任何产业分解为"进步部门"和"停滞部门"。前一部门中的劳动被资本替代,表现为资本深化的工业化过程;后一部门吸纳被前一部门挤出的剩余劳动力,表现为劳动替代资本的反工业化过程(黄少军,2000)。

②　一般来讲,工业中的制造业、采掘业、建筑业和公共事业等部门,由于生产活动的空间集聚性,有利于资本积累,具有密集使用资本生产的优势和较快的生产率增长速度。

③　需要强调的是,13个国家在这一时期都进入老龄化社会,但我们不能将资本积累完全归于人口老龄化的作用。

④　作者计算,数据来源为WDI。

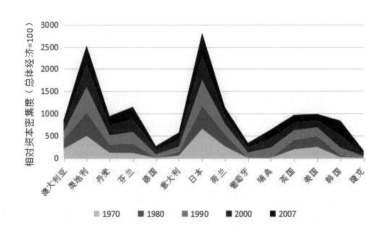

图 6.1　1970—2007 年 14 国农业相对资本密集度变化

注:根据附录 K 数据绘制。

国、意大利、挪威除外),彻底完成了从农业国向工业国的转型[①],见图 6.2,具体数据详见附录 L。

　　工业部门的就业比重变化相对复杂,表现为先增加后减少的趋势,与农业人口的下降交织在一起。因为该行业既吸收了一部分农业剩余劳动力,又通过自身资本积累的加速不断地将剩余劳动力挤出到服务业。这种变化伴随着工业部门相对资本密集程度提高的过程。1973 年之后,工业部门所提供的就业占全部适龄劳动力的比重稳步下降,至 1994 年下降了 7 个百分点,1994—2012 年下降了 28 个百分点。与此同时,服务部门的就业比重一直在增加,尤其在 1973 年以后增长速度更快,1973—1994年提高了 11 个百分点,1994—2012 年提高了 27 个百分点,见图 6.3。

　　第二章和第三章的经验分析表明,发达国家工业化过程中的产业结构变化,通常是服务业就业比重的增长晚于增加值比重的增长,二者之间

---

　　① 从附录 L 中可以看到,当 1870 年法国最早进入老龄化社会时,发达国家的农业部门还有 1/2 左右的劳动力,到 1913 年时降到了 1/3,农业人口依然是剩余劳动力的重要来源。随着农业人口不断转变为非农业人口,工业和服务业就业比重相应提高,农业部门就业人口下降对非农业人口增长的贡献逐渐减弱,到 1973 年时农业部门对提供剩余劳动力的作用已经不再重要。

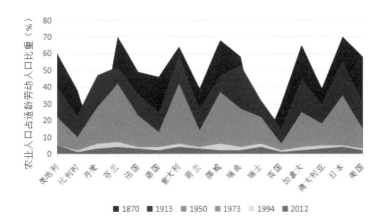

图 6.2 1870—2012 年 16 国农业人口占适龄劳动人口比重变化

注:根据附录 L 数据绘制。

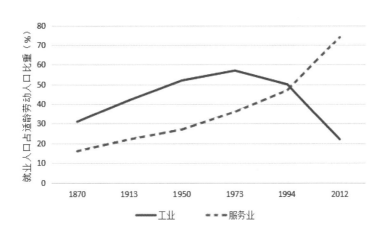

图 6.3 1870—2012 年 16 国工业和服务业就业人口占适龄劳动人口比重变化

注:根据附录 L 数据绘制。

的差距会随着非服务部门的剩余劳动力转移到服务部门而不断缩小。也就是说,工业化进程和服务业就业增长受其他部门劳动力状况的制约。如果农业部门的劳动生产率低下,劳动力被束缚在农业上,工业和服务业的就业增长速度就会被延缓,比如在 13 个国家中,意大利的农业相对资本密度一直比较低,到 2000 年才超过服务业,相应地,农业就业比重的下降速度也比其他国家要慢得多。

通过细分行业进一步观察,老龄化社会中不同部门的资本和劳动力构成以及就业比重变化的趋势是一致的。附录 M 是 1970—2007 年 10 个老年型国家 15 个行业使用资本和劳动力占总体经济的劳动力供给和资本存量比重随时间变化的平均情况。从 1970 年到 2007 年,农业、采掘、制造业、电气水、建筑业的资本和劳动力份额均有不同程度的下降,资本比重下降幅度最大的为农业(-41%)[1],其次是建筑业(-34%);劳动比重降幅最大的也是农业(-72%),其次为采掘(-68%)和制造业(-46%)。各个服务部门劳动力占社会总劳动力的比重,除运输通信和公共管理外,其他部门全部是上升的;各部门的资本占总资本比重,除教育外,其他部门也全部是上升的。其中平均资本份额和平均劳动力份额一直不断增加的行业有零售批发、住宿餐饮、金融、房地产、健康和社会服务,资本份额增加幅度最大的是金融(42%)、健康(32%)、社会服务(27%);劳动力份额增加幅度最大的是房地产(246%)和健康(95%)。相比总体经济,整个服务业的资本和劳动比重分别从 1970 年的 74%和 55%上升到 2007 年的 80%和 75%,分别提高了 6 个百分点和 20 个百分点,由于就业比重提高幅度远大于资本比重的提高幅度,绝大多数服务部门的相对资本劳动比(总体经济=100)都下降了[2],见图 6.4。

由于不同服务部门生产率变化趋势的结构性差异,劳动力转移的现象在服务业内部同样存在,生产率增长较慢的部门吸收了更多的就业。附录 N 是服务业内部各部门的资本和劳动力占服务业总资本和劳动力比重的变化。对服务业资本积累贡献最大的部门是金融、健康和社会服务,部门资本占整个服务业资本的比重分别增长了 26%、20%、15%;教育部门减少了 21%;其他部门小幅波动。部门劳动力占服务业劳动力份额持续增长的是房地产、健康,这两个部门对服务业就业的增长贡献最大,

---

① 这里的幅度是指 2007 年相比 1970 年变化的百分比,计算公式为 100% * (3.34-5.69)/5.69=-41.30%。

② 零售批发业的资本比重增长速度稍快于劳动力比重增长速度,运输通信和公共管理部门的劳动力比重负增长,这三个部门的相对资本劳动比上升。

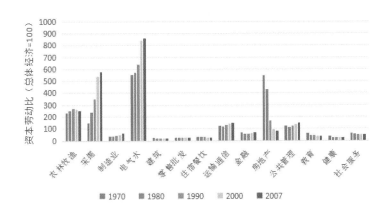

图 6.4　1970—2007 年老龄国家 15 个行业资本劳动比变化

注:根据附录 M 数据绘制。

相比期初分别增长了 156% 和 41%;运输通信、公共管理和零售批发部门的就业比重持续下降,比初期分别减少了 35%、29% 和 22%;住宿餐饮、家庭服务和社会服务部门的就业比重先降后升;金融、教育部门的就业比重先升后降,转折期都在 1980—1990 年间。相对资本劳动比(服务业 = 100)上升的部门有零售批发、运输、金融、公共管理,而住宿餐饮、教育、房地产、健康、社团服务部门的相对资本劳动比下降,见图 6.5。总体上看,服务业内部的生活性服务部门由于稳定的需求和较低的生产率增长,对服务业就业增长的贡献最大。

三、效率驱动机制的理论逻辑

前面分析了人口老龄化导致劳动力成本提高、企业用资本替代劳动的方式应对成本上升压力的情况下,产生推动产业结构调整的成本驱动机制。接下来我们将借助资本边际报酬递减规律阐述资本深化和资本驱动模式的不可持续性,分析老龄化社会对效率提升和经济增长的内在需求,从而产生推动产业结构升级的效率驱动机制。

资本积累实质上是通过降低成本和增加要素投入来提高劳动生产率的一个重要途径,Hoffman 认为资本深化是工业化发展的必经阶段和必

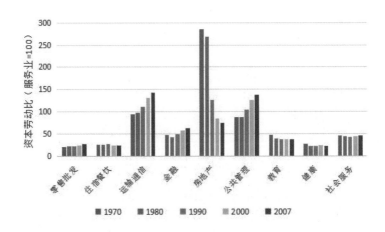

图 6.5 1970—2007 年老龄国家服务业内部各部门资本劳动比变化

注:根据附录 N 数据绘制。

不可少的技术路径选择。现实中表现为随着劳动力成本提高,企业购买更多的机器来替代劳动力。但是提高资本劳动力比率是有限度的,在新古典经济劳动力供给短缺的条件下,物质资本的持续投入会遭遇资本报酬递减①的现象,从而使依靠要素投入提高劳动生产率的经济增长不可持续。这里所指的资本报酬递减现象,是指在劳动力素质和技术水平不变的情况下增加设备,由于人与机器的协调程度降低等原因,生产过程的效率反而下降的情形。虽然新机器和设备也蕴含着新技术,但是这里起关键作用的仍然是资本密集程度的提高,而不是技术进步。这是工业化的一个必然过程,在劳动力有限供给条件下,随着投资的增长,生产过程中能够吸纳的劳动投入越来越少,技术选择的路径不断向资本替代劳动的方向演化,投资的增加将会带来资本劳动比的提高,如果技术没有发生明显的效率上的改善和提升,那么这种资本深化趋势的直接后果将会带来资本—产出比的上升,导致资本的边际效率下降。因此,尽管资本深化理论上可以带动产业结构升级,但也会带来就业吸纳能力和资本边际效率下降。所以,人口老龄化在加速资本深化的过程中,也会伴随着资本边

---

① 资本报酬递减现象指的是在技术一定的情况下,增加设备使人与机器的协调程度下降,导致生产过程效率不升反降的情形。

际报酬递减。这意味着,人口老龄化达到一定程度后,"成本驱动"的效应会随之减弱。

在人口老龄化导致劳动力成本提高的情况下,用资本替代劳动来节约劳动要素投入是一种应对成本上升的方式,可以称为劳动节约型技术进步。但是,在遭遇资本边际报酬递减之后,继续通过提高资本劳动比来提高劳动生产率、应对老龄化成本压力的方法不再奏效,只能依靠提高全要素生产率的途径。加之老龄化本身对劳动生产率、经济增长的不利影响(老年抚养比提高导致公共债务负担加重,也会给经济增长带来负面效应),要维持和改善不断老化人口的生活水平,必须提高劳动生产率(United Nations,2007)。因此,老年型社会存在更强烈的对效率提升和拉动经济增长的内在需求。

所谓全要素生产率,是在假定要素投入水平既定的情况下,通过提高各种要素的使用效率而达到的额外生产效率。这一劳动生产率提高源泉可以抵消资本报酬递减的不利影响,保持经济长期可持续增长。在统计上,作为残差的全要素生产率是由资源重新配置效率[①]和微观生产效率两部分构成的;前者主要来自产业结构调整升级过程中的劳动力和资本从生产率较低的部门向较高生产率部门的流动;而后者主要来自技术进步。技术进步可以提高资本替代劳动的比率,也可以改善微观生产效率。对于前者而言,实质上仍然是通过资本深化以降低成本为目的的方式,会受资本边际报酬递减规律制约,因此迟早会达到资本劳动配置比例的上限。故从长期趋势看,技术进步带来的微观生产效率提高,将会是老龄化社会驱动经济增长的主要动力,也将成为推动产业结构升级的主导,我们称之为人口老龄化的"效率驱动"机制。

---

① 已有的研究成果表明,产业结构调整主要通过资源再配置效应对经济增长产生影响,"结构红利假说"解释了产业结构变化对生产率增长的贡献:经济发展的不平衡性导致了各生产部门生产率水平或生产率增长率水平存在差异,投入要素从生产率或生产率增长率较低的部门向较高的部门流动的过程,可以促进整个社会生产率水平的提高,此即产业结构转变促进生产率变迁的核心原因(Pender,2003)。

如果说成本驱动的作用机制是通过资本深化的路径,那么效率驱动的路径则可以称为分工深化。在前文成本驱动机制的分析中,我们仅从资本与劳动力两种要素的视角分析人口老龄化对要素禀赋的影响,事实上,人口老龄化还会改变劳动力自身的禀赋结构,直接体现在劳动力年龄结构分布上,而与年龄相关的技能如认知、行动、经验等的分布,也会构成比较优势的一个重要来源(Wolf,2003)。人口老龄化使劳动力队伍的年龄结构向大龄化偏移,成熟劳动力比重增加,相当于提升了有工作经验劳动力的占比。Cai 和 Stoyanov(2016)研究发现人口老龄化会促进与年龄相关技能型行业的分工专业化。该作用正好迎合了产业升级的要求,最为典型的是以生产性服务业为标志的现代服务业,其发展动力就来源于分工专业化的需求。随着技术进步和分工深化,服务职能外包以及社会生产的迂回程度提高,生产过程中需要越来越多的服务性投入,实现组织协调和降低成本的目的,因此促进了生产性服务业的增长(Francois,1990)。通过为生产过程提供知识及技术,增加生产的迂回度和专业化程度,提高劳动及其他要素的生产力,生产性服务业充当着人力资本和知识资本传送器的作用(Grubel 和 Walker,1989)。生产性服务业需要投入信息、技术、品牌、管理和人才等知识密集要素,相应地对劳动者的技能和创造力有更高的要求。可以说,生产性服务业越发达,对劳动力专业化的要求越高。

四、效率驱动机制的经验事实

根据理论分析,资本积累通过降低成本和增加要素投入来提高劳动生产率,但是在新古典经济劳动力供给短缺的条件下,物质资本的持续投入会遭遇资本报酬递减的现象,从而使依靠要素投入提高劳动生产率的经济增长不可持续。人口老龄化会加重劳动力短缺的程度,从而加快资本边际报酬递减的速度。另外,老年抚养比提高导致公共债务负担加重,也会给经济增长带来负面效应,要维持和改善不断老化人口的生活水平,必须提高劳动生产率。在遭遇资本报酬递减之后,继续通过提高资本劳动比来提高劳动生产率的方法不再奏效,只能依靠提高全要素生产率的途径。全要素生产率可以通过提高资源重新配置效率和微观生产效率实现。前者主要来自产业结构调整升级过程中的劳动力和资本从生产率较低的部门向较高生产率部门的流动;而后者主要来自技术进步。那么,抵消资本报酬递减的效率驱动(提高全要素生产率)会对服务业产生怎样的影响? 以下从资源重新配置效率和微观生产效率两方面来分析。

劳动力从农业向工业再向服务业转移会产生资源重新配置效率。以职均增加值来衡量劳动生产率,附录 O 中部分老年型国家三次产业的职均增加值指数(总体经济 = 100)的变化反映出,1990 年之前绝大部分国家服务业的劳动生产率大于农业和制造业,说明劳动力从农业和制造业向服务业转移可以产生静态的转移效应[①],见图 6.6。Castaldi(2009)对1979—2004 年美国和欧洲发达国家的劳动生产率进行分解后发现,就业向服务业转移对这些国家的总体劳动生产率增长贡献很大。

虽然资源重新配置效率是抵消资本报酬递减的一个有效途径,但对全要素生产率的贡献也会随着劳动力在部门间转移速度的减慢而降低。从附录 O 和附录 P 可以看到,由于服务业劳动生产率增长速度最慢[②],1950—2000 年服务业的劳动生产率相对总体经济一直在下降,到 2000 年时已经低于制造业,说明劳动力向服务业流动不会再产生静态转移效应。这时候,提高全要素生产率必须依靠微观生产效率的改善。生产性服务业对全要素生产率的贡献就是通过这一途径发挥作用的。格鲁伯和沃克

---

①　根据 Fabricant(1942)提出的偏离—份额法,生产率的增长可以分解为结构变化的贡献和产业内部增长的贡献,前者又包括要素的静态转移效应和动态转移效应。静态转移效应反映了在要素生产率水平不变的条件下,要素从低生产率水平的部门向高生产率部门转移所引起的生产率的增长效应,也就是由于产业结构变动所带来的生产率变化;动态转移效应反映的是要素向高增长率的部门流动所带的增长效应,是产业结构变化和生产率变化的综合作用。

②　从附录 P 中三次产业劳动生产率的增长率看,1950—2005 年服务业的劳动生产率增长率始终低于农业、制造业和总体经济。

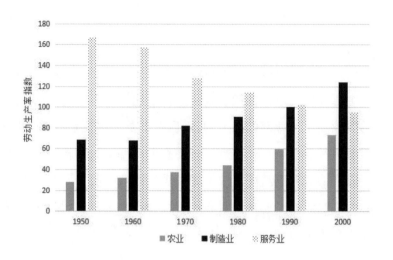

图 6.6　1950—2000 年老龄国家三次产业劳动生产率变化

注:根据附录 O 数据绘制。

(1993)将生产性服务的提供者比作生产过程中的一个重要专家组,专门促进日益扩大的迂回性、生产的专业化、资本的深化以及劳动与其他要素的生产率的提高。生产性服务的意义在于,通过重组生产过程,将愈来愈多的物化劳动加入产品中,使产品价值增值;或是外移非核心和优势生产环节,降低生产成本,最终目的是使企业获得更多的净收益,增强核心竞争力(Ethier W J,1982)。受效率牵引和驱动的生产性服务业迎合了老龄化社会对效率的诉求。发达国家经验表明,生产性服务业对经济增长的影响和贡献越来越大。表 6.1 是部分老年型国家 2010 年生产性服务业的增加值比重排序与人均 GDP 的排序,从中可以看出二者之间具有一定的相关性[①]。

---

　　① 相关系数分别为 0.7193、0.5397、0.515、0.5645。由于各国的具体情况不同,这种相关性不可能是完全一致的,但为老龄化的效率驱动机制提供了一点微妙的证据。

表6.1　2010年部分国家生产性服务部门比重与人均 GDP 排序

| 国家 | JKMN | | JKLMN | | JKL | | JK | | 人均 GDP | |
	比重（%）	排序	比重（%）	排序	比重（%）	排序	比重（%）	排序	2005 年不变价	排序
爱尔兰	28.5	1	33.8	3	24.8	1	19.5	1	40077	1
荷兰	24.5	3	31.4	8	20.6	9	13.6	3	37655	2
澳大利亚	22.8	5	33.2	4	23.8	3	13.4	4	34707	3
奥地利	19.6	11	28.2	12	19.5	14	10.9	11	34022	4
德国	20.6	7	31.8	7	21.5	8	10.3	15	33853	5
丹麦	20.1	9	30.7	9	23.6	5	13.0	5	33733	6
瑞典	20.5	8	29.2	11	20.0	12	11.2	9	33628	7
芬兰	16.5	16	26.2	15	20.5	10	10.8	12	32086	8
英国	27.9	2	34.9	2	22.8	7	15.8	2	30865	9
比利时	23.5	4	32.6	5	19.9	13	10.8	13	30790	10
法国	22.0	6	35.0	1	23.3	6	10.2	16	29806	11
意大利	20.0	10	32.3	6	23.8	4	11.4	8	28941	12
西班牙	19.1	12	25.2	16	18.4	16	12.2	7	27633	13
希腊	16.7	15	29.7	10	24.1	2	11.1	10	24024	14
葡萄牙	19.1	13	26.9	14	20.5	11	12.6	6	21384	15
捷克	15.3	18	22.4	17	16.4	17	9.3	17	21150	16
波兰	15.5	17	21.0	18	14.1	18	8.6	18	17169	17
匈牙利	18.6	14	27.6	13	19.3	15	10.3	14	16158	18

注：人均 GDP 根据 PWT（Penn World Table）以产出核算的真实 GDP（2005 年不变价）和总人口计算。生产性服务业增加值占 GDP 比重根据 National Accounts Official Country Data _Value added by industries at constant prices（ISIC Rev. 4）计算（以 2010 年不变价表示）。表中 J 代表信息通信业，K 代表金融保险业，L 代表房地产业，M 代表专业的科技活动，N 代表管理和支持服务活动。

　　尽管老龄化社会存在提高生产效率的内生动力，但老龄化对劳动生产率的影响，从一定程度上增加了效率驱动机制的不确定性。一些学者认为老龄化使整个劳动力队伍的平均年龄提高，如果劳动生产率与年龄有关（比如倒 U 型），那么总的劳动生产率会因年龄结构的变迁而发生变化（Börsch-Supan,2001）。然而，也有学者指出劳动力老化并不必然导致劳动生产率的下降。首先，以往对老年劳动者特征的描述如身体状况较差、劳动生产率低、上进心和学习能力不如年轻人、对新技术缺乏兴趣、接受培训的意愿低等,具有一定的误导性(S. Imel, 1996; S. H. Rhine, 1984);相反,多年生活和工作实践的积累使老年劳动者在很多方面具有明显的优势,比如丰富的工作经验和敏锐的洞察力(J. StrauE and E. Kuda, 2000)、精湛的专业知识、娴熟的社交技能、应对异常问题的解决能力等(Czaja, 2001)。其次,不同行业和岗位对劳动者的要求存在差异(Skirbekk, 2003),年轻劳动者在对体能要求较高的工作上优势明显;对于工作经验要求较高的岗位,年龄较大的劳动者则更有优势。对此,生产者完全可以通过调整生产过程和组织方式,使不同年龄的劳动者适应不同性质的行业和岗位要求。另外,信息与通信技术(infornnation and communications technology)ICT 的有效使用以及对劳动者的不断教育和培训也有利于保持生产率增长(Black and Lynch, 2004)。

五、人力资本对供给效应的影响

技能升级是产业升级的前提,而劳动力技能构成归根结底与劳动者的人力资本水平密切相关。人力资本能促进劳动力技能结构提升,对人口老龄化的效率驱动机制具有积极的促进作用。

人力资本存量的扩大速度一般慢于生产过程,需要通过教育、培训和就业等培养途径,经历长期而形成。人力资本水平与人口老龄化也有密切的关系。由于人口老龄化,预期寿命延长使得受教育的收益增加,这会促使年轻人提高受教育年限,增加人力资本积累,所以伴随着人口老龄化的往往是一个国家的平均受教育年限的延长和人力资本水平的上升。

既然人口老龄化会提高人力资本的投资回报,当人力资本的投资回报高于物质资本投资回报时,就会诱发人力资本投资对物质资本投资的替代,反映到产业结构上,就是技术密集型产业对资本或劳动密集型产业的替代,这也进一步说明了人口老龄化存在对产业升级的效率驱动机制。现实情况也是如此,人力资本水平越高的国家在服务生产领域越具有优势,特别体现在信息、金融、商务服务等行业高度发达。

我们将人口老龄化供给效应及其路径机制和影响因素的完整逻辑绘制成图6.7。

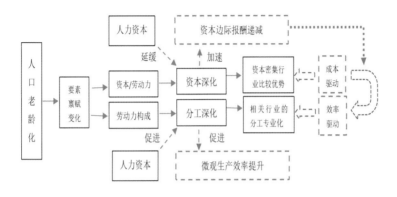

图6.7　人口老龄化供给效应的路径机制

以资本积累、资源重新配置效率和微观生产效率为途径的提高劳动生产率的活动,是人口老龄化背景下,为应对劳动力成本上升和抵消资本报酬递减的必然选择。在资本积累过程中,生产率增长缓慢的服务业成为吸纳剩余劳动力的主要部门;改善资源重新配置效率和微观生产效率的动机促进了产业结构升级和生产性服务业发展。总的来看,在产业结构从低向高演化的过程中,人口老龄化可能产生正向的推动作用。接下来,我们将通过实证分析检验人口老龄化的供给效应及路径机制。

第二节　老龄化供给效应的实证分析

本节将根据理论分析的命题提出待检验假说,利用跨国数据对人口老龄化影响产业结构的成本驱动机制和效率驱动机制进行实证检验。同时,从不同类型国家,分不同类型行业,详细考察人口老龄化的供给效应及异质性。

一、成本驱动机制的检验

（一）数据观察

按照理论分析的逻辑，人口老龄化影响产业结构的成本驱动机制是通过改变资本与劳动力两种要素的相对价格的路径实现的。我们利用1960—2013年83个国家的人口老龄化率、资本劳动比、产业结构数据进行初步分析，观察现实情况是否与之符合。

首先，观察人口老龄化过程中资本劳动比的变化。我们计算了各国的资本劳动比增长率[①]与同一时期的老龄化率[②]做散点图，发现资本劳动比的增长率与人口老龄化率之间存在一个清晰的增长模式，见图6.8。

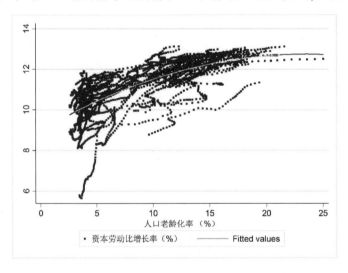

图 6.8　资本劳动比的增长率与人口老龄化率的散点图

---

① 资本劳动比=资本存量/就业人数，取自然对数变为增长率，资本存量以2005年美元不变价表示，数据取自宾州世界表（PWT）。

② 按照国际通行标准，人口老龄化率指的是65岁及以上老年人口占总人口的比例，数据取自世界银行世界发展指数（WDI）。

　　按照收入水平将样本分为发达国家和发展中国家两组,绘制资本劳动比的增长率随人口老龄化率变化的曲线,可以看到,无论是发达国家还是发展中国家,随着老龄化程度提高,资本劳动比都以越来越高的速率持续显著增长。但值得注意的是,发达国家的老龄化程度较高,曲线上升得比较平缓且逐渐趋同(图6.9左);发展中国家的老龄化程度较低,曲线上升得较快且相对发散(图6.9右)。这似乎表明,处于老龄化较低阶段的国家,资本劳动比的增长率随老龄化进程不断提高,直到老龄化达到较高水平后不再发生太大变化。考虑到发达国家处于后工业化时期而发展中国家正处于快速工业时期,这一现象的含义自然再清楚不过了,早期的工业化是推动资本劳动力比快速上升的主要原因。这给我们提供了一个信息,并不是老龄化程度越高,资本劳动比的增长率越高。因此可知,资本劳动比的变动与人口老龄化之间存在的一定的联系,但是老龄化是否存在总体上提高了资本劳动比,似乎是不能肯定的。不仅如此,从发达国家的资本劳动比增长率在进入高度老龄化时期后表现出的趋同趋势甚至可以怀疑,老龄化达到一定程度后反而可能产生抑制资本劳动比进一步

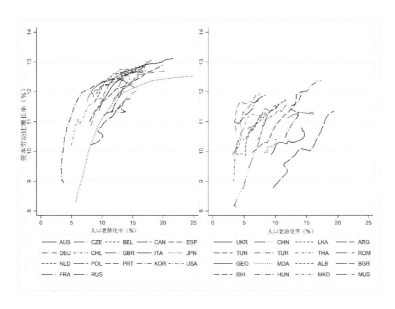

图6.9　人口老龄化过程中的资本劳动比变化趋势图

提高的作用。总之,尽管趋势图反映了人口老龄化与资本劳动比之间可能存在的正相关关系,从一定程度上印证了前文中对人口老龄化对要素禀赋影响的论述。但是由于忽略了影响资本劳动比的其他变量,加入其他变量后,人口老龄化的影响是否会有所不同,还有待于进一步检验。

尽管经验观察为我们提供了一个初步的证据,但不足以证明人口老龄化、要素禀赋和产业结构三者之间的逻辑关系一定成立。事实上,工业化国家的发展历程普遍表现出资本深化的现象,从某种程度上,这是伴随技术进步和生产力水平提高的必然结果。接下来,可以明确实证分析的目的,即检验人口老龄化通过要素禀赋的路径影响产业结构升级的机制和效用。

(二)研究假说

根据理论分析得到命题,随着人口老龄化加剧,一国要素禀赋会向劳动力相对稀缺、资本相对充裕转变,劳动密集型商品的相对价格上升,资本密集型商品的相对价格下降。考虑到人口老龄化是影响相对价格的一个原因但不是唯一原因,需要使用计量经济学的方法进行检验。因此提出第一个待检验的假说:

假说1:随着人口老龄化程度的提高,劳动力与资本两种要素的禀赋结构会发生变化,当劳动力相对资本变得稀缺时,会加速资本深化的趋势,表现为资本劳动比提高。

既然资本深化和部门要素比例差异是产业结构演变的原因,而老龄化又是资本深化的原因,那么人口老龄化与产业结构之间可能通过资本深化而发生联系。也就是说,人口老龄化可能会通过改变要素禀赋(资本劳动比)的途径加速资本深化,从而导致经济非均衡增长,资本密集程度不同的行业分布表现为不同程度的就业增长或产值增长。因此提出第二个待检验的假说:

假说2:资本深化会导致不同要素比例部门之间的非均衡增长,可能是人口老龄化与产业结构之间的一个中介。也就是说,人口老龄化会以要素禀赋为中介间接地影响产业结构,资本密集型部门的产值比重增加,劳动密集型部门的就业比重增加。

以上就是需要考察的两个可检验命题。如果我们能在统计上发现相关性,就可以将这个结果视为对研究假说的经验支持。此外,还可以考察人口老龄化作用机制的异质性。比如对于不同的国家来说影响是否一致？众所周知,无论是工业化超前的西方发达国家,还是处于转型时期的发展中国家,产业结构都在不断地变化之中,人口转变的阶段也不同。人口老龄化对各个国家要素禀赋的影响程度,进而对产业结构的影响也很可能不同。

(三)模型和变量

要检验人口老龄化通过要素禀赋的中介影响产业结构的效应,需要分两个阶段进行:第一个阶段是人口老龄化如何影响要素禀赋即资本劳动比的变化？第二个阶段需要弄清楚资本劳动比变化会对产业结构产生怎样的影响？我们通过构造中介效应模型来考察这一作用机制。中介效应模型的构建主要包括三个基本的步骤:第一,将因变量对基本自变量进行回归;第二,将中介变量(资本劳动比)对基本自变量进行回归;第三,将因变量同时对基本自变量和中介变量进行回归。按照上述方法建立的中介效应模型由如下方程组构成:

$$\text{stru}_{it} = a_1 \text{aging}_{it} + a_2 X_{it} + \mu_i + u_t + \delta_{it} \tag{6.1}$$

$$\text{KL}_{it} = b_1 \text{aging}_{it} + b_2 X'_{it} + \mu_i + u_t + \delta_{it} \tag{6.2}$$

$$\text{stru}_{it} = c_1 \text{aging}_{it} + c_2 \text{KL}_{it} + c_3 X_{it} + \mu_i + u_t + \delta_{it} \tag{6.3}$$

式中,stru_{it} 表示产业结构;aging_{it} 代表老龄化率;KL_{it} 是资本劳动比;X_{it} 是控制变量;μ_i 是固定效应,代表不随时间变化的国家独有特征;u_t 是时间效应,反映各国共有的随时间变化的扰动;其他遗漏因素均包含在误差项 δ_{it} 中。

产业结构是被解释变量。为了尽可能详细地考察产业结构的变化情况,我们使用三次产业以及 9 个细分行业的产值比重(VA)和就业比重

（EMP）的数据来设置指标。其中，三次产业层面的数据来自世界银行世界发展指数（WDI），细分行业的数据来自国际劳工组织（International Labour Organization，ILO）数据集[①]。具体指标包括：三次产业中的服务业就业比重（EMP1）和服务业内部的劳动密集型部门的就业比重（EMP2），工业产值比重（VA1）和服务业内部的资本密集型部门的产值比重（VA2）两类[②]。我们将来自WDI的三次产业数据、ILO的9部门就业数据与其他相关的经济和人口数据进行了匹配，组成了37个国家1970—2008年的面板数据。

主要的解释变量是老龄化率（aging）。同时，考虑与人口老龄化密切相关的两个变量出生率（birth）和预期寿命（life）。出生率下降导致未来劳动力供给减少；人均预期寿命延长使储蓄率增加，有利于投资和资本积累。出生率下降和预期寿命提高均有利于资本劳动比提高。

资本劳动比（KL）是本书的另一个主要解释变量，也是中介变量。资本劳动比等于资本存量除以总就业人数，反映物质资本和劳动力的相对稀缺程度。其中，资本存量以2005年美元不变价格折算。

此外，考虑到影响产业结构的其他相关因素，模型中还加入了以下控制变量：

（1）少儿比（young）：人口老龄化与人口少子化是同一人口变化趋势的两种表现，二者对劳动力和资本的影响不尽相同，对要素禀赋的作用机制也存在差异。少子化是人口出生率下降的结果，其影响更多地体现在对劳动力供给的影响上，而人口老龄化是人口出生率下降和人均预期寿命延长二者共同作用下的结果，对劳动力供给和储蓄都会产生影响。

（2）人均收入（GDPpc）：经济发展水平决定产业发展水平，我们使用

---

① 使用的是以1971年第二次修订和1994年第三次修订的国际标准产业分类（ISIC Rev. 2\Rev. 3）为标准的数据集，这两个数据集分别包含9个和17个一级类别，我们按照对应部门将Rev. 3版本的17个部门数据合并计算，全部统一为9个部门，包括：农业、制造业、采掘业、电气水业、建筑业、零售、批发、贸易及餐饮住宿业、运输、仓储和通信业，金融和房地产业，社团、社会和个人服务业。

② 就三次产业而言，服务业是相对劳动密集的产业，工业是相对资本密集的产业。

GDP 除以总人口表示,GDP 基于 2010 年美元不变价计算。

（3）消费比重（consum）：总消费支出占 GDP 比重。陈卫民、施美程（2014）使用消费比重研究老龄化从需求方面影响服务业的路径和机制,发现老龄化的需求效应直接体现在对消费者服务业的拉动作用。

（4）城市化率（urban）：城市化水平与产业发展阶段密切相关,我们用总人口中的城市人口比重表示。

（5）外商直接投资占 GDP 比重（FDI）：在全球化背景下,发达国家通过外商直接投资和国际贸易的形式将本国失去优势的产业转移到发展中国家,实现本国的动态比较优势升级,同时也促进了东道国的产业结构调整。

（6）进出口总值占 GDP 的比重（trade）：贸易额反映一国的开放程度,侧面反映国际产业转移过程对本国产业结构的影响。

（7）人口规模（pop）：人作为经济活动的主体,既是生产者,又是消费者。人口规模大的国家不仅经济总量大,而且产业结构相对完整。

（8）人口密度（density）：人口密度是集聚效应的重要影响因素,尤其是对于服务业而言更加重要。人口密度等于每平方公里的人口数量。

（9）人力资本水平（edu,hc）：人力资本水平可以用来间接衡量一个国家技术进步情况,而后者不仅影响资本积累,也影响产业升级的速度。我们使用高等教育入学率（edu）和职均人力资本（hc）指数两个指标来衡量。

以上变量的数据取自 WDI 和 PWT。由于各国均存在不同程度的数据缺失问题,每个变量的观察值数量不等,样本量最少的是细分部门的就业比重数据,但除社区服务部门外,其他变量的观测值均超过了 2000 个,数据量基本满足计量分析的需要。主要变量的描述性统计如表 6.2。

表 6.2　主要变量定义及描述性统计

变量	代码	样本量	均值	标准差	最小值	最大值
服务业就业比重	EMP1	3089	56.352	16.152	5.6	89.8
劳动密集型服务部门就业比重	EMP2	2845	52.533	7.901	45.735	66.064

变量	代码	样本量	均值	标准差	最小值	最大值
工业产值比重	VA1	6878	28.793	12.977	2.531	76.736
资本密集型服务部门产值比重	VA2	2842	35.023	5.463	28.559	44.898
老龄化率	aging	11213	6.060	4.120	0.700	25.71
少儿率	young	11213	35.42	10.13	11.76	51.79
资本劳动比	KL	7646	120000	140000	284.3	2e+06
高等教育入学率	edu	5535	21.47	21.88	0	119.8
职均人力资本指数	hc	7224	2.060	0.720	1.010	3.730
人均 GDP	GDPpc	8725	9873	15307	115.4	150000
城市化率	urban	12367	49.15	25.74	2.080	100
外商投资占 GDP 比重	FDI	7052	3.650	13.45	-82.89	476.8
贸易占 GDP 比重	trade	8469	76.53	50.45	0.0200	531.7
消费比重	consun	7468	82.97	18.38	13.73	341.9
人口密度	density	11959	306.0	1525	0.100	21595

(四)实证结果分析

1. 基准模型

方程(6.1)式采用双向固定效应估计方法,对应表6.3中的1-4列,分别以产业结构的四个指标作为被解释变量。第5列是对方程(6.2)式进行估计的结果。第6-9列进一步报告了同时加入中介变量 KL 即方程(6.3)式的估计结果。从第5列可以看出,老龄化率的估计系数为正并通过1%水平的显著性检验,这表明人口老龄化显著促进了资本劳动比的提高,进一步来看,人口老龄化可使资本劳动比提高0.4个百分点。第6-9列报告了被解释变量对解释变量和中介变量回归的结果,可以看到,中介变量 KL 的估计系数显著为正,说明资本深化可以显著促进就业流向第三产业和劳动密集型部门,促进资本密集型部门的产值比重提升。此外我们还发现,与第1-4列基准的回归结果相比,第6-9列在加入中介变量 KL 之后,aging 的估计系数值和显著性水平(t 值)出现了下降,这初步表明中介效应的存在,资本深化是人口老龄化影响产业结构的渠道。

为了进一步确认资本劳动比是否是人口老龄化影响产业结构的中介变量,我们采取相应的方法进行检验。首先,根据温忠麟等(2004)的观点,如果 $H0:b_1=0,H0:C_2=0$,均拒绝原假设,说明中介效应显著。从表 6.3 第 5 列和第 6-8 列的回归结果可以直接证明 KL 作为中介变量是显著的。然后,第 9 列的回归结果拒绝了原假设,需要进一步检验 $H0:b_1C_2=0$,也就是检验经过中介变量路径上的回归系数的乘积项是否显著。如果原假设被拒绝,表明中介效应显著,否则不显著。具体地,我们可借鉴 Sobel(1987)的方法计算乘积项 b_1c_2 的标准差 $S_{b_1c_2}=\sqrt{\hat{b_1}^2S_{c_2}^2+\hat{c_2}^2S_{b_1}^2}$,其中 S 表示相应估计系数的标准差。计算得到 $Zb_1c_2=1.97$,在 10% 水平上显著。但是,由于传统的三步检验法隐含的假设是变量服从正态分布,而实际上很多数据并不服从正态分布,boostrap 方法对数据分布没有具体要求,所以应以该检验方法的结果为准。最后,我们还采用 Freedman 等(1992)的方法来检验资本深化是否是人口老龄化影响产业结构的中介变量,具体的程序是检验 $H0:a_1-c_1=0$,如果原假设被拒绝,则说明中介效应显著。a_1-c_1 的标准差可利用 $S_{a_1-c_1}=\sqrt{s_{a_1}^2+s_{c_1}^2-2s_{a_1}s_{c_1}\sqrt{1-r^2}}$ 计算得到,其中 r 为变量 aging 与 KL 的相关系数。利用表 6.3 估计结果,可计算得到 a_3-d_3 的 Z 统计量为 2.89。相伴随概率小于 0.1,即至少在 10% 的水平上显著。这就进一步验证了中介效应的存在性,即资本深化是人口老龄化影响产业结构的重要渠道。

表 6.3　人口老龄化的成本驱动机制检验

	1	2	3	4	5
	EMP1	EMP2	VA1	VA2	K/L
aging	-0.5349**	-0.6302***	-0.0795	-0.0783	0.4220**
	(-2.52)	(-2.66)	(-1.27)	(-0.97)	(2.46)
K/L					
young	-0.1090	-0.4296	-0.3264	-0.1843	0.0453
	(-0.25)	(-1.04)	(-1.52)	(-1.49)	(0.25)
GDPpc	0.0924	0.1005	0.8252***	0.9186***	0.6430***
	(1.43)	(1.26)	(7.30)	(7.92)	(10.01)

	1	2	3	4	5
	EMP1	EMP2	VA1	VA2	K/L
density	0.1144	0.0721	-0.0451	-0.0679	-0.1196 * *
	(1.39)	(0.76)	(-1.52)	(-1.11)	(-2.02)
trade	-0.0173	0.0703	0.0835	0.0614	0.0126
	(-0.10)	(0.39)	(1.61)	(1.29)	(0.29)
FDI	-0.0357 *	-0.0102	0.0249 * * *	0.0308 * * *	-0.0042
	(-1.93)	(-0.48)	(3.73)	(3.09)	(-0.71)
urban	0.5241 * *	0.0848 * * *	0.4487 * * *	0.3215 * * *	0.1751 * * *
	(2.22)	(2.31)	(3.26)	(3.39)	(2.29)
hc	0.1113	0.2893 * * *	0.1786 * * *	0.2091 * * *	0.0405
	(1.14)	(2.60)	(4.47)	(3.99)	(1.10)
consum	0.3095 *	0.6975 * *	0.3807	0.3124 *	0.2495 * *
	(1.82)	(2.22)	(1.19)	(1.51)	(2.34)
_cons	-9.4698 * *	-8.8355 * * *	0.7315	0.7315	3.3453 * * *
	(-2.52)	(-3.03)	(0.42)	(0.57)	(2.84)
地区效应	Yes	Yes	Yes	Yes	Yes
观测值	1897	1897	1897	1897	1897

	6	7	8	9
	EMP1	EMP2	VA1	VA2
aging	-0.6592 * * *	-0.7557 * * *	-0.0910	-0.0805
	(-2.79)	(-2.86)	(-0.78)	(-1.12)
K/L	0.6084 * * *	0.6201 * * *	0.1117 * * *	0.208
	(2.94)	(2.75)	(2.16)	(1.64)
young	-0.0998	-0.4247	-0.3249	-0.2567
	(-0.23)	(-1.00)	(-1.52)	(-1.49)
GDPpc	0.0849	0.0398	0.4015 * * *	0.4868 * * *
	(0.94)	(1.04)	(2.77)	(2.95)
density	0.1405 *	0.0964	-0.0440	-0.0980
	(1.76)	(1.03)	(-1.47)	(-0.99)
trade	-0.0560	0.0293	0.0845 *	0.0612 *
	(-0.32)	(0.17)	(1.65)	(1.70)
FDI	-0.0321 *	-0.0068	0.0252 * * *	0.0233 * * *
	(-1.89)	(-0.34)	(3.79)	(4.01)
urban	0.4416 * *	0.0031 * * *	0.4463 * * *	0.3578 * * *
	(1.96)	(3.01)	(3.31)	(3.67)
hc	0.0925	0.2708 * *	0.1782 * * *	0.2091 * * *

	6	7	8	9
	EMP1	EMP2	VA1	VA2
	(0.95)	(2.41)	(4.48)	(4.57)
consum	0.1459**	0.5294**	0.3814	0.4014*
	(2.38)	(2.57)	(1.46)	(1.67)
_cons	−11.3202***	−10.6721***	0.6606	0.4891
	(−2.91)	(−3.36)	(0.38)	(0.56)
地区效应	Yes	Yes	Yes	Yes
观测值	1897	1897	1897	1897

注：括号内数值为纠正了异方差后的聚类 t 统计量；***、**和*分别表示 1%、5%和 10%的显著性水平。

控制变量的回归结果基本符合预期。少子化指标的回归系数与老龄化率的回归系数一致，但并不显著，可能的原因是，少子化主要影响未来的劳动力供给，但是对当期的产业结构的影响并不明显。人均 GDP 对资本深化和以产值衡量的产业结构的影响均显著为正，因为收入水平越高的国家，资本密集型商品的比较优势越大，经济中各部门产出的增加值越大。FDI 能够显著促进部门产出的增加值，对就业的影响为负但不显著。城市化水平越高的国家，服务业比重越高，这与很多学者的研究结论相同（江小涓和李辉，2004）。人力资本水平提高有利于服务业产值比重增加，还能促进服务业内部结构调整。消费比重提高对服务业比重增加有利。

2. 稳健性检验

为了检验以上实证结果的稳健性，我们使用人均预期寿命(life)和老年抚养比(agingdep)替代老龄化率(aging)；用人口出生率(birth)和少儿抚养比(youngdep)替代少儿率，重新对(6.1)-(6.3)式进行估计，见表 6.4。结果显示，人均预期寿命、老年抚养比、人口出生率、少儿抚养比与基准回归的结果是一致的，说明人口老龄化和少子化变动会通过资本深化的途径产生推动产业结构演变的作用，见表 6.4。

表 6.4　成本驱动机制的稳健性检验

	1	2	3	4	5
	EMP1	EMP2	VA1	VA2	K/L
life	−0.3998**	−0.5910**	−0.1005	−0.0385	0.7305*
	(−2.34)	(−1.98)	(−0.92)	(−0.24)	(1.99)
K/L					
birth	−0.1154	−0.2476	−0.8375	−0.1583	0.1023
	(−0.98)	(−1.53)	(−1.01)	(−1.34)	(0.56)
agingdep	−0.7861***	−0.7345**	−0.1056	−0.0356	0.5835**
	(−2.98)	(−2.00)	(−1.54)	(−0.34)	(2.51)
K/L					
youngdep	−0.3857	−0.7597	−0.7597	−0.0983	0.1563
	(−0.09)	(−1.17)	(−1.07)	(−1.12)	(0.87)

	6	7	8	9
	EMP1	EMP2	VA1	VA2
life	−0.7285***	−0.8264***	−0.0486	−0.1091
	(−2.82)	(−2.99)	(−0.91)	(−1.45)
K/L	0.5783***	0.6729***	0.1735***	0.3910
	(2.89)	(2.98)	(2.27)	(1.23)
birth	−0.1006	−0.5879	−0.8496	−0.6486
	(−0.23)	(−1.24)	(−1.01)	(−1.12)
agingdep	−0.7254***	−0.2557***	−0.0864	−0.0395
	(−3.09)	(−2.91)	(−0.53)	(−1.09)
K/L	0.3836**	0.3856***	0.1117***	0.2088
	(2.04)	(2.97)	(2.89)	(1.03)
youngdep	−0.1945	−0.7365	−0.2756	−0.7356
	(−0.86)	(−0.35)	(−1.24)	(−1.45)

　　注：括号内数值为纠正了异方差后的聚类 t 统计量；***、**和*分别表示1%、5%和10%的显著性水平。限于篇幅，没有报告其他控制变量的回归结果。

　　如果回归模型中包含遗漏变量或存在双向因果关系，就会导致严重的内生性问题，使得估计结果有偏和不一致。对于本研究而言，可能导致内生性的问题主要是：一方面，影响要素禀赋、比较优势和产业结构的变量很多,本书的模型中很难将这些变量都包含进去,所以可能存在遗漏变量问题;另一方面,人口老龄化与要素禀赋和比较优势之间可能存在双向因果关系,因为人口老龄化程度高的国家有效劳动稀缺,储蓄和资本存量充裕,因而在资本密集型商品上具有比较优势;反过来也许正因为该国生产资本密集型商品比较多,收入水平较高,能够提供更好的社会医疗服务,因而会加剧人口老龄化程度。解决内生性的办法就是寻找合适的工具变量。工具变量的选取通常要满足两个条件:一是工具变量要与内生变量高度相关;二是工具变量与被解释变量无关。我们参考 Bloom 等(2007)的做法,选择各国流产法规赋值做工具变量。因为各国流产法规的赋值高,说明该国法律规定宽松,孕妇堕胎的可能性较大,人口出生率低,人口老龄化严重,而流产法规主要受一国宗教、文化和风俗习惯等影响,与比较优势关联不大,和产业结构无关。因此,我们采用这个变量作为工具变量进行两阶段最小二乘估计(2SLS),见表 6.5。

表 6.5 成本驱动机制检验的 2SLS 回归结果

	1	2	3	4	5
	EMP1	EMP2	VA1	VA2	K/L
aging	-0.6352^{*}	-0.4867^{***}	-0.0496	-0.0375	0.6123^{**}
	(-1.78)	(-2.93)	(-1.11)	(-0.64)	(2.97)
K/L					

	6	7	8	9
	EMP1	EMP2	VA1	VA2
aging	-0.6294^{***}	-0.5257^{***}	-0.1034	-0.0356
	(-3.03)	(-2.43)	(-0.47)	(-1.25)
K/L	0.3866^{**}	0.3296^{***}	0.2857^{***}	0.4763
	(2.00)	(2.92)	(2.91)	(1.36)

注:***、**和*分别表示 1%、5%和 10%的显著性水平。限于篇幅,没有报告其他控制变量的回归结果。

3.人力资本的作用

如前所述,人力资本提高会提升劳动效率,使有效劳动的人均资本下降,从而限制人口老龄化对资本密集型商品比较优势的积极作用,缓解劳动力成本上升的压力。因此,我们在模型中加入人口老龄化与人力资本

的交叉项（aging×hc）。如果人口老龄化与人力资本变量交叉项系数显著
为负,说明人力资本提升确实能够削弱人口老龄化的影响。回归结果见
表6.6,与预期一致。第5列人口老龄化与人力资本交叉项对资本劳动
比的回归系数显著为负,表明人力资本能缓解人口老龄化对加速资本深
化的作用。此外,从第1-2列和第5-6列的回归结果看,在控制了资本
深化的影响路径下,人口老龄化对服务业及其内部的劳动密集型部门的
就业仍有负面的影响,其中的原因,除了老龄化社会普遍存在的劳动力短
缺之外,还与劳动力老化可能对生产率提高产生若干不利因素有关。但
是,人力资本与人口老龄化交叉项的回归系数显著为正,说明人力资本提
升能够缓解人口老龄化的这些负面效应。

表6.6 人力资本对人口老龄化成本驱动机制的影响

	1	2	3	4	5
	EMP1	EMP2	VA1	VA2	K/L
aging	−0.7234**	−0.4867***	−0.0624	−0.1035	0.5938**
	(−2.82)	(−2.95)	(−1.25)	(−0.46)	(2.52)
aging*hc	0.0462**	0.2946***	0.0396	0.0724	−0.1087**
	(2.45)	(2.94)	(1.13)	(0.35)	(2.24)
K/L					

	6	7	8	9
	EMP1	EMP2	VA1	VA2
aging	−0.6284***	−0.5835***	−0.1002	−0.0732
	(−2.92)	(−2.79)	(−0.56)	(−1.01)
aging*hc	0.0025***	0.0245***	−0.0020	−0.0255
	(2.99)	(2.72)	(−0.46)	(−1.24)
K/L	0.9735***	0.6295***	0.2956***	0.386
	(3.53)	(3.04)	(2.95)	(1.35)

注:括号内数值为纠正了异方差后的聚类t统计量;***、**和*分别表示1%、
5%和10%的显著性水平。为节省篇幅,没有报告其他控制变量的回归结果。

需要注意是,在全样本下得到的人口老龄化对资本深化以及产业结
构影响的结论,可能不具有普遍性。因为不同国家的老龄化程度和所处
的产业发展阶段不同。在人口老龄化过程中,资本与劳动力的替代关系
会随着二者相对稀缺性的变化做出相应的改变。因此,接下来我们将样

本分为不同收入水平国家,进一步分析人口老龄化影响的异质性。

4.异质性

我们在方程(6.1)-(6.3)中分别引入虚拟变量 D(高收入国家 D = 0,中低收入国家 D = 1)与老龄化率和资本劳动比的交叉项,以检验人口老龄化的影响是否存在国别异质性。另外,我们还分样本进行了估计。表6.7 报告了包含虚拟变量的全样本以及分样本的回归结果,从第 5 列的回归结果可以看出,老龄化率对资本劳动比的估计系数显著为正,虚拟变量交叉项对资本劳动比的估计系数也显著为正,说明相比高收入国家,中低收入国家的人口老龄化对提高资本劳动比的作用更大。这与我们之前的预期是一致的。中低收入国家的工业化程度较低,资本深化的进程慢于高收入国家,因此老龄化对资本劳动比的边际效应更大。分样本的回归结果也是如此。

资本劳动比对产业结构四个指标的影响均显著为正,但高收入国家和低收入国家之间存在差异。对于高收入国家来说,资本劳动比对促进服务业内部结构变化的作用更明显;对于中低收入国家来说,资本劳动比对三次产业之间结构调整作用更大。这一结果符合两类国家产业结构演变的阶段性特征,高收入国家已经进入后工业化深化,农业和工业所占比重已经很低,经济高度服务化,产业结构的调整升级更多地体现在服务业内部结构层次的提升;而中低收入国家大多尚处于工业化中后期,很多国家的农业和工业比重仍然较高,经济向服务业转型尚有很大的余地。

表 6.7　人口老龄化成本驱动机制的异质性检验

	1	2	3	4	5
	EMP1	EMP2	VA1	VA2	KL
全样本:高收入国家 D = 1,中低收入国家 D = 0					
aging	−0.0922	−0.9461***	−0.0901	−1.0352***	0.28106***
	(−0.71)	(−3.33)	(−0.88)	(−3.58)	(2.73)
D * aging	0.4985**	0.5035**	0.0095	0.0078	0.2195**
	(2.56)	(2.53)	(0.15)	(0.21)	(2.09)
KL					

续表

	1	2	3	4	5
	EMP1	EMP2	VA1	VA2	KL
D * KL					
N	1897	1897	1897	1897	1897
高收入国家样本					
aging	−0.1951	−0.1431	−0.0510***	−0.0897***	0.2113***
	(−1.28)	(−0.63)	(−2.35)	(−2.98)	(3.35)
KL					
N	1014	1014	1014	1014	1014
中低收入国家样本					
aging	−0.9017*	−1.1567**	−0.1999	−0.2172	0.4385*
	(−1.78)	(−2.17)	(−1.12)	(−1.51)	(1.89)
KL					
N	883	883	883	883	883

	6	7	8	9	
	EMP1	EMP2	VA1	VA2	
全样本:高收入国家 D=1,中低收入国家 D=0					
aging	−1.6207***	−1.8579***	−0.1215	−0.2451*	
	(−3.36)	(−3.84)	(−1.19)	(−1.79)	
D * aging	1.4586	1.7182	0.2620*	0.208**	
	(0.82)	(1.32)	(1.71)	(2.64)	
KL	0.6250	0.6454***	0.0199	0.0341**	
	(2.98)	(2.85)	(3.28)	(2.78)	
D * KL	0.2275**	−0.2849***	0.0579*	−0.0219*	
	(2.39)	(−2.89)	(1.95)	(−2.01)	
N	1897	1897	1897	1897	
高收入国家样本					
aging	−0.2376	−0.3123	−0.1132	−0.1981	
	(−1.42)	(−1.30)	(−0.74)	(−0.98)	
KL	0.0854	0.3077***	0.2596	0.4091***	

	6	7	8	9
	EMP1	EMP2	VA1	VA2
	(1.52)	(2.85)	(1.31)	(3.07)
N	1014	1014	1014	1014
中低收入国家样本				
aging	−0.9999*	−1.2241**	−0.2006	−0.0913
	(−1.95)	(−2.25)	(−1.16)	(−1.85)
KL	0.6691***	0.4960	0.1367*	0.0911
	(2.69)	(1.59)	(1.79)	(1.00)
N	883	883	883	883

注：括号内数值为纠正了异方差后的聚类 t 统计量；＊＊＊、＊＊和＊分别表示 1％、5％和10％的显著性水平。为节省篇幅，没有报告其他控制变量的回归结果。

回归分析表明，人口老龄化通过资本深化促进产业结构调整的作用机制是存在的，老龄化的成本驱动机制表现为，通过加速资本深化，使劳动密集型产业和部门的就业比重增加，提高资本密集型产业和部门的产值比重。与此同时，我们还可以看到，控制了人口老龄化的成本驱动效应后，老龄化率对产业结构指标的回归系数仍然显著不为零，这提醒我们人口老龄化可能还会通过其他途径影响产业结构。正如之前理论分析所言，除了成本驱动之外，人口老龄化还可能产生推动产业结构升级的效率驱动机制。接下来的一节，我们将进一步对这一机制是否存在及其影响效果进行检验。

二、效率驱动机制的检验

虽然在人口老龄化导致劳动力成本提高的情况下，用资本替代劳动来节约劳动要素投入是一种应对成本压力的方式，但这种方式对全要素生产率的贡献将随着资本边际报酬递减而减弱。当大规模工业化进程结束，经济服务化进程开启之后，资本驱动模式将变得不可持续，经济增长越来越依靠以微观生产效率改善来提高全要素生产率的途径。上一章的理论分析指出,老龄化社会对效率提升和经济增长就存在内在的需求,而这种需求是推动产业结构升级的重要动力源。因此,除成本驱动之外,人口老龄化是否会对产业结构升级产生效率驱动的作用机制?影响效果如何?我们将通过实证分析对此进行检验。

(一)研究假设

理论上,资本深化可以带动产业结构升级,但也会带来就业吸纳能力和资本边际效率下降。所以,当人口老龄化在加快资本深化的同时,后者由于受资本边际报酬递减规律的制约,带动产业结构升级和拉动经济增长的作用会随着资本边际效率的下降而减弱。在遭遇资本边际报酬递减之后,继续通过资本替代劳动来提高劳动生产率、应对老龄化成本压力的方法将不再奏效,只能转向依靠全要素生产率提升的途径。全要素生产率的源泉包括资源重新配置效率和微观生产效率两部分,前者主要来自产业结构调整过程中的要素重新配置,后者来自技术进步。从长期趋势看,技术进步带来的微观生产效率提高,将成为老龄化社会驱动经济增长的主要动力。也就是说,随着人口老龄化的加深,推动产业结构升级的主导效应将由成本驱动向效率驱动转变,受效率驱动而增长的行业将成为带动产业升级的主导行业。效率驱动机制的作用路径需要通过提高劳动生产率,其关键在于劳动力。产业升级的前提是技术升级,归根结底是劳动力自身禀赋结构的升级。人口老龄化对劳动力的直接影响就是改变劳动力的年龄结构及其与之相关的技能结构,从而促进与相关类型技能行业的专业化分工,而分工深化是现代产业结构升级的一个重要趋势和关键动力来源。因此,提出第一个待检验假说:

假说1:人口老龄化会通过改变劳动力年龄结构及其与之相关的技能结构,促进相关技能类型行业的分工深化,从而产生推动产业结构升级的效率驱动机制。

产业结构升级的前提是劳动者技能升级,而劳动力技能结构归根结底与劳动者的素质密切相关,后者取决于人力资本的积累。尽管老龄化社会存在对效率提升的内在需求,但人口老龄化本身也存在一些不利于劳动生产率提高的因素。因此,在老龄化的过程中,通过不断增加人力资本积累提升劳动力队伍整体素质就显得尤为关键。当今世界老龄化程度较高的发达国家之所以能够保持经济持续增长,与人力资本水平普遍较高不无关系。因此,我们提出第二个待检验假说:

假说2:人力资本水平提升对人口老龄化的效率驱动机制具有积极的促进作用。

(二)模型与变量

首先,检验假说1即人口老龄化通过劳动力禀赋结构的路径促进产业升级的效应。我们仍然使用中介效应模型的估计方法,构建联立方程组如下:

$$stru_{it} = a_1 aging_{it} + a_2 X_{it} + \mu_i + u_t + \delta_{it} \tag{6.4}$$

$$labor_{it} = b_1 aging_{it} + b_2 X'_{it} + \mu_i + u_t + \delta_{it} \tag{6.5}$$

$$stru_{it} = c_1 aging_{it} + c_2 labor_{it} + c_3 X_{it} + \mu_i + u_t + \delta_{it} \tag{6.6}$$

式中,$stru_{it}$ 表示产业结构;$aging_{it}$ 代表老龄化率;$labor_{it}$ 是劳动力禀赋结构;X_{it} 是控制变量;μ_i 是固定效应,代表不随时间变化的国家独有特征;u_t 是时间效应,反映各国共有的随时间变化的扰动;其他遗漏因素均包含在误差项 δ_{it} 中。

产业结构(stru)是被解释变量。由于人口老龄化效率驱动作用机制的本质是通过劳动力构成变化促进与之相关行业的专业化分工,因此我们使用反映服务业内部技术升级的指标。按照 Buera 和 Kaboski(2011)的标准将 EU KLEMS 数据库中的 14 个服务部门按照技能密集类型分为两类:一类是高技能服务,包括教育、健康、社会工作、金融、法律、商务等;另一类是低技能服务,包括餐饮住宿、批发零售、运输、公共部门、社团社会和个人服务等。使用这两类部门的产值比重和就业比重作为被解释变量,分别为高技能服务业产值比重(VA1)和就业比重(EMP1),低技能服务业产值比重(VA2)和就业比重(EMP2)。

　　主要的解释变量是劳动力构成(labor)。使用劳动力年龄结构(labor1)和技能结构(labor2)两个指标。我们将劳动力年龄分为三个阶段:29岁以下、29—50岁、50岁以上,用50岁以上劳动力占总劳动力之比来衡量劳动力年龄结构,反映劳动力的老化程度;将劳动力技能分为高、中、低技能三类,用高技能劳动力占总劳动力之比来衡量劳动力技能结构,反映劳动力的技能升级程度。

　　此外,与上一节的实证分析相似,考虑到影响产业结构的其他相关因素,模型中还加入了资本劳动比(KL)、人均收入(GDPpc)、外商直接投资占GDP比重(FDI)、进出口总值占GDP的比重(trade)、人口规模(pop)、人口密度(density)、人力资本水平(edu,hc)等控制变量。以上变量的数据,除产业结构和劳动力构成来自EU KLEMS数据库外,其他均取自WDI和PWT。将以上数据进行匹配之后最终组成的是一个包含13个国家[1]的时间跨度为1970—2008年的跨国面板数据,主要变量的描述性统计如表6.8。

表6.8　主要变量定义及描述性统计

变量	代码	样本量	均值	标准差	最小值	最大值
高技能服务业就业比重	EMP1	494	36.35	11.51	9.81	59.22
低技能服务业就业比重	EMP2	494	40.23	10.23	15.14	68.35
高技能服务业产值比重	VA1	494	39.23	9.35	7.35	52.64
低技能服务业产值比重	VA2	494	35.63	8.35	8.35	52.42
劳动力年龄结构	labor1	494	32.35	7.25	10.35	49.25
劳动力技能结构	labor2	494	39.53	10.35	12.24	62.96
资本劳动比	KL	494	120000	140000	1000	2e+06
人力资本	hc	494	3.12	0.82	1.00	4.01
人均GDP	GDPpc	494	11077	11356	98435	150000
外商投资占GDP比重	FDI	494	183.36	9.26	0.25	284
贸易占GDP比重	trade	494	293.11	15.83	0.14	325
人口密度	density	494	2674	9.35	0.100	19358

---

　　[1]　样本国家包括美国、英国、澳大利亚、加拿大、意大利、西班牙、德国、法国、丹麦、瑞典、奥地利、荷兰和日本。

（三）实证结果分析

1.基准模型

采用双向固定效应估计方法对模型（6.4）-（6.6）进行估计，见表6.9。其中，方程（6.4）对应表中的第1-4列，方程（6.5）对应第5列，方程（6.6）对应第6-9列。从估计结果可以看出，人口老龄化对劳动力结构的确有影响，老龄化提高了劳动力队伍中的高龄劳动者比重，对高技能劳动者比重的回归系数显著为正，但边际效应较小。

从被解释变量对解释变量和中介变量回归的结果看，劳动力年龄结构和技能结构对服务业内部结构的影响不同。劳动力年龄结构对低技能服务部门的就业比重的估计系数显著为正，说明劳动力老化促进了这类行业的就业增加，可能的原因是老龄化社会对与老年相关服务需求增加，其中大多数是生活和社区服务类的部门，这类部门对劳动力的技能水平要求不高，属于劳动密集型行业。劳动力年龄结构对高技能服务部门的就业比重的估计系数显著为负，说明劳动力老化会减少高技能部门的就业，这与老龄化社会劳动力短缺的现状是相吻合的。劳动力技能结构对高技能服务部门的产值比重和就业比重的估计系数均显著为正，说明劳动力技能结构提升有利于提高相关技能型行业的产出增加值，高技能劳动力的增加也必然使得相关技能类型行业的就业增长，这与有关技术前沿国家劳动力市场极化的研究（Autor 和 Dorn,2012）的结论是一致的[①]。

估计结果也支持人口老龄化通过劳动力结构影响产业结构升级的中介效应存在。首先，从第6-9列加入中介变量之后 aging 的估计系数值看，比第1-4列基准的回归结果小，初步表明中介效应存在。此外，我们还通过以下几种方法判断：一是第5列和第6-9列的回归结果如果 H0:$b_1 = 0$，H0:$C_2 = 0$，均拒绝原假设，可以直接证明中介效应显著；如果拒绝原假设，进一步检验 H0:$b_1 C_2 = 0$，若原假设被拒绝，表明中介效应显著。

[①] Autor 和 Dorn（2012）研究发现 1980—1990 年间欧美国家高技能劳动的就业份额和相对工资不断上升，而中低技能劳动的就业份额和相对工资不断下降。

二是采用 Freedman 等(1992) 的方法对中介效应进行检验。为了检验实证结果的稳健性,我们使用老年抚养比(agingdep)替代老龄化率(aging)重新对(6.4)-(6.6)式进行估计。以上估计结果均与基准估计的结果基本一致,说明实证分析是比较稳健的。

表6.9 人口老龄化的效率驱动机制检验

	1	2	3	4	5
	EMP1	EMP2	VA1	VA2	labor1/labor2
aging	-0.3473**	-0.0391***	-0.1005	-0.0891	0.724**
	(-2.11)	(-2.88)	(-1.61)	(-1.01)	(2.91)
labor1					
aging	-0.8553***	-0.1953**	-0.1704	-0.0138	0.0115*
	(-2.88)	(-2.01)	(-1.66)	(-1.14)	(1.88)
labor2					

	6	7	8	9	
	EMP1	EMP2	VA1	VA2	
aging	-0.2163**	-0.0115***	-0.0811	-0.0601	
	(-2.00)	(-2.99)	(-1.21)	(-0.39)	
labor1	-0.3027***	0.5148***	0.0812	0.042	
	(3.03)	(3.15)	(0.81)	(1.22)	
aging	-0.5238***	-0.1105***	-0.1080	-0.0091	
	(-3.16)	(-0.16)	(-0.65)		
labor2	0.1026***	0.2168	0.5817***	0.193	
	(3.19)	(0.35)	(2.68)	(1.12)	

注:括号内数值为纠正了异方差后的聚类 t 统计量;***、**和*分别表示1%、5%和10%的显著性水平。

2.人力资本的作用

人力资本的作用主要在于提高劳动者的素质,因此为了考察其在人口老龄化效率驱动中的作用,我们在模型中加入劳动力构成与人力资本的交叉项(labor1×hc /labor2×hc),回归结果见表6.10。人力资本可以增加劳动力老化对高技能服务业就业比重的负向影响,说明人力资本可以通过提高单位劳动者的效率,节约高技能服务部门的劳动成本。人力资本还可以增强劳动力老化对低技能服务业产值比重的正向影响,这可能意味着人力资本提升有利于提高低技能服务部门的产出增加值。对于劳动力技能结构而言,人力资本可以进一步增强其对高技能服务业产值和就业比重的正向影响。

表 6.10　人力资本对人口老龄化效率驱动的影响

	1	2	3	4	5
	EMP1	EMP2	VA1	VA2	labor1/labor2
aging	-0.3737^{**}	-0.0257^{**}	-0.0891	-0.0671	0.724^{**}
	(-2.25)	(-2.52)	(-1.59)	(-1.39)	(2.91)
labor1					
labor1 * hc					
aging	-0.6732^{***}	-0.0991^{***}	-0.3065^{*}	-0.2282	0.0115^{*}
	(-2.91)	(-3.15)	(-1.78)	(-1.11)	(1.88)
labor2					
Labor2 * hc					

	6	7	8	9
	EMP1	EMP2	VA1	VA2
aging	-0.2271^{**}	-0.0216^{***}	-0.0709	-0.0412
	(-2.12)	(-2.70)	(-1.35)	(-0.27)
labor1	-0.2536^{*}	0.6259^{***}	0.1922	0.031
	(1.93)	(3.34)	(0.77)	(1.51)
labor1 * hc	-0.5491^{***}	0.1752	0.0073	0.382^{**}
	(-3.61)	(1.63)	(0.59)	(2.22)
aging	-0.4642^{**}	-0.0902^{***}	-0.2120	-0.1034
	(-2.21)	(-3.00)	(-0.87)	(-1.11)
labor2	0.0117^{***}	0.1359	0.6923^{***}	0.204
	(3.27)	(0.57)	(2.79)	(1.55)
Labor2 * hc	0.4658^{***}	0.2001	0.4523^{***}	0.009
	(3.51)	(0.77)	(2.82)	(1.38)

注:括号内数值为纠正了异方差后的聚类 t 统计量;＊＊＊、＊＊和＊分别表示1%、5%和10%的显著性水平。为节省篇幅,没有报告其他控制变量的回归结果。

第三节　本章小结

　　本章从供给角度分析了老龄化影响服务业的作用机制。以老年型国家的部门数据为佐证,通过观察老龄化过程中不同部门之间资本和劳动力的变化,从人口老龄化的视角对资本积累过程中服务业就业比重不断提升的现象进行了分析,从资源重新配置效率和微观生产效率两方面探讨了老龄化对产业结构升级和生产性服务业发展的驱动机制。

　　理论分析得出的结论如下:第一,人口老龄化使一国资本要素变得相对充裕,劳动要素变得相对稀缺,因此在资本密集型商品上具有比较优势;人力资本提高会削弱人口老龄化对资本密集型商品比较优势的促进作用。第二,在人口老龄化减少劳动力供给的情况下,企业通过资本替代劳动应对劳动力成本上升的方式会加速整个经济的资本深化,使得资本和劳动力在不同的要素密集型行业间进行重新配置,由此带来产业结构的调整升级。第三,随着人口老龄化程度加深,以资本替代劳动来应对成本压力的方式会遭遇资本边际报酬递减而不可持续,所以老龄化通过资本深化驱动产业升级的成本驱动机制被削弱;与此同时,人口老龄化对劳动力自身禀赋构成的影响,加之老龄化社会对生产效率提升和经济增长的内在需求,会产生驱动产业结构升级的效率驱动机制。总之,以资本积累、资源重新配置效率和微观生产效率为途径的提高劳动生产率的活动,是人口老龄化背景下,为应对劳动力成本上升和抵消资本报酬递减的必然选择。在资本积累过程中,生产率增长缓慢的服务业成为吸纳剩余劳动力的主要部门;改善资源重新配置效率和微观生产效率的动机促进了产业结构升级和生产性服务业发展。总的来看,在产业结构从低向高演化的过程中,人口老龄化起到了正向的推动作用。

　　尽管理论分析表明老龄化社会存在成本驱动和效率驱动产业升级的

作用机制,但该作用机制能否转化为现实动力还取决于很多外部条件,需要从统计上找到支持理论命题的经验证据。我们采用实证分析的方法检验理论分析的结论,同时通过更细致的行业分类和多维度的人口老龄化指标,深入考察人口老龄化的成本驱动效应和效率驱动效应及其在不同类型国家之间的异质性。根据理论分析的命题提出待检验假说,利用跨国面板数据,通过构建联系方程和采用双向固定效应估计方法,对人口老龄化影响产业结构的成本驱动机制和效率驱动机制进行实证检验。同时,从不同类型国家,分不同类型行业,详细考察人口老龄化影响产业结构的供给效应及其异质性。主要发现如下:

关于成本驱动机制的检验:全样本回归结果表明,资本深化是人口老龄化影响产业结构的一个渠道,作用机制是人口老龄化促进资本劳动比的提高,使就业流向服务业及其内部的劳动密集型部门,提升资本密集型服务部门的产值比重。人力资本可以通过缓解人口老龄化对资本深化的影响削弱成本驱动机制。分样本回归结果表明,人口老龄化的成本驱动机制在不同收入水平国家存在较大的异质性。相比高收入国家,中低收入国家的人口老龄化对提高资本劳动比的作用更大。对于高收入国家来说,资本劳动比对促进服务业内部结构变化的作用更明显;对于中低收入国家来说,资本劳动比对三次产业之间结构调整作用更大。

关于效率驱动机制的检验:人口老龄化提高了劳动力队伍中的高龄劳动者比重,对提高高技能劳动者比重的边际效应较小。劳动力年龄结构和技能结构对服务业内部结构的影响不同:劳动力年龄结构老化促进了低技能服务部门的就业增加,减少了高技能部门的就业比重;劳动力技能结构对高技能服务部门的产值比重和就业比重的估计系数均显著为正,说明劳动力技能结构提升有利于提高相关技能型行业的产出增加值,高技能劳动力的增加也必然使得相关技能类型行业的就业增长。人力资本可以通过提高单位劳动者的效率,节约高技能服务部门的劳动成本。人力资本还可以增强劳动力老化对低技能服务业产值比重的正向影响,这可能意味着人力资本提升有利于提高低技能服务部门的产出增加值。

对于劳动力技能结构而言,人力资本可以进一步增强其对高技能服务业产值和就业比重的正向影响。

需要说明的是,人口老龄化的供给效应不是服务业就业系统变化的唯一原因,老龄化对部门就业结构的影响,既有来自供给方面的驱动作用,也包含了老龄化带来的需求结构变化导致劳动力在不同部门之间的重新配置效应。

第七章 人口老龄化背景下的
中国服务业发展

论证人口老龄化与服务业发展的内在联系和影响机制不是本书的唯一意图。更具现实意义的问题是,起源于发达国家的人口老龄化与经济服务化趋势是否能够继起于如中国这样的发展中国家? 基于当今世界主要的老年型国家经验得到的结论和启示,能够为中国人口老龄化与服务业的发展提供怎样的借鉴? 目前,中国正在快速进入老龄化社会。与其他国家相同的是,中国的经济增长方式和产业结构演进同样受到人口因素的深刻影响;不同的是,中国的人口转换有着特殊的背景和节奏。人口老化快于国民收入和社会保障水平提高形成的"未富先老"缺口需要更快的经济增长来弥补和消除,然而,过去几十年来依靠增加要素投入驱动经济高速增长的方式将随着"刘易斯转折点"的到来和人口红利的消失而终结,"新常态"下的中国经济从高速增长转向高质量发展,即从主要依靠增加物质资源消耗实现的粗放型高速增长,转变为主要依靠技术进步、改善管理和提高劳动者素质实现的集约型增长。经济增长从要素驱动、投资驱动向创新驱动的方式转变对产业结构的优化升级提出了新的要求,无疑将给服务业的发展带来历史性的机遇。因此,立足中国人口老龄化国情对服务业发展态势进行分析是十分必要的。本章主要包括三部分内容:一是就人口老龄化与服务业发展历程进行中外比较;二是在人口红利背景下分析中国服务业发展的特征及其原因;三是展望未来老龄化社会服务业发展的前景。

第一节　中外比较和启示

本节将结合第三章的经验分析结论,利用荷兰格罗宁根大学增长与发展研究中心(Groningen Growth and Development Centre,GGDC)提供的10部门数据对中国和世界主要老年型国家的人口老龄化与服务业发展情况进行比较分析。使用国际数据主要是出于统一口径的考虑,由于GGDC 10部门数据对服务业内部行业的划分线条较粗,而且在分类标准上与国家统计局历次公布的国民经济行业分类标准不完全一致,因此只能作为中国与其他国家情况简单比较的参考。需要指出的是,仅就老龄化率与服务业比重进行的国际比较不能完全反映中国人口老龄化和服务业发展的真实状况。很多学者曾指出服务业国际比较研究存在的问题:一方面是各国在服务业内部行业划分及统计口径上存在较大出入,导致数据的不完全可比性;另一方面是不同国家所处的经济和产业发展阶段不同,以及在政治体制、汇率、通胀率、国际分工中的位置、市场环境等各方面的异质性,也会导致比较结果出现较大的误差(高传胜,李善同,2007;李冠霖,辛红,2005)。就本书而言,通过这样的简单比较,能够达到了解我国在当今世界老年型国家中所处的位置和水平,以及我国在服务业领域存在的不足,为后文的分析提供一个初步证据的目的即可。

一、中国人口老龄化与服务业发展的水平和趋势

改革开放以来,我国在经济上获得了快速而显著的增长。与此同时,在经济发展和生育政策的作用下,人口出生率下降,平均预期寿命延长,人口年龄结构不断加速老化。按照国际社会将65岁及以上人口比重(老龄化率)超过7%的人口年龄结构称作老龄化人口的惯例,我国2001年的老龄化率为7.1%,表明已经进入老龄化社会。国家统计局数据显示,

2023 年 65 岁及以上人口达到 29697 万,占总人口的 15.4%,2022 年老年抚养比为 21.8%。进入老龄社会至今,相比西方国家,中国的人口老龄化表现出与其他老龄化国家不同的特点:一是老年人口规模较大。到目前为止,中国是世界上唯一一个老年人口数量过亿的国家。2021 年中国 65 岁及以上人口超 2 亿,占全球 65 岁及以上人口总规模 7.61 亿的比例 1/4 以上。二是发展速度非常快。从 1982 年老年人口占总人口比例达到 5% 的成年型国家直到 2001 年成为老年型国家仅用了 19 年,老龄化进程比西方发达国家至少短几十年。

同时期,我国产业结构变化的基本情况是,农业增加值比重明显下降,从 1978 年的 28.2% 下降到 2022 年的 7.3%,下降近 21 个百分点;就业比重从 70.5% 下降到 24.1%,下降 46 个百分点;工业增加值比重在 40%—50% 区间附近波动,2022 年降为 39.9%,就业比重从 17.3% 上升到 28.8%,上升 11.5 个百分点;服务业增加值比重从 23.92% 上升到 52.8%,上升近 30 个百分点;就业比重从 12.2% 上升到 47.1%,上升近 35 个百分点[①]。从图 7.1 可以看出,服务业比重逐步上升,就业比重稳步提升,与增加值比重之间的差距逐渐缩小。进入 2021 年以后,服务业增加值比重和就业比重略微下降。人口老龄化率逐年提高且增长速度加快,从 6% 增加到 7% 用了 9 年,从 7% 增加到 8% 用了 7 年,从 8% 增加到 9% 只用了 4 年,从 9% 到 14% 的增加速度更快,每提高 1 个百分点仅需要 1—3 年。

从国内各地区的情况看,表 7.2 是 2022 年我国 31 个省(市、自治区)人均地区生产总值、服务业增加值比重、人均服务业增加值和人口老龄化率的数值和排名次序,比较一致的是经济发展水平与服务业增加值比重和人均服务增加值,特别是后一个指标,也就是说经济发展水平越高的地区,服务业增加值比重和人均服务增加值越高。老龄化率的排名与收入水平、服务业发展水平之间的关系不明显。考虑到不同省(直辖市、自治

---

① 数据来自国家统计局网站 http://data.stats.gov.cn/workspace/index? m=hgnd。

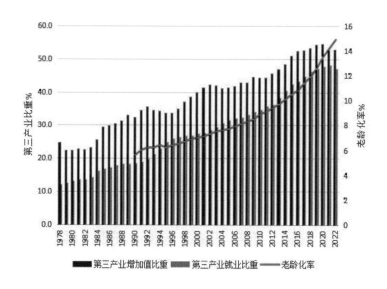

图 7.1　1978-2022 年中国的老龄化率和服务业比重

区)之间的情况差异较大,我们按照经济发展水平将 31 个省(直辖市、自治区)划分为三个地域,分别对服务业比重和老龄化水平求平均值。可以看出,高收入地区的服务业比重平均值最高,比其他两个地区高出 8 个多百分点,而中等收入地区和低收入地区的服务业比重平均水平没有拉开差距;人均服务业增加值的平均水平与人均地区生产总值的平均水平基本一致,高收入地区的人均服务业增加值要超出中、低收入地区水平一倍多,可见收入水平越高的地区,服务业发展水平越高。高、中、低收入地区的老龄化率平均值由高到低各差 1 个百分点。

表 7.1　2022 年中国各省(市、自治区)人均收入、服务业比重和老龄化率

地区	人均地区生产总值		服务业增加值比重		人均服务增加值		老龄化率	
	数值 (元/人)	排名	数值 (%)	排名	数值 (元/人)	排名	数值 (%)	排名
北　京	190313	1	83.9	1	159673	1	15.1	14
上　海	179907	2	74.1	2	133311	2	18.7	2
江　苏	144390	3	50.5	16	72917	4	17.9	5
福　建	126829	4	47.0	25	59610	6	12.2	23
天　津	119235	5	61.3	3	73091	3	17.0	8
浙　江	118496	6	54.3	6	64343	5	14.9	15

地区	人均地区生产总值		服务业增加值比重		人均服务增加值		老龄化率	
	数值（元/人）	排名	数值（%）	排名	数值（元/人）	排名	数值（%）	排名
广　东	101905	7	54.9	5	55946	7	9.6	29
内蒙古	96474	8	40.0	31	38590	12	14.7	16
湖　北	92059	9	51.2	13	47134	9	16.3	10
重　庆	90663	10	52.9	8	47961	8	18.3	3
山　东	86003	11	52.8	9	45410	10	16.7	9
陕　西	82864	12	43.5	29	36046	15	14.7	17
山　西	73675	13	40.8	30	30059	24	14.5	19
安　徽	73603	14	50.9	15	37464	14	15.8	12
湖　南	73598	15	51.1	14	37609	13	16.1	11
江　西	70923	16	47.6	24	33759	18	13.0	22
宁　夏	69781	17	43.7	28	30494	22	10.4	27
辽　宁	68775	18	50.5	17	34731	17	20.0	1
新　疆	68552	19	44.9	27	30780	21	8.4	30
四　川	67777	20	52.2	10	35380	16	18.1	4
海　南	66602	21	60.0	4	39961	11	11.3	26
河　南	62106	22	49.0	22	30432	23	14.6	18
云　南	61716	23	50.0	19	30858	20	11.7	25
青　海	60724	24	45.5	26	27629	27	10.2	28
西　藏	58438	25	53.8	7	31440	19	5.9	31
河　北	56995	26	49.4	21	28156	26	15.6	13
吉　林	55347	27	51.7	11	28614	25	17.8	7
贵　州	52321	28	50.5	18	26422	28	12.1	24
广　西	52164	29	49.8	20	25978	29	13.1	21
黑龙江	51096	30	48.1	23	24577	30	17.8	6
甘　肃	44968	31	51.3	12	23069	31	13.4	20
高收入	122389		56.6		72544		15.6	

地区	人均地区生产总值		服务业增加值比重		人均服务增加值		老龄化率	
	数值 （元/人）	排名	数值 （%）	排名	数值 （元/人）	排名	数值 （%）	排名
中等收入	71615		48.5		34628		14.2	
低收入	55588		49.9		27717		13.2	

注:数据来自 2023 年中国统计年鉴。高、中、低收入地区报告的是平均值,划分标准按照人均地区收入高于 85000 元/人为高收入,65000—85000 元/人为中等收入,低于 65000 元/人为低收入。

二、中国在世界上的位置

表 7.2 展示了 2019 年中国与世界不同收入组以及日本、韩国的人均 GDP、老龄化率和三次产业的比重。中国的人均 GDP 和人口老龄化率略高于中等收入国家的平均水平。用增加值比重衡量的产业结构,中国的工业占比明显偏高,农业和服务业比重与中等偏上收入国家的平均水平相当。用就业比重衡量的产业结构,中国呈现农业偏高、服务业偏低的特征。中国农业就业比重比中等偏上收入国家平均水平高 4 个百分点,超出高收入国家平均水平和日本、韩国 20 多个百分点;服务业就业比重低于中等偏上收入国家平均水平 8 个百分点,落后高收入国家平均水平 27 个百分点。

表 7.2 2019 年中国与其他类型国家的产业结构、人均 GDP、老龄化率

	增加值比重（%）			就业比重（%）			人均 GDP	老龄化率
	农业	工业	服务业	农业	工业	服务业	（美元/人）	（%）
中国	7.14	38.59	54.27	25.33	27.42	47.25	10155.49	12.02
日本	1.03	28.62	69.42	3.38	24.22	72.40	36081.07	29.28
韩国.	1.67	32.68	57.24	5.14	24.58	70.28	31640.21	15.07
高收入	1.21	22.58	70.14	3.06	22.85	74.09	42388.60	18.24
中等偏上收入	6.23	25.65	53.30	21.04	34.53	55.69	9484.90	10.93
中等收入	8.42	33.18	54.16	29.31	23.94	46.76	5426.60	7.99
低收入	25.65	25.05	39.69	59.37	10.30	30.34	786.97	3.12

注:数据来自 WDI,人均 GDP 为 2015 年美元不变价。

　　再看中国在世界上的位置。图 7.2 是 2019 年 181 个国家老龄化率与服务业增加值比重的坐标点,图 7.3 是 2019 年 172 个国家老龄化率与服务业就业比重的坐标点。图中圆圈的大小代表人均收入水平,数据取自 WDI。在当今四种类型的老年型国家[①]中,中国属于第二类,即老龄化率水平较高但服务业比重较低。以图中老龄化率为横轴的垂直方向看,在同等老龄化水平的国家中,中国的服务业比重是最低的,增加值比重和就业比重都低于拟合直线,且就业比重的位置更低(三角形的位置)。可以预见,随着人口转变和工业化进程的持续推进,中国服务业还有较大的提升空间。

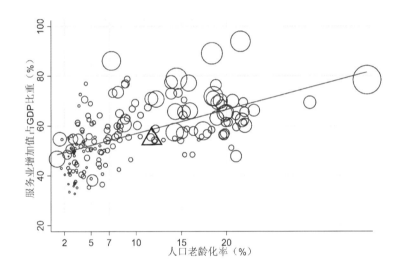

图 7.2　2019 年 181 国人口老龄化率与服务业增加值比重

① 在第二章的经验分析中,我们按照老龄化与服务业水平将当前世界上的老年型国家分为四类:第一类是老龄化率和服务业(增加值和就业)比重较高的国家;第二类是老龄化率较高但服务业水平相比第一类稍低的国家;第三类国家具有较年轻的人口结构,服务业发展超前于老龄化进程;第四类国家的特点是老龄化率和服务业比重都比较低。

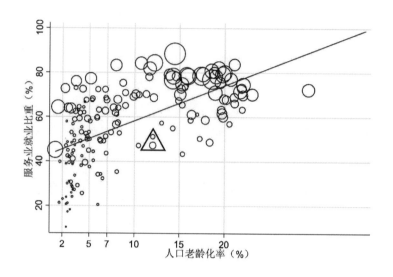

图 7.3　2019 年 172 国人口老龄化率与服务业就业比重

三、中国老龄化初期的服务业内部结构

在第二章的分析中,我们根据 GGDC 10 部门和 EUKLEM 数据计算的 33 个老年型国家 2007 年公共服务部门(包括政府、社区、社会和个人服务)增加值和就业占整个服务业份额显示,多数国家就业比重都在 40%以上,中国为 55.89%,增加值(现价和不变价)比重分别为 29.2%和 29.77%。与 17 国平均水平(分别为 40.61%、36.33%和 35.22%)相比,中国的就业比重高出 15 个百分点,增加值(现价和不变价)比重低 7 个百分点左右。2007 年中国的老龄化率为 7.94%,与相邻地区的老年型国家比较,老龄化率为 8.15%的泰国公共服务部门的就业和增加值(现价和不变价)比重分别为 28.56%、28.79%和 28.65%;老龄化率为 10.02%的韩国分别为 33.52%、44.3%和 43.2%;老龄化率为 21.02%的日本分别为 36.36%、36.51%和 36.70%。相比之下,中国公共服务部门存在产出水平较低但就业比重过高的现象。见表 7.3。

表7.3　2007年中国与其他国家的老龄化率与公共服务部门比重

国家	老龄化率 (%)	政府服务、社区和个人服务(%)		
		增加值现价	增加值不变价	就业比重
中国	7.94	29.20	29.77	55.89
泰国	8.15	28.79	28.65	28.56
韩国	10.02	44.30	43.20	33.52
日本	21.02	36.51	36.70	36.36
17国平均值	12.22	36.33	35.22	40.61

注:摘自表2.4。

受劳动密集型特征影响,公共服务部门的就业增长在大多数老年型国家中都比较突出。2000—2010年中国公共服务部门就业占社会总就业的比重提高了4.3个百分点,虽然低于大多数更早进入老龄化社会的发达国家,但公共服务部门对服务业就业增长的拉动作用很大,在服务业就业比重提高的7.1个百分点中该部门贡献了60.54%,同时期韩国的贡献为78.13%,泰国仅为25.28%。见表7.4。另外计算结果显示,中国公共服务部门对整个服务业增加值(现价和不变价)比重的贡献为36%和30%。可见该部门对服务业就业的贡献大于增加值。

表7.4　中国与其他国家老龄化时期不同服务部门的就业比重变化

国家 (老龄化初始年)	时期	公共服务 (%)	贸易餐饮 (%)	交通通信 (%)	金融房地产 (%)	服务业 (%)	公共服务部门贡献 (%)
日本(1970)	1970—2010	13.64	1.49	0.63	7.43	23.18	58.85
中国(2001)	2000—2010	4.3	1.87	0.62	0.31	7.1	60.54
韩国(1999)	2000—2010	4.19	(3.4)	0.51	4.07	5.36	78.13
泰国(2002)	2000—2010	1.9	4.95	0.03	0.62	7.5	25.28
29国平均值		8.15	3.54	(0.31)	6.21	17.66	33.23

注:摘自表2.5。加括号的为负数。

通过计算29个国家老龄化时期生产性服务部门(包括商贸、交通、金融)的就业比重及增长率,我们发现绝大多数国家金融部门占社会总就业比重的年均增长速度都是最快的,年均增长率为4.3%,商贸和交通部门仅为1.3%和0.1%。相比之下,中国分别为2.8%、2.39%和1.84%,金融部门的就业增长速度虽然快于商贸和交通部门,但低于老年型国家的平均水平,生产性服务业就业结构仍以商贸、运输为主。2010年商贸、交通、金融部门就业比重分别比29国平均水平低10%、2.5%和10%。见表7.5。

表7.5　中国与其他国家老龄化时期生产性服务部门就业比重及增长率

单位:%

国家 (老龄化 初始年)	时期	期初水平			期末水平			年均增长率		
		商贸	交通	金融	商贸	交通	金融	商贸	交通	金融
日本(1970)	1970—2010	20.82	5.46	7.04	22.30	6.09	14.47	0.18	0.29	2.64
中国(2001)	2000—2010	7.81	3.38	1.11	9.68	4.01	1.42	2.39	1.84	2.80
韩国(1999)	2000—2010	27.21	5.96	10.00	23.81	6.47	14.07	(1.25)	0.85	4.07
泰国(2002)	2000—2010	18.44	2.88	2.35	23.39	2.91	2.98	2.69	0.10	2.65
29国平均值		15.73	6.82	5.61	19.59	6.49	12.08	1.30	0.10	4.30

注:摘自表2.6。加括号的为负数。

将2007年33个老年型国家服务部门增加值比重与就业比重的平均值进行比较,生产性服务部门中的交通仓储通信、金融保险房地产两个部门的增加值比重高于就业比重,与公共服务部门正好相反,政府服务、社团社会个人服务两个部门的就业比重高于增加值比重。中国的情况有所不同,首先是金融业的就业比重非常低,仅占服务业的3.84%,比平均水平低13个百分点;其次是政府服务部门的就业比重低于增加值比重;社团社会个人服务的就业比重很高,超过平均水平3倍多。见表7.6。

表7.6　中国与33国2007年不同服务部门比重　　单位:%

	增加值(现价)比重		增加值(不变价)比重		就业比重	
	平均	中国	平均	中国	平均	中国
批发零售、餐饮住宿(G+H)	25.65	27.15	26.83	27.88	30.03	28.37
交通、仓储、通信(I)	13.69	21.16	14.83	21.38	10.10	11.90
金融保险、地产、商贸(J+K)	26.65	22.48	26.24	20.97	17.19	3.84
政府服务(L+M+N)	28.11	22.83	26.32	23.27	33.56	16.72
社团、社会个人服务(O+P)	8.75	6.37	8.91	6.50	12.40	39.17

注:摘自表2.7和附录E-G。

　　1990-2010 年两组老年型国家①和中国的服务业内部结构变化存在较大差异。一是金融房地产在服务业中的份额,两组国家的平均值全部上升,中国却是下降的;二是其他国家政府服务部门的就业和增加值比重都下降了,而中国的增加值比重上升很多;三是中国的社会服务部门就业和增加值比重增加,前者尤为显著。由此可见,社会服务部门是中国服务业内部吸纳劳动力最多的部门。见表 7.7。

表 7.7　中国与其他国家 1990—2010 年不同服务部门比重变化　　单位:%

	贸易餐饮	交通通信	金融房地产	政府服务	社会服务
就业					
第一组	(2.55)	(1.49)	4.05	(0.50)	0.49
第二组	3.73	(2.24)	3.38	(4.15)	(0.71)
中国	(4.42)	(6.29)	(1.05)	(8.42)	20.17
增加值(现价)					
第一组	(4.11)	(1.62)	5.74	(0.16)	0.16
第二组	(0.62)	(2.49)	4.50	(1.86)	0.48
中国	(1.16)	(4.41)	(1.68)	5.37	1.88
增加值(不变价)					
第一组	(1.49)	2.12	5.66	(5.28)	(1.01)
第二组	4.07	(0.61)	0.74	(4.08)	(0.12)
中国	(4.80)	0.26	(0.41)	3.82	1.14

注:摘自表 2.7 和附录 E-G。括号内的数字为负。

四、启示

　　中外情况的比较说明,在当今世界的老年型国家中,中国的人口老龄化水平和服务业水平都比较低,服务业在未来的发展空间很大。由于目

――――――――

　　①　两组国家都在 1970 年以前进入老龄化社会,第一组包括瑞典、法国、英国、西班牙、意大利、美国、芬兰、比利时、丹麦、德国、葡萄牙、澳大利亚、荷兰、奥地利、爱尔兰、日本、阿根廷 17 个国家;第二组包括捷克、波兰、斯洛文尼亚、爱沙尼亚、立陶宛、匈牙利、斯洛伐克、拉脱维亚 8 个国家。

前中国尚处于工业化中后期,产业结构上明显偏重工业,服务业发展相对滞后,农业部门就业比重过高,服务业就业增长落后于增加值。人口老龄化和服务业发展水平在国内不同地区之间存在差异,服务业比重和人均服务与经济发展水平之间的关系密切。通过与其他老年型国家服务业内部结构的对比发现,中国的公共服务部门就业比重非常高,对服务业就业增长的贡献大;生产性服务业的层次较低,传统的商贸流通部门占主导,金融部门增长虽然较快但就业份额还很小。服务业内部的就业结构重心向社会服务部门转移的趋势明显。总的来说,中国在进入老龄化社会之后的一段时期,老龄化与服务业发展水平都呈不断上升的趋势,而且表现出人口老龄化快于服务业发展的中国特色。中国的人口老龄化进程是否对服务业的发展产生了一定的影响,需要进一步分析。

事实上,中国在进入老龄化社会甚至随后的一段时期内,处于一个未成年人口和老年人口占总人口的比例较低的局面,这种"中间大两头小"的人口年龄结构为经济发展提供了充足的劳动力供给和较轻的抚养负担,形成了十分有利于经济快速增长的人口条件,也就是所谓的"人口红利"。因此与西方国家典型的新古典经济增长模式不同,中国过去的经济增长是在二元经济发展框架下进行的。二元经济发展特征的形成与人口转变的特定阶段密切相关,也会随人口转变阶段的变化而变化。随着人口的快速老化,中国经济在 2004 年出现了标志关键性转变的刘易斯拐点[①],意味着劳动力无限供给特征开始消失,以及人口红利时代的终结,未来经济增长的人口条件将发生根本的转折性变化,二元经济发展进入新阶段。基于以上情况,接下来我们将根据人口转变阶段的变化,从两个时期分别对中国服务业进行分析:人口红利时期的服务业与未来老龄化

---

① 刘易斯拐点的出现意味着发展中国家的工业工资将会在农村剩余劳动力供给逐渐耗尽后开始快速增长(Lewis,1955)。有学者认为中国已经跨过了刘易斯拐点(Garnaut and Huang,2006;蔡昉,2012),依据近年来中国发生的事实,如农业劳动者的工资和非农产业工人工资显著提高,一定时期内显现非熟练劳动力与熟练劳动力工资趋同的趋势。对于该结论目前学术界仍存在很大的争议。

时期的服务业。人口红利时期的中国经济具有典型的二元模式特征,由于不存在劳动力短缺和资本报酬递减情况,相应的要素投入结构表现为偏劳动力相对密集特征;在向后一个时期过渡的过程中,影响中国潜在经济增长的一些因素发生了根本性的变化,比如人口抚养比由下降转为上升,劳动力供给增长放缓甚至减少,储蓄率和资本形成降低,改善全要素生产率的空间缩小。中国经济从收获人口红利开始逐渐丧失人口红利的支撑,经济结构从以劳动力无限供给为特征的二元模式向劳动力短缺的一元模式转变。

第二节　人口红利时期的中国服务业

在上一节的中外比较分析中,我们发现了中国服务业在整体水平和内部结构上与其他国家相比存在的差距和问题。一直以来,有关中国服务业发展滞后于国民经济这一有悖规律的现象,国内外学者已经进行了多方面的讨论。比如许宪春(2000)从现实制约因素和统计因素两方面分析中国20世纪90年代服务业增长滞后的原因;汪德华等(2007)从政府规模和法治水平来解释中国服务业比重过低问题;魏作磊(2011)发现医疗卫生、教育和社会保障等公共社会服务领域的公共支出不足是造成中国公共社会服务业发展落后进而制约服务业整体发展水平提高的一个主要因素;夏杰长(2008)、郑吉昌(2005)强调生产服务业落后是制约中国服务业发展水平提高的主要因素。以上研究为我们从不同视角观察和认识中国服务业发展存在的问题、成因及其影响因素提供了有价值的理论基础和经验证据,也提醒我们对中国服务业发展应有的水平应该持一个客观谨慎的态度。本章接下来的分析是在已有研究的基础上,以收获人口红利时期的经济增长为背景,从人口结构的侧面对中国服务业的问题作一些补充解释,本节讨论的重点主要放在两个方面,一是人口红利时期中国服务业的发展所表现出的特征,与中国特色的人口结构有怎样的联系;二是在中国进入老龄化社会之后的一段时期,老龄化对中国服务业的发展起到了怎样的作用。

一、制造业的比较优势挤出服务业份额

二元经济发展时期,中国形成劳动密集型产业的比较优势,与独特的人口结构和人口特征有着直接的关系。除较低的人口抚养比外,中国的人口特征还体现在大量的农村劳动力和较低的城市化水平上(姚洋,余淼杰,2009)。随着阻碍劳动力流动的制度障碍被逐步清除,大批农村劳动力向非农产业、城市和沿海地区转移,特别是20世纪90年代市场经济体制改革和对外开放,促进了沿海地区以劳动密集型制造业为主的外向型经济发展,中国逐渐获得了制造业产品的国际竞争力,成为制造业生产和出口的大国[①]。制造业在中国获得了优先发展,在国民经济中的比重大幅度增长。2011年中国三次产业中的工业增加值占GDP比重高达46.6%,远远超过日本、韩国、高收入和中等收入国家平均水平。与之相反的是,中国的服务业增加值占GDP比重仅为43.4%,比高收入国家平均水平低30.6个百分点,比中等收入国家低10个百分点(见表7.2)。中国的服务业在国际产业分工中处于比较劣势,还反映在国际贸易中较弱的竞争力,2011年中国服务进口2380.67亿美元,服务出口1828.39亿美元,服务贸易逆差552.28亿美元;而同期美国服务贸易顺差1750.65亿美元[②]。由此可见,从部门增加值比重或就业比重所反映的不同产业间此消彼长的关系看,制造业在经济中的主导地位至少从一定程度上抑制了服务业比重的提升。

---

① 对于这种国际分工中角色的形成,林毅夫(2012)从要素禀赋和比较优势角度给出解释:处于初级发展阶段国家的要素禀赋结构一般会呈现出劳动力或自然资源相对丰富、资本相对稀缺的特点,因而生产多集中于劳动力或资源密集型产业,采用传统的、成熟的技术,生产成熟的产品。

② 数据来自2013年《国际统计年鉴》。

在制造业优先发展的背景下,很多学者从制造业与生产性服务业的互动关系出发分析服务业存在的深层次问题。如张月友、刘志彪(2012)认为中国服务业落后最为关键的原因是在第一轮全球化过程中以不适当的方式切入全球价值链底部,制造业实现全球化的同时,服务业是本地化的,二者本该有的内生性良性互动关系被人为割裂,相当于牺牲本国资源去拉动别国服务业的发展,满足发达国家的服务需求,因此对服务业比重的提高起到了抑制作用。这主要是针对生产性服务业而言的。第一节的中外比较分析表明,在当今世界的老年型国家中,中国的生产性服务业发展水平相对落后,生产性服务业中的传统服务部门占主要成分,新兴服务业的比重很小。2010年商贸、交通、金融部门就业占全社会就业比重分别比29国平均水平低10%、2.5%和10%,见表7.7。以金融保险业为代表的现代服务业不发达,2011年中国金融服务部门的增加值和就业占整个服务业的比重分别为24%和4.1%,而同期的美国高达48%和21.5%[①]。程大中(2006)通过比较中国和13个OECD经济体生产性服务业发展水平发现,中国的生产性服务投入大多由劳动密集型产业部门提供,而较高技术、知识与人力资本含量的生产性服务投入规模较小。

生产性服务业的发展实质上是工业化深化过程中的企业内部服务逐渐地专业化和市场化,最终分离出来的一个过程。从这个角度看,中国生产性服务业的分离过程显然是缓慢和滞后的。刘志彪(2006)认为这一过程受阻的原因是中国制造业自成体系、自力更生、自我服务的"大而全、小而全"发展模式。该模式的形成受供需两方面因素影响,供给方生产性服务本身的专业化程度低,服务成本高、品质低是一方面原因;更重要的是作为需求方的制造业自我服务的发展模式无法形成足够规模的生产性服务的市场需求。也就是说,当前的生产性服务业与制造业的发展模式与发展程度是不匹配的。对于制造业来说,在劳动力成本远低于物质资本和人力资本的情况下,在生产过程中使用相对昂贵的技术和资本

---

① 数据取自GGDC 10部门数据,增加值以本币现价衡量。

密集型服务产品(如生产性服务)不如使用便宜的人力自我服务,内化在企业中的生产性服务自然缺少外部化的动力。相应地,就提供生产性服务的企业而言,以现有的要素条件(如低水平的人力资本)所"生产"出的服务也难以达到需求方制造业对生产性服务投入的高质量、低成本要求。刘培林、宋湛(2007)从装备一个劳动力所需的资产量、财务效应和经济效益以及进入企业的投资门槛三方面,对生产性服务业与制造业进行比较,发现投资前者的机会成本大于后者。这意味着作为中间投入的生产性服务成本比制造产品还要高,因此大部分制造业将生产性服务内部化的现象也就不难理解了。如前文所述,近几十年来的中国处在特殊的人口转换阶段,人口抚养比持续下降,使国民经济保持了较高的储蓄率和资本形成,充足的劳动力供给使资本积累免遭报酬递减现象,这样的人口基础形成了以劳动密集型制造业为主的外向型经济增长模式,提高劳动生产率主要依靠增加要素投入,全要素生产率的贡献很少。以要素驱动而不是生产效率驱动的经济增长方式,是生产性服务业发展滞后的根本性原因。

以上分析表明,中国在人口红利时期形成的以劳动密集型低端制造业和传统服务业为主的经济发展战略,是由特定的人口特征下形成的要素禀赋结构及其比较优势所决定的。这一时期中国经济增长的贡献主要来自制造业,尽管服务业也获得了一定增长,但是在优先发展制造业的经济战略布局中,服务业在国民经济中的地位没有显著提升。归根结底,中国获取人口红利时期的经济增长方式决定了制造业的生产模式和水平,进而也决定了服务业的发展水平和生存状况。因此,中国的人口老龄化对服务业的作用及其表现不同于发达国家。正如前面各章的分析中反复强调的,服务业的发展水平与一国所处的经济发展水平和产业阶段关系密切,世界上绝大多数发展中国家包括少数已经进入老龄化社会的国家,由于经济发展相对落后,产业发展阶段位于工业化中、后期,有些还处在从农业国向工业国转变过程中,因此服务业的比重较低。中国就属于这种后发类型的老年型国家。

二、落后的农业部门限制服务业就业增长

在刘易斯的二元经济模型中,一方面是传统经济部门(主要指农业经济)以维持生计的工资源源不断地提供劳动力;另一方面是由积累率制约的现代经济部门不断扩张。随着现代经济部门扩大生产,传统经济部门的剩余劳动力不断向前者转移。传统部门的劳动边际生产率逐渐与现代部门工资水平接近,两个部门都获得发展,二元结构特征逐渐弱化,最终完全转化为一元结构。在这一过程中,农村人口不断进入城市,一直持续到传统经济部门的剩余劳动力被现代经济部门吸收殆尽。该模型说明一个国家的二元经济转换程度和工业化进程依赖于农业部门剩余劳动力转移的情况。

工业化国家的发展历史表明,农业劳动力占社会总劳动力的比重有一个逐步下降的过程,与经济发展水平和生产力提高有着密切的关系。大多数发达国家农业从业人员向非农部门的转移是在实现工业化之后很长一段时间,直到20世纪80年代才基本完成的。现代经济增长和农业现代化对这些国家农业劳动力转移和非农产业发展起到了重要的推动作用。英国工业革命开始于18世纪60年代,1800年时英国农业部门的劳动力比重为35%,1851年降至12%。美国从19世纪30年代至19世纪末期(1890年)完成工业化,农业人口直到第二次世界大战前才大规模向非农产业转移,1950年农业劳动力比重比第二次世界大战前减少将近一半,1960年又比1950年减少将近一半,降至8.1%;法国1866年农业人口比重为43%,到1955年时还比较高,大约20%,1980年降到8.65%;日本1920年时农业劳动力人口占54.6%,1950—1980年期间以每年4.8%的速率递减。到1980年时,日本的农业就业比重降到11.2%[①]。2010年英、法、美、日四国农业部门的从业人员比例已经减少到极低水平,分别为

---

① 数据来源:郭熙保:《农业发展论》,武汉大学出版社,1995。

1.46%、3.06%、1.92%、4.91%①。相比之下,中国的农业部门发展要落后得多,2010年的农业就业比重高达36.7%。中国农业部门的人口状况与特殊的人口结构和人口特征有直接的关系。

以部门增加值除以就业的简单方法计算的劳动生产率来看,中国农业部门的生产率相当低。2010年日本、韩国、美国的农业部门职均增加值(以2005年美元不变价计算)分别为39283美元/人、22076美元/人、57194美元/人,中国仅为681美元/人②。二元经济劳动力无限供给条件下,农业中滞留大量剩余劳动力,劳动节约型技术进步受阻,是中国农业部门劳动生产率过低的一个主要原因,而城乡分割的户籍制度对农业劳动力流动的限制,更加固了劳动力无限供给的特征,使问题愈发严重。这是中国农业劳动力转移不同于其他工业化国家的一个特殊之处。新中国成立后实行的城乡分治政策、人民公社和严格的户籍制度把农民紧紧地束缚在土地上,导致农业发展长期徘徊不前。1952年农业劳动力份额为83.5%,到1978年仍高达73.7%③,26年时间里仅减少了10个百分点,农业劳动力向非农产业转移的数量非常有限。改革开放以来,阻碍农村劳动力转移的制度障碍被逐步清除,这一时期农村劳动力向非农产业转移的速度明显加快,1998年转移乡村劳动力人数达到13805.8万人,比1978年增长5.1倍④。但城乡劳动力市场制度性分割状态以及户籍制度对劳动力在城乡之间和农业与非农产业之间流动的制约仍然存在。据估计由于人民公社、统购统销和户籍制度的阻碍,劳动力转移的起步(20世纪80年代初)大约比工业化滞后20余年,而且这些制度性障碍的存在,至少可以产生延缓农业劳动力转移10年的效果(蔡昉,2012)。到2010年,中国农业增加值比重进一步减少到10.7%,但就业比重仍高达

---

① 数据来源:GGDC 10 sector。

② 数据来源:WDI。

③ 数据来源:林毅夫、蔡昉、李周:《中国的奇迹:发展战略与经济改革(增订版)》,上海三联书店,上海人民出版社,1999,第73页。

④ 数据来源:农业部:《中国农业发展报告(1999)》,中国农业出版社,1999,第93页。

36.7%。

根据第六章中对老龄化供给效应的分析,世界老年型国家在工业化进程中,农业劳动生产率的改进释放出大量劳动力到其他生产部门,推动了农业社会向工业社会的转型,也促进了服务业就业的增长。这些国家农业就业人口减少的时期与人口老龄化的进程是同步的(大部分国家到1970年左右农业就业比重才降到10%以内,基本完成了农业国向工业国转变,当时的老龄化率平均值为11.1%)。不可否认,这一段时期人口老龄化发展所带来的成本压力和效率驱动对农业劳动生产率提高发挥了一定的促进作用。在共同的发展趋势下,各个国家的产业结构转变有着各自的规律,在产业演变过程中农业劳动力转移的节奏也不尽相同。纵观世界各国农业劳动力的转移,主要有两种模式:一种是一、二、三次产业递进发展方式,以欧洲早期工业化国家如英国、法国、德国、意大利等为代表;另一种是跳跃转移的方式,劳动力从农业部门向非农业部门转移,工业就业与服务业同步增长,典型国家有美国和日本。对于后一种转移方式来说,农业剩余劳动力不仅是工业就业的重要来源,也对服务业就业增长做出了贡献。中国也属于这种模式。中国的农业就业结构转换滞后于增加值结构转换的一个直接后果,就是服务业就业增长滞后于增加值增长。从图7.4可以看到,1978年农业就业结构相对于增加值结构的滞后程度为152.78%,在20世纪80年代先降后升,20世纪90年代中期以后出现大幅上升,直到2003年达到295.97%,之后才稳定并逐步下降。与此同时,工业特别是服务业就业结构的滞后程度也表现出同步趋势。

由此可见,与发达国家相比,中国在过去的人口老龄化进程中,老龄化对农业人口转移和非农产业的就业增长的作用和效果有所不同。中国在年轻型人口结构的背景下形成的二元经济发展模式,起到了阻碍农业劳动生产率提高、固化农业人口的消极作用,一定程度上抑制了非农产业包括服务业就业的增长。

图 7.4 中国 1978-2013 年三次产业的就业结构转换滞后程度

注:数据来自国家统计局网站。纵坐标轴左侧代表农业,右侧代表工业和服务业。就业结构转换滞后程度 = 100 * | 就业结构-增加值结构|/增加值①。

三、低水平消费抑制了服务需求增长

改革开放以后,中国经济取得了令人瞩目的增长。Bloom 和 William-son(1998)的研究证明,低抚养比带来的人口红利解释了中国经济增长的17%。但是,与经济发展成就相比,消费水平的提升不尽如人意。2000—2013 年总消费支出占 GDP 比重下降超过 13 个百分点,从 62.3%降到49.8%;相反,资本形成占 GDP 的比重从 35.3%上升到 47.8 %②。表面上看,消费比重过低伴随着投资比重过高,是由于劳动收入和企业、政府收入之间的不对称造成。白重恩和钱震杰(2009)的计算结果显示,劳动收入份额在 1978—1995 年间变化不大,但自 1995 年开始逐年下降。在

① 计算方法参考张桂文:《中国二元经济结构演变的历史考察与特征分析》,宏观经济研究,2001 年第 8 期。

② 数据来自国家统计局网站 http://data.stats.gov.cn/workspace/index? m=hgnd。

要素成本法增加值中,劳动收入份额在 1995—2006 年间从 59.1% 逐年下降到 47.31%,资本收入份额上升了 11.79 个百分点,尤其是在 2003 年到 2004 年间更是陡增了 5.24 个百分点。该变化意味着,相对于 GDP 的高速增长,作为消费主体的劳动者变得越来越"穷",作为投资主体的企业和政府越来越"富",因此必然造成投资挤出消费的结果。姚洋和余淼杰(2009)进一步指出,较低的人口抚养比造成的劳动收入增长缓慢,以及较低的城市化水平造成的较小国内市场,才是导致中国低消费现象的根本原因。低抚养比和大量的农村人口不仅使中国拥有高比例、低成本的劳动力供给,而且造成了高储蓄率和高投资率。投资的快速增长源于企业利润的快速积累,而后者又是低工资水平的结果。因此,在国内市场较小的情况下,中国不得不将大量商品远销海外以解决过剩的国内供给,自然对国内消费产生了挤出效应。

就服务消费领域而言,较低的消费水平抑制了服务需求,需求不足成为影响服务业发展的主要原因,这是国内学界的普遍共识(江小涓、李辉,2004)。"中国 2007 年投入产出表分析应用"课题组利用 1997 年、2002 年和 2007 年投入产出表以及 OECD 国家的统计数据与投入产出表计算得出结论是,最终需求结构是制约近年来中国服务业比重提高的一个主要因素。与发达国家服务业在制造业中间投入比重不断上升的变化趋势不同的是,中国的服务业产品更多用于中间使用,说明服务消费的需求相对不足。从最终需求角度分析发现,中国各项最终需求对制造业的拉动作用远高于对服务业的拉动作用。可见,需求对服务业发展贡献较弱的现状,是优先发展制造业的一个结果。

结合本书第五章的分析来看人口老龄化对服务业的需求效应,以目前中国的老龄化和消费水平衡量,人口老龄化从需求方面对中国服务消费的拉动作用也大大低于其他的老年型国家。由表 7.8 可见,一方面,中国消费支出占 GDP 的比重明显低于其他高收入国家甚至是中等收入国家,家庭消费尤为明显。2012 年,日本、韩国、美国家庭消费占 GDP 比重分别为 60.7%、52.2%、68.6%,而中国只有 34.8%,比中等收入国家的平均水平还低 10 个百分点,相应地,中国的储蓄率和资本形成比重在所有类型国家中都是最高的;另一方面,中国的老龄化率与日、韩、美以及高收入国家的平均水平相比还很低。暂且使用粗略的方法估计,即使不考虑各国家庭消费支出中服务所占比例以及老年人口与其他年龄组人口在消费上的差异①,仅以老龄化率与最终消费支出比重的乘积来衡量老年人口的消费支出占 GDP 的份额,中、日、韩、美四国分别为 4%、20%、8% 和 11%,以老龄化率与家庭消费支出比重的乘积衡量的数值分别为 3%、15%、6% 和 9%。可见,由于中国的人口老龄化水平较低,其本身的直接影响,以及通过前述抑制消费的间接影响,构成了对"需求效应"的双重制约。另外,人口老龄化拉动服务业发展的需求效应还受一个国家人口尤其是老年人口收入和消费水平的影响,从这两方面来看情况更不乐观。按照世界银行每年制定的划分高中低收入国家的标准,中国在 2010 年刚刚跨入中等偏上收入水平国家行列②,总体上还属于一个发展中国家。中国老年人不仅收入水平较低,收入来源也不稳定,能享受养老金的老年人还很少,相当比例的老年人仍依靠子女生活。根据 2010 年第六次全国人口普查统计数据,60 岁以上人口生活来源依靠劳动收入、离退休金养老金、最低生活化保障金、财产性收入、家庭其他成员供养的人口比例分别为 29.1%、24.1%、3.9%、0.37%、40.7%,靠家庭供养的老年人口将近一半。老年人的收入状况对消费构成了很大的制约,不完善的社会保障制度更加强了未来不确定性给老年人消费带来的影响。中国老年人的消费观念和消费模式受过去贫困生活经历的影响还比较保守,在旅游、文化、娱乐等方面的服务消费较少。此外,中国老年人普遍与子女共同居住的方式也使绝大部分老年服务消费由非正式的家庭内部提供,市场化程度很低,服务被隐性化了。

---

① 如果考虑这两个因素,中国的数值还要更低。

② 根据世界银行的划定标准,2010 年中等偏上收入水平国家的人均 GNI(美元/人,Atlas methodology)范围是 3976—12275,中国为 4240 美元/人。

表 7.8 中国与其他国家 2012 年的老龄化率以及消费、储蓄和投资比重

单位:%

	人均 GDP	最终消费支出比重	政府消费支出比重	家庭消费支出比重	总资本形成比重	总储蓄比重	老龄化率
中国	3345	48.5	13.7	34.8	48.7	51.0	8.7
日本	36801	81.2	20.5	60.7	20.8	21.7	24.4
韩国	23303	66.2	14.0	52.2	31.0	34.6	11.8
美国	45342	84.3	15.7	68.6	19.0	16.5	13.6
高收入	31543		18.7	61.4	19.7	19.9	15.7
中等收入	2728		14.1	55.3	31.5	30.5	6.5
低收入	440		10.4	78.0	27.3		3.7

注:数据取自 WDI。人均 GDP(美元/人)以 2005 年美元不变价表示;除老龄化率外,其他指标均为占 GDP 比重(%)。

第二章的国际经验分析重点关注了服务业内部的公共服务部门(包括政府、社团、社会和个人服务),因为这类服务与人口老龄化的关系十分密切。在本章第一节对中国服务业内部生活性服务部门的观察中,着重对公共服务部门的中外差异进行了比较,结果表明中国与发达国家之间还有很大的差距。中国的公共服务部门虽然就业比重很高,近年来对服务业总体就业增长的拉动作用很大,尤其是社会服务部门吸纳的劳动力最多;但产出(增加值现价和不变价)比重仍大大低于各国的平均水平。造成该现象的原因,除了本书反复强调的中国的人口老龄化程度较轻之外,还有医疗卫生、教育、社会保障等公共服务领域的公共支出不足的原因。2007 年中国的卫生、社会保障和社会福利业的增加值和就业占服务业比重分别为 3.6% 和 8.93%,低于欧盟 15 国的平均水平 9.36% 和 14.21%[①]。公共服务通常带有公共产品或准公共产品的性质,由于具有明显的外部性,社会功能大于经济功能,往往最初阶段的投入和运营需要由政府、非营利机构或社会公益组织介入。西方国家的政府在公共服务的发展中扮演着重要的角色,随着经济发展和财政收入提高,政府在文教

① 中国数据来自 2007 年《中国统计年鉴》,欧盟 15 国平均值数据来自 EU KLEMS。

卫生福利等方面的支出增加得更快(Bird,1971)。由于政府财政支出的增长推动了公共社会服务业的快速发展,公共社会服务业成为第二次世界大战之后发达国家服务业快速增长的主要领域(Singelmann,1978;Shugan,1994)。显然,中国政府在公共服务领域的作用和影响还远远不够。中国政府在经济建设和行政管理方面支出的费用占财政支出的比重过高,制约了在公共社会服务业上的投入;地区之间激烈的经济竞争也造成地方政府对公共服务的支出不足(魏作磊,2011)。政府财政支出偏好的变化受经济效率和人口结构因素的影响。一般而言,以经济增长作为第一目标的政府,财政支出中的公共投资部分胜过社会性支出;老龄化程度越高的国家则社会性支出越多。中国政府明显偏好公共投资扩张而忽视社会性支出(刘国亮,2004),关键原因是在政策上普遍以经济增长为目标,在内需不足的情况下,只能通过扩大公共投资,以总投资需求的扩张方式来弥补,因此大量的财政资金被投放到基础建设等生产性领域,减少了在医疗、教育、卫生等保障性支出方面的投入。

以上从人口学角度对人口红利时期中国服务业特征的分析,说明中国服务业独特的发展道路并非偶然,人口因素为此提供了客观基础。中国与典型的老年型国家在发展上有着继起性,在先行国家较高程度的老龄化与服务业发展水平上总结出的规律,尽管并没有在中国人口老龄化初期阶段反映出来,但是有很强的启示性,而且更有可能表现在中国未来老龄化社会服务业的发展趋势中。这是接下来将要讨论的内容。

第三节　未来老龄化时期[①]的中国服务业

随着中国的老龄化程度向更高水平发展,人口转变将带来二元经济发展的新阶段,经济增长环境改变将给增长的可持续性带来重大挑战。

---

① 人口红利消失过程的具体起始时期不在本书的讨论范围,我们仅以此作为划分中国过去和未来老龄化社会的一个标志性时点或区间。

概括地讲,人口老龄化将中国经济从较多依靠生产要素投入作用保持增长的二元经济环境,向依靠全要素生产率提高保持增长的新古典经济环境推进。新的经济环境下,人口老龄化会给中国的服务业发展带来哪些影响? 本节将就这一问题进行探讨。

一、未富先老的挑战

由于 20 世纪 70 年代的计划生育政策使生育率大幅下降,中国的老龄化速度一直快于发展中国家的平均水平,老龄化率从 1965 年开始超过其他发展中国家,并预计在 2050 年赶超发达国家平均水平[①]。不同于其他老年型国家,中国的人口老龄化速度快于收入水平提高的速度,属于典型的"未富先老"。按照世界银行分类标准[②],2001 年中国进入老龄化社会时属于中等偏下收入国家;到 2010 年达到中等偏上收入水平。同年,中国的老龄化率为 9.4%,发达国家和发展中国家的平均水平分别是 19.4%和 5.8%。中国的老龄化程度比其他发展中国家明显高出很多。

人口老龄化和人口老龄化问题是任何一个社会都会面临的问题,只是影响程度有所不同。老龄化问题的轻重取决于人口结构和经济结构发展的协调程度。对于中国这种"未富先老"的国家,人口老龄化问题更加严重之处在于,相对于人口结构变化,经济社会方面的不适应性更大,包括产业结构的不匹配,社保制度和公共服务体系滞后等。"未富先老"面临的是在应对老龄化问题上更多的挑战,更短的时间。发达国家在进入

① 来自联合国 2010 年的估计和预测。资料来源:United Nations,Department of Economic and Social Affairs,Population Division, World Population Prospects:The 2010 Revision,CD-ROM Edition,2011。

② 世界银行 2001 年公布的收入组分类标准是:人均 GNI 在 745 美元以下为低收入国家,超过 9205 美元为高收入国家,介于二者之间的为中等收入国家,以 2975 美元划分中等偏上和中等偏下收入。2010 年的标准是:人均 GNI 在 1005 美元以下为低收入国家,超过 12275 美元为高收入国家,介于二者之间的为中等收入国家,以 3975 美元划分中等偏上和中等偏下收入。

高度老龄化社会后能够保持经济增长和养老制度平衡,主要得益于较高的收入水平、前沿的技术实力和完备的社会福利制度。因此,中国人口老龄化速度快于收入增长和社保水平提高,从而形成的"未富先老"缺口,需要更快的经济增长来弥补和消除①。

然而,人口老龄化给中国经济增长的可持续性提出挑战。随着老龄化的发展,20世纪80年代以来中国以劳动力无限供给为特征的二元经济发展过程在2004年出现了转折,"民工荒"以及普通劳动者工资持续快速上涨的现象预示着中国经济迎来了"刘易斯转折点"(蔡昉,2012)。随之而来的是,作为人口红利的指标,不断下降的人口抚养比将于2010—2015年期间达到最低点,意味着人口红利将逐渐消失。伴随人口红利消失的还有中国劳动力无限供给的人口基础,劳动力短缺和工资上涨将成为普遍现象,剩余劳动力逐渐消失,以生存工资雇佣劳动力的情况不复存在。以上表明,当老龄化进入到一个更高水平阶段时,也将中国推进到人口转变的新阶段,该阶段表现出新的人口年龄结构特征,使得以前推动经济增长的人口条件发生了变化,经济增长以及产业结构、技术选择等各方面必然会根据这一变化做出反应。

人口老龄化对中国经济增长的直接影响是,使人口红利消失,进而使过去倚重人口红利保持的经济增长无法持续。具体从人口红利的机理上看,新古典经济增长理论假设劳动力供给是短缺的,物质资本投入超过一定点后会遭遇资本报酬递减现象,从而经济增长不能持续。人口红利时期由于不存在劳动力供给短缺,相当于破除了资本报酬递减规律的制约,从而使得经济增长得以依靠要素投入的方式保持。然而,一旦人口红利消失,也就意味着劳动力无限供给特征以及由此赢得的稳定资本报酬效应的消失,继续增加资本投入就会受到制约,打破资本报酬递减的方式只能通过技术进步和更有效的资源配置。也就是说,经济增长需要依靠全

---

① 蔡昉(2012)指出,中国改变不了"先老"的特征,但是可以改变"未富"的特征。如果可以在2020年或最迟在2030年成功跨越中等收入阶段,成为一个高收入发达国家,届时的老龄化程度仍显著低于其他发达国家。

要素生产率的不断提高。

就服务业本身而言,由于中国在较低的经济发展阶段发生了人口年龄结构的转折性变化,较低的经济基础成为服务业发展的不利因素;但从另一个角度看,"未富先老"意味着服务业从较低的初始水平上起步,可能会有更大发展空间。

二、老龄化的供给效应

从前文中国人口红利逐渐消失的结论出发,我们将中国未来老龄化时期的服务业置于新古典经济框架下进行分析。首先回顾老龄化"供给效应"作用机制的产生过程:人口老龄化→加剧劳动力短缺→加速资本积累(服务业就业增长)→加速资本报酬递减→产生提高全要素生产率[①]驱动,包括资源重新配置效率驱动(服务业结构红利[②])和生产效率驱动(生产性服务业发展)。按此逻辑,资本积累加速和效率驱动是推动服务业增长的两个关键环节。就资本积累而言,未来老龄化时期的中国,在新古典经济劳动力有限供给的环境下,人口快速老化会进一步加剧劳动力短缺,促使企业不断用更多资本替代劳动投入,加快整个社会的资本积累速度。由于资本投入水平越高阶段,越会出现资本报酬递减现象,因此,资本积累加速必然会遭遇资本报酬递减,使经济增长无法持续,此时便产生以全要素生产率不断提高的贡献率保持经济增长可持续性的驱动

---

① 所谓全要素生产率,指的是在各种要素投入水平既定的条件下,通过提高要素使用效率,从而达到额外的生产效率。全要素生产率能够抵消资本报酬递减的消极影响,推动经济长期可持续增长。根据索洛残差法计算的全要素生产率,可以分解成配置效率和生产效率两部分,其一是资源从低生产率部门流向高生产率部门产生配置效率,其二是微观上的技术进步产生生产效率。

② 本书将就业从其他行业向服务业转移获得的资源重新配置效率称为服务业结构红利。结构红利是指由于国民经济各部门生产率的水平和增长率存在差异,当投入要素从低生产率或生产率增长慢的部门向高生产率或生产率增长快的部门转移时,会促进总生产率的增长,而总生产率的增长率超过各部门生产率增长率加权和的部分就可以看作是结构变化对生产率增长的贡献(Baumol,1967)。

机制。

未来人口老龄化的深入发展不仅会产生"供给效应"的作用机制,而且会使人口红利时期一些限制服务业发展的障碍因素逐渐消除,如劳动密集型制造业比较优势对服务业的挤出,落后农业部门过剩的劳动力对服务业就业的限制,都将随着人口结构的转变而减弱直至消失。劳动力短缺普遍出现会加速各类产业和行业资本替代劳动的趋势,特别是农业部门,制造业和农业部门因劳动生产率迅速提高而挤出的剩余就业都将被服务部门吸纳。传统的制造业自我服务生产模式对生产性服务外部化的影响也将随着劳动生产率的提高而改变。

尽管在人口老龄化一定阶段都产生了"供给效应",但中国与发达国家在获取人口老龄化"供给效应"的方式上可能不会完全相同。就资源重新配置效率和微观生产效率而言,虽然二者都是提高全要素劳动生产率的途径,但对后者的贡献不同国家和时期会有所差异。早已实现工业化的发达国家由于一直处在生产技术的前沿,微观生产效率特别是技术进步带来的效率改进,是全要素生产率的主要形式[1]。中国与发达国家不同,迄今为止经济增长中表现出的全要素生产率,主要由劳动力从农业部门转移到非农部门所创造的资源重新配置效率构成。农村剩余劳动力大规模转移创造的劳动力从低生产率部门流向高生产率部门的资源重新配置效率,不仅是改革时期全要素生产率的主要来源[2],而且今后相当长一段时间内,直到农业与非农业劳动的边际生产力达到相等之前,农业劳动力都有向外转移的余地,可以继续产生资源重新配置效率。

总体上看,获取老龄化"供给效应",推动服务业发展,对于中国未来老龄化时期调整产业结构、转变经济增长方式、保持经济持续增长是有利

---

① 这些国家三次产业之间的资源配置已经基本成形,体制也是相对稳定和成熟的,不再有与其他国家相比的显著技术差距,因而没有后发优势可以利用,经济增长是艰难而缓慢的,只能依靠技术进步速度。

② 蔡昉和王德文(1999)对中国 1978—1998 年间全要素生产率进行分解后发现,劳动力从农业向非农产业转移对经济增长的贡献率达 21%,技术进步因素仅占 3%。

的。当劳动力成本短缺成为普遍现象时,劳动密集型制造业丧失比较优势,威胁中国在国际产业分工中的外向型制造业大国地位,中国经济发展的重心必须由国际市场转向国内市场,由依靠出口和投资转为依靠内需拉动,而服务业将成为面向国内市场的重要产业。原先的制造企业在劳动力供给短缺和资本报酬递减规律的约束下,要获得竞争优势必须依靠技术进步来提高劳动生产率,专业化分工需求不断扩大将为生产性服务业发展带来市场需求,有利于促进产业结构升级。在制造业对农业剩余劳动力需求饱和的情况下,服务业将接替制造业成为兼具吸纳劳动力和国内市场优势的承接产业。

还需要注意的是,人口老龄化对服务业和经济也会产生一些负面影响,主要是从生产效率方面考虑的。服务业的特征决定了其生产过程很难实现完全用设备替代人力,劳动生产率提高相对缓慢。而且考虑到目前中国服务业发展的现状水平,还处在以传统服务业为主的初期发展阶段,今后一段时期劳动力向服务业转移会主要集中于劳动密集型行业,这类服务部门的生产率增长会比较缓慢。而代表进步部门的现代服务业大多具有资本、技术、知识密集型特征,对劳动者素质要求较高,在吸纳就业上的表现并不突出,这些都是不利于生产率改善的因素。程大中(2006)发现从 20 世纪 80 年代末开始,中国服务业就业面临着来自农业剩余劳动力转移和工业下岗人员分流的双重压力,服务业劳动生产率提高受到极大制约。黄少军(2000)还指出,劳动力过多地流向服务业特别是传统服务业会导致非正式部门丛生,带来寻租行为和地下经济、社会关系扭曲、社会收入不平等一系列负面问题。

三、老龄化的需求效应

未来 40 年内,中国人口总抚养比将一直处于上升态势,预计在 2050 年达到 61%。2050 年老龄化率将达到 27.1%,老年人口占总人口比重超过 1/4,少儿约占 1/10。老年人口抚养比到 2050 年达到 43.8%,少儿抚养比到 2050 年降至 17.7%。人口年龄结构的变化会导致整个社会的消费人群结构随之改变,即消费群体扩大和生产群体缩小。从消费群体内部的变化看,老年消费人群大幅增加,少儿消费人群不断减少。这种变化趋势与老龄化"需求效应"的作用机制从逻辑上是一致的,也就是说,人口老龄化会通过改变消费结构来改变产出结构。因此,消费结构随人口老龄化的变化是"需求效应"机制产生和传导的关键环节。

如前所述,人口红利时期的中国,老龄化的"需求效应"受较低的老龄化程度和消费水平制约。对于后者来说,主要是受低成本、高比例的劳动力供给使劳动收入增长缓慢,以及高储蓄率和投资率产生的挤出作用影响,根源也是较低的人口抚养比。显然,今后随着人口老龄化水平的不断提高,上述状况会得到改善。首先,从老龄化水平提高来看,就会增加老年人口的规模和比例,还会带来人口的高龄化、家庭小型化等一系列变化。有利于老年服务产业实现规模经济效益以及带动相关产业的发展。此外,过去在获取人口红利的经济增长方式下,政府对公共服务业的重视和投入不足问题也会随着老龄化程度的加深而得到改善。然而,老龄化"需求效应"的获得并非仅靠人口的老化就能够实现的。老龄化只是从人口因素方面为老年人消费水平的提高提供了条件,还有很多其他客观条件的约束,比如老年人的收入水平、消费观念、服务的供给以及市场化程度等,都是不可或缺的。归根结底,这一切都要通过保持经济不断增长来实现。

最后,仍需要从生产率角度考虑老龄化"需求效应"可能导致的负面影响。因为"需求效应"主要对生活性服务业特别是与老年相关服务业如个人和家庭服务、健康照料和医疗服务、政府部门、社会公共服务等部门的拉动效果比较显著,而这些部门具有典型的劳动密集型、生产率提高缓慢特征,不利于服务业总体生产率提升,还会造成"成本病"现象,导致服务成本上涨①。服务部门的"成本病"不仅会给政府带来严重的财政困难②,而且会对服务业的发展带来消极影响,使服务质量下降和服务家庭化与非市场化。

因此,服务业内部进步部门和滞后部门的构成,或者说服务业结构层次提升关系整个服务业和总体经济的劳动生产率,关系经济增长以及由此决定的服务购买力。从西方国家的长期情况看,所有部门甚至是停滞部门的劳动生产率都会有所增长。尽管教育、医疗等社会服务部门受较低的劳动生产率影响导致成本不断上升,但是所提供服务的质量并没有下降,主要归功于总体经济包括服务业的劳动生产率不断提高。换句话说,劳动生产率提高使生产一单位服务所需的劳动时间减少,购买服务所需的每小时劳动工资数量减少,劳动生产率增长使服务变得更加便宜了。

第四节　本章小结

本章在中国特色的人口老龄化背景下对服务业的发展状况进行了分析。首先利用 GGDC10 部门数据将中国和世界主要老年型国家的人口老龄化与服务业发展情况进行比较。主要的发现是,在当今世界的老年型国家中,中国的人口老龄化和服务业水平都比较低,未来的发展空间很大。由于目前中国尚处于工业化中后期,产业结构上明显偏重工业,服务业发展相对滞后,农业部门就业比重过高,服务业就业增长落后于增加值。人口老龄化和服务业发展水平在国内不同地区之间存在差异,服务

---

① 根据 Baumol 的非均衡增长模型,在生产率增长内在不均衡的经济中,停滞部门(服务部门)的工资成本将随名义工资增加而不断上升,导致服务价格的上涨,从而造成整个经济的通货膨胀倾向。有两种可能的结果,取决于停滞部门的需求价格弹性。一种情况是停滞部门的需求价格弹性较低,对其产品的消费成本越来越大,出现所谓的"成本病"现象;另一种情况是停滞部门具有较大的需求价格弹性,过高的成本使消费减少,该部门最终消失。

② 服务费用上涨,人们无法负担,政府不得不提供财政资助,尤指公共服务。

业比重和人均服务与经济发展水平之间的关系密切。通过与其他老年型国家服务业内部结构的对比发现,中国的公共服务部门就业比重非常高,对服务业就业增长的贡献大;生产性服务业的层次较低,传统的商贸流通部门占主导,金融部门增长虽然较快但就业份额还很小。服务业内部的就业结构重心向社会服务部门转移的趋势明显。总的来说,中国在进入老龄化社会至今的一段时期,老龄化与服务业发展水平都呈不断上升的趋势,而且表现出人口老龄化快于服务业发展的中国特色。

人口红利时期的中国经济具有典型的二元模式,不存在劳动力短缺和资本报酬递减情况,相应地产业结构表现为劳动力相对密集特征。本书从三方面分析了该时期服务业发展滞后的原因,分别是制造业的比较优势挤出服务业份额,落后的农业部门限制服务业就业增长,低水平消费抑制了服务需求增长。

随着中国的老龄化程度向更高水平发展,人口转变阶段的变化将带来二元经济发展的新阶段,经济环境改变将给增长的可持续性带来重大挑战。中国经济从较多依靠生产要素投入作用保持增长的二元经济环境,向依靠全要素生产率提高保持增长的新古典经济环境转变。一方面,人口老龄化会产生"供给效应"的机制,而且使人口红利时期一些限制服务业发展的障碍因素逐渐消除。在获取人口老龄化"供给效应"的方式上,中国在今后相当长一段时间内将继续依靠农业劳动力向非农业部门转移产生的资源重新配置效率。总体上看,获取老龄化"供给效应",推动服务业发展,有利于转变经济增长方式、促进产业结构升级、保持经济持续增长。另一方面,人口红利时期制约老龄化"需求效应"获得的因素也会随老龄化水平的提高而改善,但老龄化只是从人口因素方面为老年人消费水平的提高提供了条件,老龄化"需求效应"的最终实现还受很多其他客观条件比如老年人的收入水平、消费观念、服务的供给以及市场化程度等的影响。

此外,本书还从生产率方面考虑了老龄化的"需求效应"和"供给效应"的不利影响。主要是服务业的特征决定了其生产过程很难实现完全用设备替代人力,劳动生产率提高相对缓慢。而目前中国服务业发展的现状水平,还处在以传统服务业为主的初期发展阶段,今后一段时期劳动力向服务业转移会主要集中于劳动密集型行业,这类服务部门的生产率增长会比较缓慢。另外,"需求效应"主要对生活性服务业特别是与老年相关服务业的拉动效果比较显著,而这些部门具有典型的劳动密集型、生产率提高缓慢特征,不利于服务业总体生产率提升。总之,服务业内部进步部门和滞后部门的构成,或者说服务业结构层次提升关系整个服务业和总体经济的劳动生产率,关系经济增长以及由此决定的服务购买力。

第八章　结论和启示

本书在最初设计研究思路和研究框架时提出的问题是：老龄化与服务业发展的关系，老龄化影响服务业发展的机制，中国老龄化与服务业发展的现状和未来。针对这三个问题，我们尝试从多个角度、多个层面进行分析，得到如下结论和启示。

一、趋同与差异并存的特征

通过对典型老年型国家经验事实的观察和描述，我们发现了以下趋同现象：（1）当今世界主要老年型国家，人口老龄化与服务业的发展的现状可以简单分为四种类型，其中以发达国家为代表的高度人口老龄化和高度经济服务化最具典型特征，人口老龄化与服务业发展都与经济水平有密切的关系。（2）从老龄化社会服务业发展的趋势来看，所有老年型国家的服务业比重都表现出随老龄化率提高而不断提高的规律。虽然不同类型国家在服务业初始水平上存在一定的差距，但随着老龄化程度的加深，产业结构特别是劳动力结构上都表现出趋同趋势，服务业增加值比重和就业比重的差距也在不断缩小。（3）在老龄化社会中，生活性服务业中的公共服务（政府、社会、社区和个人服务）部门与生产性服务业中的金融部门对整个服务业发展的贡献最大。前者由于稳定的需求和相对较低的生产率，在拉动服务业就业增长上发挥了较大作用；后者作为进步部门对服务业的生产率和增加值增长贡献更大。

在人口老龄化与服务业发展的趋同之中,不同国家之间以及服务业表现出以下差异:(1)与发达国家的典型特征不同的是,老年型国家中还存在老龄化超前和滞后于服务业发展的例外情况,与这些国家的经济与产业发展历程有关。因此各国在服务业初始水平上的差异导致其服务业随老龄化提高而变化的弹性大小有所不同。(2)从服务业占总体经济的比重来看有两个不一致,一是以增加值和就业表示的比重不一致。服务业增加值比重增长快于就业比重增长,原因是服务业就业比重的提升受其他部门特别是农业劳动力状况的制约,但二者的差距会随其他部门剩余劳动力转移到服务部门而不断缩小。二是以名义值和实际值表示的增加值比重不一致,这反映出服务业增长中所包含的部分价格变化趋势。

从人口老龄化与服务业发展的趋同和差异中可获得以下三点启发。(1)当今世界老年型国家人口老龄化与服务业发展表现为有条件的趋同,也就是说存在服务业发展超前或滞后于老龄化进程的国别差异。在诸多趋同条件中,经济发展水平是最主要的,人口老龄化也是一个重要的影响因素。(2)人口老龄化的影响,还可能是造成服务业增加值与就业比重趋同,以及服务业增加值在名义与实际上不一致的一个原因。理由是,人口老龄化带来的劳动力短缺问题,一方面会加速资本积累和其他部门剩余劳动力转出,推动服务业就业比重增长;另一方面会加剧人工成本上升的趋势,从整体上拉高服务业价格,导致服务业名义产出增长快于实际产出。(3)人口老龄化的影响,对服务业内部不同部门的作用机制和路径不同。对于生产性服务业,生产效率是推动其发展的根本动力,人口老龄化对生产性服务业的影响,是从生产层面通过改变生产要素及生产效率来发挥作用的;对于生活性服务业,其发展更多是源于消费者对服务的需求随收入增加,而需求价格弹性是决定这类服务部门的需求和产出不断增长的关键,人口老龄化对生活性服务业的影响主要是增加了需求的刚性。

基于以上启发,本书分别以1970—2013年85个国家和1970—2005年19个发达国家为样本,使用精确的计量手段进一步检验了老龄化与服务业发展的关系,刻画出老龄化过程中服务业及其内部不同部门的发展轨迹。主要结论是:就整体水平而言,服务业在人口老龄化过程中出现两次加速增长,第一次增长发生在较低水平的老龄化阶段,第二次增长发生在较高水平的老龄化阶段,决定服务业如此增长模式的主要因素是人均收入水平和人力资本水平。就服务业内部而言,在老龄化过程中,传统的生产性服务部门增加值比重不断下降,生活性服务部门和现代的生产性服务部门增加值比重不断上升。服务的异质性决定了服务业在老龄化过程中的发展模式,具体地讲,服务业两次加速增长的模式实质上反映了随老龄化水平提高,生活性服务需求层次提升以及生产性服务业内部结构从传统向现代服务部门不断升级的过程。通过对不同收入弹性和技术密集性服务部门随老龄化变化的分析,既解释了收入水平和人力资本水平在决定服务业增长模式上的作用,也印证了本书之前对老龄化影响因服务类型而异的基本判断。

二、人口老龄化影响的需求效应与供给效应

人口老龄化影响服务业发展的需求效应是通过消费路径传导的,本书从理论上分析了老龄化需求效应的作用机制,并利用1960—2009年55个样本国家的数据进行了实证分析。结果表明人口老龄化在达到一定程度后,会通过消费路径产生推动服务业比重提升的作用;随着老龄化水平提高,这种需求效应的作用递增;但高度老龄化后,劳动力供给约束会加强,老龄化反而可能对服务业就业增长起抑制作用。老龄化影响服务业发展的需求效应在发达国家和欠发达国家之间存在差异,特别是对服务业就业比重的影响上。背后的原因是两类国家处在不同的经济发展阶段和人口老龄化阶段,在服务业比重和内部结构、服务供给的市场化程度等方面都大不相同。老龄化的需求效应的性质和作用大小同时受到老龄化水平和消费比重的影响。

本书以老年型国家的部门数据为佐证,从供给角度分析了老龄化影响服务业的作用机制,即供给效应。通过观察老龄化过程中不同部门之

间资本和劳动力的变化,从人口老龄化影响的视角对资本积累过程中服务业就业比重不断提升的现象进行了分析,还从资源重新配置和生产效率两方面讨论了老龄化对产业结构升级和生产性服务业发展的驱动机制。得到的基本观点是:以资本积累、资源重新配置效率和微观生产效率为途径的提高劳动生产率的活动,是人口老龄化背景下,为应对劳动力成本上升和抵消资本报酬递减的必然选择。在资本积累过程中,生产率增长缓慢的服务业成为吸纳剩余劳动力的主要部门;改善资源重新配置效率和微观生产效率的动机促进了产业结构升级和生产性服务业发展。为了验证人口老龄化在产业结构从低向高演化过程中的作用,我们使用包含 110 个国家的 1969—2008 年 9 部门面板数据,构建典型的动态面板模型,采用系统 GMM 方法估计人口老龄化对三次产业以及 9 部门就业结构的影响。估计结果表明人口老龄化通过使农业、制造业等部门的就业份额不断萎缩,同时加强各类服务部门特别是社区社会个人服务业就业的增长,从整体上推动了就业结构从第一、第二产业向第三产业转变。考虑到不同国家、不同老龄化阶段所带来的影响可能存在差异,进一步对发达国家和欠发达国家样本进行回归,发现老龄化对发达国家产业和部门就业比重的影响系数小于欠发达国家。老龄化率提高导致发达国家工业就业比重下降,欠发达国家工业就业比重上升。老龄化影响的总趋势是,推动发达国家农业、制造业劳动力向服务部门转移,推动欠发达国家农业劳动力向制造业和服务业转移。

以上分析得到的启示是,仅从需求角度或供给角度,都无法完整地理解人口老龄化给服务业发展带来的系统性影响,无论是需求效应还是供给效应,只能作为老龄化影响机制的一个方面。服务业发展的三个主要动力机制,即需求、生产率差异论和分工是本书分析老龄化作用机制的主要理论依据,除此之外,影响服务业发展的因素还有很多,如消费水平、政策制度、市场化、城市化、国际分工等。这些因素虽然不能作为推动服务业发展的主因,但是对服务业的影响不容忽视,特别是在解释有条件的趋同,即不同国家之间的差异时显得更为重要。基于国际经验得到的一般性规律以及所明确的理论机制在现实中对应着各种具体而复杂的形态，这些具体形态只能通过进一步的情景研究才能获得透彻的理解。对中国情景的分析正是出于这样的考虑。

三、中国服务业发展相对滞后

本书通过将中国和世界主要老年型国家的人口老龄化与服务业发展情况进行比较发现，在当今世界的老年型国家中，中国的人口老龄化和服务业水平都比较低，未来的发展空间很大。目前中国尚处于工业化中后期，产业结构上明显偏重工业，服务业发展相对滞后，农业部门就业比重过高，服务业就业增长落后于增加值。人口老龄化和服务业发展水平在国内不同地区之间存在差异，服务业比重和人均服务与经济发展水平之间的关系密切。通过与其他老年型国家服务业内部结构的对比发现，中国的公共服务部门就业比重非常高，对服务业就业增长的贡献大；生产性服务业的层次较低，传统的商贸流通部门占主导，金融部门增长虽然较快但就业份额还很小。服务业内部的就业结构重心向社会服务部门转移的趋势明显。总的来说，中国在进入老龄化社会至今的一段时期中，老龄化与服务业发展水平都呈不断上升的趋势，而且表现出人口老龄化快于服务业发展的中国特色。

人口红利时期的中国经济具有典型的二元模式，不存在劳动力短缺和资本报酬递减情况，相应地产业结构表现为劳动力相对密集特征。导致这一时期服务业发展滞后的原因是，制造业的比较优势挤出服务业的产生份额和就业份额，落后的农业部门限制服务业就业增长，低水平消费抑制了服务需求增长。

随着中国的老龄化程度向更高水平发展，人口转变阶段的变化将带来二元经济发展的新阶段，经济环境改变将给增长的可持续性带来重大挑战。中国经济从较多依靠生产要素投入作用保持增长的二元经济环境，向依靠全要素生产率提高保持增长的新古典经济环境转变。一方面，人口老龄化会产生"供给效应"的机制,使人口红利时期一些限制服务业发展的障碍因素得以逐渐消除。在获取人口老龄化"供给效应"的方式上,中国在今后相当长一段时间内将继续依靠农业劳动力向非农业部门转移产生的资源重新配置效率。总体上看,获取老龄化"供给效应",推动服务业发展,有利于转变经济增长方式、促进产业结构升级、保持经济持续增长。另一方面,人口红利时期制约老龄化"需求效应"获得的因素也会随老龄化水平的提高而改善,但老龄化只是从人口因素方面为老年人消费水平的提高提供了条件,老龄化"需求效应"的最终实现还需要满足很多其他客观条件比如老年人的收入水平、消费观念、服务的供给以及市场化程度等。

此外,本书还从生产率方面考虑了老龄化的"需求效应"和"供给效应"的不利影响。因为服务业本身的特征决定了其生产过程很难实现完全用设备替代人力,劳动生产率提高相对缓慢。而目前中国服务业发展的现状水平,还处在以传统服务业为主的初期发展阶段,今后一段时期劳动力向服务业转移会主要集中于劳动密集型行业,这类服务部门的生产率增长会比较缓慢。另外,"需求效应"主要对生活性服务业特别是与老年相关服务业的拉动效果比较显著,而这些部门具有典型的劳动密集型、生产率提高缓慢特征,不利于服务业总体生产率提升,还会造成"成本病"现象,导致服务成本上涨。服务部门的"成本病"不仅会给政府带来严重的财政困难,而且会对服务业自身的发展带来消极影响,使服务质量下降和服务家庭化与非市场化。总之,服务业内部进步部门和滞后部门的构成,或者说服务业结构层次提升关系整个服务业和总体经济的劳动生产率,关系经济增长以及由此决定的服务购买力。

基于中国情景的研究结论具有明显的现实价值:随着中国人口结构转入新阶段,经济进入新常态,服务业发展也迎来新的历史时期。客观认识我国服务业阶段性特征,在新时期主动适应人口结构和经济增长方式转变的需要,有针对性地、主动地引领服务业朝着合理的方向发展,才能保持经济可持续增长,摆脱"未富先老"的困境。

参考文献

[1]白重恩,钱震杰. 国民收入的要素分配:统计数据背后的故事[J]. 经济研究,2009(3):27-41.

[2]蔡昉,王德文. 中国经济增长可持续性与劳动贡献[J]. 经济研究,1999(10):62-68.

[3]蔡昉,王美艳. 农村劳动力剩余及其相关事实的重新考察——一个反设事实法的应用[J]. 中国农村经济,2007(10):4-12.

[4]蔡昉. 避免"中等收入陷阱":探寻中国未来的增长源泉[M]. 北京:社会科学文献出版社,2012.

[5]陈凯. 服务业内部结构高级化研究[M]. 北京:经济科学出版社,2009.

[6]陈卫民,施美程. 发达国家人口老龄化过程中的产业结构转变[J]. 南开学报(哲学社会科学版),2013(6):32-41.

[7]程大中. 中国服务业增长的特点、原因及影响——鲍莫尔—富克斯假说及其经验研究[J]. 中国社会科学,2004(2):18-32+204.

[8]程大中. 中国生产性服务业的水平、结构及影响——基于投入—产出法的国际比较研究[J]. 经济研究,2008(1):76-88.

[9]丹尼尔·贝尔. 后工业社会的来临——对社会预测的一项探索[M]. 高铦,王宏周,魏章玲,译. 北京:商务印书馆,1984.

[10]邓于君. 发达国家后工业化时期服务业内部结构的演变、机理及启示[J]. 学术研究,2009(9):62-71.

[11]邓于君. 服务业结构演进:内在机理与实证分析[M]. 北京:科学出版社,2010.

[12]高传胜,李善同. 服务业发展不足的结构性动因与突破方略[J]. 改革,2007(12):31-36.

[13]格鲁伯,沃克. 服务业的增长——原因与影响[M]. 陈彪如,译. 上海:生活·读书·新知三联书店,1993.

[14]顾乃华. 我国服务业对工业发展外溢效应的理论和实证分析[J]. 统计研究,2005(12):9-13。

[15]黄少军. 服务业与经济增长[M]. 北京:经济科学出版社,2000.

[16]江小涓,李辉. 服务业与中国经济:相关性和加快增长的潜力[J]. 经济研究,2004(1):4-15.

[17]西蒙.库兹涅茨著. 各国的经济增长[M]. 常勋,译. 北京:商务印书馆,1999.

[18]李冠霖,辛红. 我国第三产业比重国际比较的陷阱与出路[J]. 财贸经济,2005(2):53-59+97.

[19]李江帆. 第三产业的产业性质、评估依据和衡量指标[J]. 华南师范大学学报(社会科学版),1994(3):1-9.

[20]李江帆. 第三产业发展状况的评估依据与评价指标[J]. 经济管理,1997(8):27-30.

[21]李江帆. 第三产业经济学[M]. 广州:广东人民出版社,1990.

[22]李军. 人口老龄化条件下的经济平衡增长路径[J]. 数量经济技术经济研究,2006(8):11-21.

[23]林毅夫. 新结构经济学:反思经济发展与政策的理论框架[M]. 北京:北京大学出版社,2012.

[24]刘国亮. 经济增长过程中的政府公共性财政支出偏好[J]. 山东社会科学,2004(7):30-34.

[25]刘培林,宋湛. 服务业和制造业企业法人绩效比较[J]. 经济研究,2007(1):89-101.

[26]刘伟,冯涛. 要素再配置效应对中国服务业发展的影响研究[J]. 经济学家,2014(12):68-78.

[27]刘志彪. 发展现代生产者服务业与调整优化制造业结构[J].

南京大学学报(社会科学),2006(5):36-44.

[28]彭秀健.中国人口老龄化的宏观经济后果——应用一般均衡分析[J].人口研究,2006(4):12-22.

[29]乔为国,周卫峰.中国三次产业结构特征及解释[J].数量经济技术经济研究,2004(11):36-43.

[30]谭洪波,郑江淮.中国经济高速增长与服务业滞后并存之谜——基于部门全要素生产率的研究[J].中国工业经济,2012(9):5-17.

[31]腾·拉加,谢科特.服务业的增长:成本激增与持久需求之间的悖论[M].李勇坚,译.上海:格致出版社:上海人民出版社,2012.

[32]田雪原.通货膨胀、劳动力市场与工资率走势[J].财贸经济,2011(7):5-10+135.

[33]汪德华,张再金,白重恩.政府规模、法治水平与服务业发展[J].经济研究,2007(6):51-64+118.

[34]王恕立,胡宗彪.中国服务业分行业生产率变迁及异质性考察[J].经济研究,2012(4):15-27.

[35]王恕立,刘军,中国服务企业生产率异质性与资源再配置效应:与制造业企业相同吗[J].数量经济技术经济研究,2014(5):37-53.

[36]魏作磊.美、欧、日服务业内部结构的演变及对中国的启示[J].国际经贸探索,2010(1):36-42.

[37]魏作磊.瓦格纳定律与服务业增长——一个对我国服务业发展水平偏低的解释[J].学海,2011(2):129-133.

[38]夏杰长.大力发展生产性服务业是推动我国服务业结构升级的重要途径[J].经济研究参考,2008(45):19-26.

[39]谢建华.中国老龄产业发展的理论与政策问题研究[D].北京:中国社会科学院研究生院,博士学位论文,2003.

[40]许宪春.90年代我国服务业发展相对滞后的原因分析[J].管理世界,2000(6):73-77.

[41]姚洋,余淼杰. 劳动力、人口和中国出口导向的增长模式[J]. 金融研究,2009(9):1-13.

[42]张斌,李军. 人口老龄化对产业结构影响效应的数理分析[J]. 老龄科学研究,2013(6):3-13.

[43]张桂文. 中国二元经济结构演变的历史考察与特征分析[J]. 宏观经济研究,2001(8):33-38.

[44]张国强,郑江淮. 中国服务业发展:异质性假说及其验证——"金砖四国"比较的视角[J]. 经济管理,2010(10):10-19.

[45]张月友,刘志彪. 发达国家经济服务化动因与我国服务业发展[J]. 财经科学,2012(10):92-99.

[46]郑吉昌. 生产性服务业发展与分工的深化[J]. 管理评论,2005(5):30-35.

[47]"中国 2007 年投入产出表分析应用"课题组. 经济结构演变与中国服务业的发展[J]. 统计研究,2011(5):47-51.

[48]AG Goswami, A Mattoo, S Sáez. Exporting Services:A Developing Country Perspective [M]. World Bank Publications, 2011.

[49]Aguiar, Mark and Erik Hurst, Deconstructing Life Cycle Expenditure,[J]Journal of Political Economy, 2013, 121 (3):437-492.

[50]Aksoy Y, Basso H S, Smith R P, et al. Online Appendix For Demographic structure and Macroeconomic Trends [J]. American Economic Journal:Macroeconomics, 2019, 11(1):193-222.

[51]Albuquerque P C, Lopes J C. Economic Impacts of Ageing:An Inter-industry Approach [J]. International Journal of Social Economics, 2010, 37(12):970-986.

[52]Anderson T W, Hsiao C. Estimation of Dynamic Models with Error Components [J]. Journal of the American Statistical Association, 1981, 76(375):598-606.

[53]Appelbaum E, Schettkat R. Labor Market Adjustments to Structural

Change and Technological Progress [M]. Greenwood Publishing Group Inc. 1990.

[54]Appelbaum E, Schettkat R. Are Prices Unimportant? The Changing Structure of the Industrialized Economies [J]. Journal of Post Keynesian Economics, 1999, 21(3): 387-398.

[55]Banks J, Blundell R, Tanner S. Is There A Retirement-savings puzzle? [J]. American Economic Review, 1998: 769-788.

[56]Baumol W J. Macroeconomics of Unbalanced Growth: The Anatomy of Urban Crisis [J]. The American Economic Review, 1967, 57(3): 415-426.

[57]Bird R M. Wagner's o Law of Expanding State Activity [J]. Public Finance = Finances publiques, 1971, 26(1): 1-26.

[58]Black S E, Lynch L M. What's Driving the New Economy? The Benefits of Workplace Innovation [J]. The Economic Journal, 2004, 114 (493): 97-116.

[59]Bloom D E, Williamson J G. Demographic Transitions and Economic Miracles in Emerging Asia [J]. The World Bank Economic Review, 1998, 12(3): 419-455.

[60]Blundell R, Bond S. Initial Conditions and Moment Restrictions in Dynamic Panel Data Models [J]. Journal of Econometrics, 1998, 87(1): 115-143.

[61]Börsch-Supan A, Ludwig A, Winter J. Ageing, Pension Reform and Capital Flows: A Multi-Country Simulation Model [J]. Economica, 2006, 73(292): 625-658.

[62]Börsch-Supan A, Ludwig A, Winter J K. Aging and International Capital Flows [J]. Weltwirtschaftliches Archiv, 2001, 130(4): 675-697.

[63]Börsch-Supan A. Labor Market Effects of Population Aging[J]. Labour, 2003, 17(s1): 5-44.

［64］Börsch-Supan A. Saving and Consumption Patterns of the Elderly ［J］. Journal of Population Economics, 1992, 5(4): 289-303.

［65］Boskin M J, Dulberger E R, Gordon R J, Z Griliches and Dale W. J. Consumer Prices, the Consumer Price Index, and the Cost of Living ［J］. The Journal of Economic Perspectives, 1998, 12(1): 3-26.

［66］Browne L E. Taking in Each Other's Laundry--the Service Economy ［J］. New England Economic Review, 1986, 7: 20-31.

［67］Browning and Singlemann. The Transformation of the US Labor Force: The Interaction of Industry and Occupation ［J］. Politics and Socioty, 1978, 8:481-509.

［68］Buera F J, Kaboski J P. The Rise of the Service Economy ［J］. American Economic Review, 2012, 102(6): 2540-2569.

［69］Buslei, H., Schulz, E., Steiner, V. Effects of Demographic Change on Private Demand for Goods and Services in Germany Until 2050. DIW Berlin Politikberatung Kompakt 26, Berlin, 2007.

［70］Castaldi C. The Relative Weight of Manufacturing and Services in Europe: An Innovation Perspective［J］. Technological Forecasting and Social Change, 2009, 76(6): 709-722.

［71］Castells M. The Rise of the Network Society: The Information Age: Economy, Society, and Culture ［M］. John Wiley & Sons, 2011.

［72］Chenery H B, Syrquin M, Elkington H. Patterns of Development, 1950—1970［M］. London: Oxford University Press, 1975.

［73］Chenery H B. Patterns of Industrial Growth ［J］. The American Economic Review, 1960, 50(4): 624-654.

［74］Clark R L, Spengler J J. The Economics of Individual and Population Aging［M］. Cambridge University Press Archive, 1980.

［75］Clark, C. The Conditions of Economic Progress ［M］. London: MacMillan & Co. Ltd. 1957.

［76］Cooley T, Henriksen E. The Demographic Deficit［J］. Journal of Monetary Economics, 2017, 93：45-62.

［77］Czaja S J. Technological Change and the Older Worker［J］. Handbook of the Psychology of Aging, 2001, 5：547-568.

［78］Davies A. Are Firms Moving 'Downstream' into High-value Services?［J］. World Scientific Book Chapters, 2003：321-340.

［79］Edwards M, Croker M. Major Trends and Issues［C］//OECD Proceedings of Workshop on Innovation and Productivity in Services, 2001, 7-15.

［80］Eggertsson G B, Lancastre M, Summers L H. Aging, Output Per Capita, and Secular Stagnation［J］. American Economic Review：Insights, 2019, 1(3)：325-342.

［81］Eichengreen B, Gupta P. The Two Waves of Service-Sector Growth［J］. Oxford Economic Papers, 2013, 65(1)：96-123.

［82］Elfring T. New Evidence on the Expansion of Service Employment in Advanced Economies［J］. Review of Income and Wealth, 1989, 35(4)：409-440.

［83］Elfring T. Service Sector Employment in Advanced Economies：A Comparative Analysis of Its Implications for Economic Growth［M］. Gower Publishing Company, 1988.

［84］Ethier W J. National and International Returns to Scale in the Modern Theory of International Trade［J］. The American Economic Review, 1982, 72(3)：389-405.

［85］F Jallat. The Growth of Service Industries：The Paradox of Exploding Costs and Persistent Demand［J］. International Journal of Service Industry Management, 2002, 13(2)：202-205.

［86］Fabricant S. Employment in Manufacturing, 1899—1939：An Analysis of Its Relation to the Volume of Production［J］. NBER Books, 1942.

[87]Feenstra R C, Inklaar R, Timmer M. The Next Generation of the Penn World Table [J]. Social Science Electronic Publishing, 2013, 105 (10):1025-1031.

[88]Feldstein M. Social Security and Saving: New Time Series Evidence [R]. NBER, w5054, 1995.

[89]Feyrer J. Demographics and Productivity [J]. The Review of Economics and Statistics, 2007, 89(1): 100-109.

[90]Fougère M, Mercenier J, Mérette M. A Sectoral and Occupational Analysis of Population Ageing in Canada Using a Dynamic CGE Overlapping Generations Model [J]. Economic Modelling, 2007, 24(4): 690-711.

[91]Fraser Institute (Vancouver, BC), Walker M. Service Industry Growth: Causes and Effects [M]. Fraser Institute, 1989.

[92]Freeman, R. B., Schettkat, R. Differentials in Service Industry Employment Growth: Germany and the US in the Comparable German American Structural Database. Brussels: European Commission, 1999.

[93]Fuchs, Victor R. The Service Economy [M]. New York: Columbia University Press, 1968.

[94]Gershuny J. After Industrial Society? The Emerging Self-service Economy [M]. London: Macmillan, 1978.

[95]Greenhalgh C, Gregory M. Structural Change and the Emergence of the New Service Economy [J]. Oxford Bulletin of Economics and Statistics, 2001, 63(s1): 629-646.

[96]Griliches Z. Introduction to "Output Measurement in the Service Sectors" [M]. University of Chicago Press, 1992.

[97]Griliches Z. Productivity, R&D, and the Data Constraint [J]. The American Economic Review, 1994, 84(1): 1-23.

[98]Gustman A L, Steinmeier T L. Effects of Pensions on Savings: Analysis with Data from the Health and Retirement Study[C]//Carnegie-Ro-

chester Conference Series on Public Policy. North – Holland, 1999, 50: 271–324.

[99] Hansen L P. Large Sample Properties of Generalized Method of Moments Estimators [J]. Econometrica: Journal of the Econometric Society, 1982: 1029–1054.

[100] Hil R B. Recognizing the Technical Contributor [J]. Journal of Compensation and Benefits, 1992, 11.

[101] Hill P. Tangibles, Intangibles and Services: A New taxonomy for the Classification of Output [J]. Canadian Journal of Economics, 1999: 426–446.

[102] Hurd M, Rohwedder S. The Retirement – consumption Puzzle: Anticipated and Actual Declines in Spending at Retirement [R]. National Bureau of Economic Research, 2003.

[103] Kapteyn A, Alessie R, Lusardi A. Explaining the Wealth Holdings of Different Cohorts: Productivity Growth and Social Security [J]. European Economic Review, 2003, 49(5): 1361–1391.

[104] Katouzian M A. The Development of the Service Sector: A New Approach [J]. Oxford Economic Papers, 1970, 22(3): 362–382.

[105] Kiviet, J. F. On Bias, Inconsistency and Efficiency of Some Estimators in Dynamic Panel Data Models [J]. Journal of Econometrics, 1995, 68(1): 53–78.

[106] Kohl R, Sherlock O B. The Macroeconomics of Ageing, Pensions and Savings: A Survey [R]. OECD Publishing, 1998.

[107] Kongsamut P, Rebelo S, Xie D. Beyond Balanced Growth [J]. The Review of Economic Studies, 2001, 68(4): 869–882.

[108] Kuznets S S. Murphy J T. Modern Economic Growth: Rate, structure, and spread [M]. New Haven: Yale University Press, 1966.

[109] Kuznets S. Modern Economic Growth: Findings and Reflections

［J］. The American Economic Review, 1973, 63(3): 247-258.

［110］Kuznets, S. Quantitative Aspects of the Economic Growth of Nations: II, Industrial Distribution of National Product and Labor Force［J］. Economic Development and Cultural Change, 1957, 5(4): 1-111.

［111］Lee H H, Shin K. Nonlinear Effects of Population Aging on Economic Growth［J］. Japan and the World Economy, 2019, 51: 100963.

［112］Lewis, William Arthur. The Theory of Economic Growth. London［M］. Homewood Press, 1955.

［113］Li J. The effect of Aging on Industrial Employment Share--Evidence from the European Union［J］. Network for Studies on Pensions, Aging and Retirement, 2009.

［114］Lindahl D P, Beyers W B. The Creation of Competitive Advantage by Producer Service Establishments［J］. Economic Geography, 1999, 75(1): 1-20.

［115］Lindh T, Malmberg B. Age Structure Effects and Growth in the OECD, 1950—1990［J］. Journal of Population Economics, 1999, 12(3): 431-449.

［116］Lührmann M. Population Aging and the Demand for Goods & Services［R］. Munich Center for the Economics of Aging (MEA) at the Max Planck Institute for Social Law and Social Policy, No. 05095, 2005.

［117］Lundberg S, Startz R, Stillman S. The Retirement-consumption Puzzle: A marital Bargaining Approach［J］. Journal of Public Economics, 2003, 87(5): 1199-1218.

［118］Machlup F. The Production and Distribution of Knowledge in the United States［M］. Princeton University Press, 1962.

［119］Maddison, A. Dynamic Forces in Capitalist Development［M］. Oxford University Press, 1999.

［120］Mason A, Lee R. Transfers, Capital, and Consumption over the

Demographic Transition [J]. Population Aging, Intergenerational Transfers and the Macroeconomy, 2007: 128-162.

[121] McKinsey Global Institute. Service Sector Productivity [M]. Washington: McKinsey Global Institute, 1992.

[122] Miniaci R, Monfardini C, Weber G. Is There a Retirement Consumption Puzzle in Italy? [R]. IFS Working Papers, Institute for Fiscal Studies (IFS), 2003.

[123] Naito T, Zhao L. Aging, Transitional Dynamics, and Gains from Trade [J]. Journal of Economic Dynamics and Control, 2009, 33(8): 1531-1542.

[124] Nickell S. Biases in Dynamic Models with Fixed Effects [J]. Econometrica: Journal of the Econometric Society, 1981: 1417-1426.

[125] OECD. OECD Employment Outlook 2001 [EB/OL]. (2001-06-03), http://doi. org/10. 1787/empl_outlook-2001-en.

[126] Oliveira Martins J, Gonand F, Antolin P. The Impact of Ageing on Demand, Factor Markets and Growth [R]. OECD Publishing, 2005.

[127] Paul Krugman. The Myth of Asia's Miracle [J]. Foreign Affairs, 1994, 11.

[128] Peterson P G. Gray Dawn: The Global Aging Crisis [J]. Foreign Affairs, 1999, 78(1): 42-55.

[129] Petit, P. Slow Growth and the Service Economy [M]. London: Frances Pinter, 1986.

[130] Porat, M. U. The Information Economy: Definition and Measurement[J]. U. S. Department of Commerce, Office of Telecommunications. Washington D. C. , U. S, 1977.

[131] Prskawetz A, Fent T, Guest R. Workforce Aging and Labor Productivity: The Role of Supply and Demand for Labor in the G7 Countries [J]. Population and Development Review, 2008, 34: 298-323.

［132］R Garnaut, L Song. The Turning Point in China's Economic Development［M］. ANU E Press, 2006.

［133］Rausch S. Macroeconomic Consequences of Demographic Change：Modeling Issues and Applications［M］. Springer Science & Business Media, 2009.

［134］Riddle D I. Service-led Growth：The Role of the Service Sector in World Development［M］. Praeger Publishers, 1986.

［135］Ridler N B. Population Aging：Its Fiscal Impact in Selected OECD Countries ［J］. Canadian Studies in Population, 1984, 11 (1)：47-60.

［136］Rowthorn B, Wells J R. De-industrialization and Foreign Trade ［M］. Cambridge University Press Archive, 1987.

［137］Russo G, Schettkat R. Are Structural Economic Dynamics a Myth? Changing Industrial Structure in the Final Product Concept ［J］. Economia & Lavoro, 1999, 33(3-4)：173-188.

［138］S. Imel. Older Workers：Myths and Realities［J］. Adult Education, 1996,14(3)：4.

［139］Sachs J D, Warner A M. Natural Resource Abundance and Economic Growth ［R］. NBER, w5398, 1995.

［140］Sapozhnikov, M., Triest, R. K. Population Aging, Labor Demand, and the Structure of Wages ［J］. Federal Reserve Bank of Boston Working paper , 2007,42(3)：453-474.

［141］Sauvy A. Social and Economic Consequences of the Ageing of Western European Populations ［J］. Population Studies, 1948, 2 (1)：115-124.

［142］Sayan S. Heckscher-Ohlin Revisited：Implications of Differential Population Dynamics for Trade within An Overlapping Generations Framework ［J］. Journal of Economic Dynamics and Control, 2005, 29 (9)：1471

-1493.

[143]Schaffnit-Chatterjee, C. 'Wie werden ˝altere Deutsche ihr Geld ausgeben?' Technical Report, Deutsche Bank Research, 2007.

[144]Scharpf F W. Structures of Postindustrial Society or does Mass Unemployment Disappear in the Service and Information Economy [J]. Labor Market Adjustments to Structural Change and Technological Progress. Praeger Publishers, New York, 1990: 17-36.

[145]Schettkat R, Yocarini L. The Shift to Services Employment: A Review of the Literature [J]. Structural Change and Economic Dynamics, 2006, 17(2): 127-147.

[146]Schettkat R. The Two Blades of the Scissors: The Interaction between Demand and Supply in Market Economies[J]. Bergische Universität Wuppertal, 2004.

[147]Senesi P. Population Dynamics and Life-cycle Consumption [J]. Journal of Population Economics, 2003, 16(2): 389-394.

[148]Serow, W., Sly, D. Economic Aspects of Structural Change in the Older Population of the United States: 1980-2020[J]. Florida State University Working Paper 46, Tallahassee, FL, 1988.

[149]Seymour E. Harris. American Economic History[M]. McGraw-Hill Book Company, 1961.

[150]Shelton, C. A. The Aging Population and the Size of the Welfare State: is There a Puzzle [J]. Journal of Public Economics, 2008, 92: 647-651.

[151]Shugan S M. Explanations for the Growth of Services [J]. Service Quality: New Directions in Theory and Practice, 1994: 223-240.

[152]Siliverstovs B, Kholodilin K A, Thiessen U. Does Aging Influence Structural Change? Evidence from Panel Data [J]. Economic Systems, 2011, 35(2): 244-260.

[153]Singelmann J. From Agriculture to Services: The Transformation of Industrial Employment [M]. Sage Publications, 1978.

[154]Singelmann J. The Sectoral Transformation of the Labor Force in Seven Industrialized Countries, 1920—1970 [J]. American Journal of Sociology, 1978, 83(5): 1224-1234.

[155]Skirbekk V. Age and Individual Productivity: A Literature Survey [J]. Vienna Yearbook of Population Research, 2004, 2: 133-153.

[156]Skolka J. Long-term Effects of Unbalanced Labour Productivity Growth: On the Way to a Self-Service Society [J]. Solari, Luigi/Pasquier, J. -N. du (eds.): Private and Enlarged Consumption. Essays in Methodology and Empirical Analysis. Amsterdam/New York/Oxford: North-Holland, 1976: 279-301.

[157]Stijepic D, Wagner H. Population-ageing, Structural Change and Productivity Growth [J]. Structural Change and Productivity Growth, 2012, 2(12): 1-63.

[158]STRAUβ J, Kuda E. Action Tool: Teamwork and Older Workers [J]. Industriegewerkschaft Metall and Sozialforschungsstelle, 2000.

[159]Summers R. Services in the International Economy [J]. Managing the Service Economy: Prospects and Problems, 1985: 27-48.

[160]Thießen U. Aging and Structural Change [R]. German Institute for Economic Research, Discussion Papers, No. 742, 2007.

[161]United Nations. Economic and Social Implications of Population Aging. New York, 1988

[162]United Nations. Living Arrangements of Older Persons Around the World[M]. UNITED NATIONS PUBLICATION, 2005, Sales No. E. 05. XI-II. 9.

[163]United Nations. The Aging of Population and Its Economic and Social Implications [J]. Population Studies, No. 26, 1956.

[164]United Nations. World Economic and Social Survey 2007. Development in an Ageing World, 2007, E/2007/50/Rev. 1, ST/ESA/314.

[165]United Nations. World Population Prospects: the 1996 Revision [M]. UNITED NATIONS PUBLICATION ,1996.

[166]United Nations. World Population Prospects: the 2004 Revision, 2005, http://esa. un. org/unpd/wpp/unpp/panel_population. htm.

[167]United Nations. World Population Prospects: The 2012 Revision, 2012, http://esa. un. org/unpd/wpp/unpp/panel_population. htm.

[168]Van Ark B, Inklaar R, McGuckin R H. ICT and Productivity in Europe and the United States Where do the Differences Come from [J]. CESifo Economic Studies, 2003, 49(3): 295-318.

[169]Van Groezen B, Meijdam L, Verbon H A A. Serving the Old: Ageing and Economic Growth [J]. Oxford Economic Papers, 2005, 57(4): 647-663.

[170]Vandermerwe S, Rada J. Servitization of Business: Adding Value by Adding Services [J]. European Management Journal, 1989, 6(4): 314-324.

[171]Victor R. Fuchs. A Statistical Analysis of Productivity in Selected Service Industries in the United States, 1939—1963 [J]. Review of Income and Wealth, 1966, 12(3): 213.

[172]Waldstein, L. Service Sector Wages, Productivity and Job Creation in the US and Other Countries, Economic Policy Institute, 1989.

[173]Wright J F. British Economic Growth, 1688—1959 [J]. The Economic History Review, 1965, 18(2): 397-412.

附　录

附录 A　2013 年老龄化率超过 7% 的 81 个国家(地区)

地区	国家 (地区)	代码	收入组	老龄化率 (%)	总人口 (人)
拉美 & 加勒比海	安提瓜和巴布达	ATG	高收入非 OECD	7.12	89,985
东亚 & 太平洋	波利尼西亚	PYF	高收入非 OECD	7.19	276,831
拉美 & 加勒比海	巴哈马	BHS	高收入非 OECD	7.70	377,374
东亚 & 太平洋	关岛	GUM	高收入非 OECD	8.08	165,124
拉美 & 加勒比海	特立尼达和多巴哥	TTO	高收入非 OECD	9.03	1,341,151
东亚 & 太平洋	新喀里多尼亚	NCL	高收入非 OECD	9.89	262,000
东亚 & 太平洋	新加坡	SGP	高收入非 OECD	10.19	5,399,200
拉美 & 加勒比海	巴巴多斯	BRB	高收入非 OECD	10.87	284,644
拉美 & 加勒比海	阿鲁巴	ABW	高收入非 OECD	11.33	102,911
欧洲 & 中亚	斯普鲁斯	CYP	高收入非 OECD	12.27	1,141,166
欧洲 & 中亚	俄罗斯	RUS	高收入非 OECD	13.03	143,499,861
拉美 & 加勒比海	波多黎各	PRI	高收入非 OECD	13.90	3,615,086
拉美 & 加勒比海	库拉索	CUW	高收入非 OECD	14.02	153,500
拉美 & 加勒比海	乌拉圭	URY	高收入非 OECD	14.12	3,407,062
欧洲 & 中亚	立陶宛	LTU	高收入非 OECD	15.67	2,956,121
中东 & 北非	马耳他	MLT	高收入非 OECD	16.30	423,282
欧洲 & 中亚	克罗地亚	HRV	高收入非 OECD	18.29	4,252,700
欧洲 & 中亚	拉脱维亚	LVA	高收入非 OECD	18.57	2,013,385
拉美 & 加勒比海	智利	CHL	高收入 OECD	9.97	17,619,708
中东 & 北非	以色列	ISR	高收入 OECD	10.72	8,059,400
欧洲 & 中亚	爱尔兰	IRL	高收入 OECD	12.05	4,595,281
东亚 & 太平洋	韩国	KOR	高收入 OECD	12.17	50,219,669
欧洲 & 中亚	冰岛	ISL	高收入 OECD	12.81	323,002
欧洲 & 中亚	斯洛伐克共和国	SVK	高收入 OECD	12.96	5,414,095
东亚 & 太平洋	新西兰	NZL	高收入 OECD	13.95	4,470,800

地区	国家 （地区）	代码	收入组	老龄化率 （%）	总人口 （人）
北美	美国	USA	高收入 OECD	13.96	316,128,839
欧洲＆中亚	卢森堡	LUX	高收入 OECD	14.22	543,202
东亚＆太平洋	澳大利亚	AUS	高收入 OECD	14.33	23,130,900
欧洲＆中亚	波兰	POL	高收入 OECD	14.43	38,530,725
北美	加拿大	CAN	高收入 OECD	15.18	35,158,304
欧洲＆中亚	挪威	NOR	高收入 OECD	15.82	5,084,190
欧洲＆中亚	捷克共和国	CZE	高收入 OECD	16.71	10,521,468
欧洲＆中亚	荷兰	NLD	高收入 OECD	17.01	16,804,224
欧洲＆中亚	斯洛文尼亚	SVN	高收入 OECD	17.24	2,060,484
欧洲＆中亚	英国	GBR	高收入 OECD	17.49	64,097,085
欧洲＆中亚	瑞士	CHE	高收入 OECD	17.71	8,081,482
欧洲＆中亚	西班牙	ESP	高收入 OECD	17.76	46,647,421
欧洲＆中亚	法国	FRA	高收入 OECD	17.86	66,028,467
欧洲＆中亚	丹麦	DNK	高收入 OECD	17.90	5,613,706
欧洲＆中亚	比利时	BEL	高收入 OECD	17.98	11,195,138
欧洲＆中亚	爱沙尼亚	EST	高收入 OECD	18.04	1,324,612
欧洲＆中亚	奥地利	AUT	高收入 OECD	18.36	8,473,786
欧洲＆中亚	葡萄牙	PRT	高收入 OECD	18.77	10,459,806
欧洲＆中亚	芬兰	FIN	高收入 OECD	19.04	5,439,407
欧洲＆中亚	瑞典	SWE	高收入 OECD	19.33	9,592,552
欧洲＆中亚	希腊	GRC	高收入 OECD	19.67	11,032,328
欧洲＆中亚	意大利	ITA	高收入 OECD	21.13	59,831,093
欧洲＆中亚	德国	DEU	高收入 OECD	21.14	80,621,788
东亚＆太平洋	日本	JPN	高收入 OECD	25.08	127,338,621
东亚＆太平洋	朝鲜	PRK	低收入	9.46	24,895,480
拉美＆加勒比海	萨尔瓦多	SLV	中低收入	7.13	6,340,454
南亚	斯里兰卡	LKA	中低收入	8.48	20,483,000
欧洲＆中亚	亚美尼亚	ARM	中低收入	10.35	2,976,566
欧洲＆中亚	摩尔多瓦	MDA	中低收入	11.40	3,559,000
欧洲＆中亚	格鲁吉亚	GEO	中低收入	14.42	4,476,900
欧洲＆中亚	乌克兰	UKR	中低收入	15.06	45,489,600

地区	国家（地区）	代码	收入组	老龄化率（%）	总人口（人）
拉美 & 加勒比海	圣文森特	VCT	中高收入	7.01	109,373
拉美 & 加勒比海	哥斯达黎加	CRI	中高收入	7.02	4,872,166
拉美 & 加勒比海	格林纳达	GRD	中高收入	7.12	105,897
中东 & 北非	突尼斯	TUN	中高收入	7.18	10,886,500
拉美 & 加勒比海	巴拿马	PAN	中高收入	7.22	3,864,170
欧洲 & 中亚	土耳其	TUR	中高收入	7.38	74,932,641
拉美 & 加勒比海	巴西	BRA	中高收入	7.53	200,361,925
撒哈拉以南非洲	塞舌尔	SYC	中高收入	7.74	89,173
拉美 & 加勒比海	牙买加	JAM	中高收入	7.91	2,715,000
中东 & 北非	黎巴嫩	LBN	中高收入	8.65	4,467,390
撒哈拉以南非洲	毛里求斯	MUS	中高收入	8.74	1,296,303
拉美 & 加勒比海	圣卢西亚	LCA	中高收入	8.76	182,273
东亚 & 太平洋	中国	CHN	中高收入	8.88	1,357,380,000
东亚 & 太平洋	泰国	THA	中高收入	9.71	67,010,502
欧洲 & 中亚	阿尔巴尼亚	ALB	中高收入	10.73	2,773,620
拉美 & 加勒比海	阿根廷	ARG	中高收入	10.95	41,446,246
欧洲 & 中亚	马其顿	MKD	中高收入	12.35	2,107,158
欧洲 & 中亚	黑山共和国	MNE	中高收入	13.08	621,383
拉美 & 加勒比海	古巴	CUB	中高收入	13.30	11,265,629
欧洲 & 中亚	白俄罗斯	BLR	中高收入	13.82	9,466,000
欧洲 & 中亚	赛尔维亚	SRB	中高收入	14.34	7,163,976
欧洲 & 中亚	罗马尼亚	ROM	中高收入	15.11	19,963,581
欧洲 & 中亚	波黑	BIH	中高收入	15.58	3,829,307
欧洲 & 中亚	匈牙利	HUN	中高收入	17.22	9,897,247
欧洲 & 中亚	保加利亚	BGR	中高收入	19.31	7,265,115

资料来源:世界银行世界发展指数(World Development Indicators,WDI)。

附录 B　60 国 2013 年老龄化率(％)与服务业比重(％)

地区	收入组	国家	老龄化率	服务业增加值比重	服务业就业比重
高老龄化率、高服务业比重					
东亚 & 太平洋	高收入 OECD	新西兰	13.01	69.07	72.50
北美	高收入 OECD	美国	13.06	79.02	81.20
东亚 & 太平洋	高收入 OECD	澳大利亚	13.45	70.60	75.50
欧洲 & 中亚	高收入 OECD	波兰	13.53	64.83	56.90
北美	高收入 OECD	加拿大	14.16	70.79	76.50
欧洲 & 中亚	高收入 OECD	挪威	15.01	59.00	77.70
欧洲 & 中亚	高收入 OECD	荷兰	15.44	74.37	71.70
欧洲 & 中亚	高收入 OECD	英国	16.59	77.80	78.90
欧洲 & 中亚	高收入 OECD	丹麦	16.66	76.86	77.90
欧洲 & 中亚	高收入 OECD	法国	16.80	79.28	74.40
欧洲 & 中亚	高收入 OECD	瑞士	16.91	72.87	70.90
欧洲 & 中亚	高收入 OECD	西班牙	17.10	70.19	72.60
欧洲 & 中亚	高收入 OECD	芬兰	17.13	68.95	71.90
欧洲 & 中亚	高收入 OECD	比利时	17.16	76.71	75.30
欧洲 & 中亚	高收入 OECD	奥地利	17.83	69.82	69.90
欧洲 & 中亚	高收入 OECD	葡萄牙	18.01	73.79	61.40
欧洲 & 中亚	高收入 OECD	瑞典	18.20	71.38	77.80
欧洲 & 中亚	高收入非 OECD	拉脱维亚	18.37	74.05	67.20
欧洲 & 中亚	高收入 OECD	希腊	18.99	79.80	67.80
欧洲 & 中亚	高收入 OECD	意大利	20.29	73.06	67.50
欧洲 & 中亚	高收入 OECD	德国	20.81	68.97	70.00
东亚 & 太平洋	高收入 OECD	日本	22.96	71.36	69.70
平均			16.89	72.39	72.05
高老龄化率、低服务业比重					
欧洲 & 中亚	高收入 OECD	斯洛伐克	12.31	61.20	59.60
欧洲 & 中亚	高收入非 OECD	俄罗斯	13.10	61.44	62.30
欧洲 & 中亚	中高收入	塞尔维亚	13.74	64.31	51.80
拉美 & 加勒比海	高收入非 OECD	乌拉圭	13.87	64.82	67.00
欧洲 & 中亚	中高收入	白俄罗斯	13.94	47.97	49.90

地区	收入组	国家	老龄化率	服务业增加值比重	服务业就业比重
欧洲＆中亚	中低收入	格鲁吉亚	14.22	69.38	36.20
欧洲＆中亚	中高收入	罗马尼亚	14.84	51.50	41.20
欧洲＆中亚	中高收入	波黑共和国	15.07	64.39	49.30
欧洲＆中亚	高收入 OECD	捷克共和国	15.38	61.32	58.90
欧洲＆中亚	高收入非 OECD	立陶宛(苏)	15.50	68.72	66.20
欧洲＆中亚	中低收入	乌克兰(苏)	15.78	60.39	62.00
欧洲＆中亚	高收入 OECD	斯洛文尼亚	16.66	66.12	58.30
欧洲＆中亚	中高收入	匈牙利	16.72	65.44	64.90
欧洲＆中亚	高收入 OECD	爱沙尼亚	17.48	68.31	65.10
欧洲＆中亚	高收入非 OECD	克罗地亚	17.54	68.17	57.80
欧洲＆中亚	中高收入	保加利亚	18.34	65.65	59.90
平均			15.28	63.07	56.90
低老龄化率、高服务业比重					
拉美＆加勒比海	中高收入	哥斯达黎加	6.50	66.66	64.70
拉美＆加勒比海	中高收入	巴拿马	6.77	75.30	63.90
拉美＆加勒比海	中低收入	萨尔瓦多	6.87	60.70	57.80
拉美＆加勒比海	中高收入	巴西	6.91	66.63	60.70
撒哈拉以南非洲	中高收入	毛里求斯	7.73	70.19	63.10
拉美＆加勒比海	中高收入	牙买加	7.84	72.78	63.80
中东＆北非	中高收入	黎巴嫩	8.45	80.78	72.60
东亚＆太平洋	高收入非 OECD	新加坡	9.01	72.33	77.10
拉美＆加勒比海	高收入 OECD	智利	9.18	56.98	66.40
拉美＆加勒比海	中高收入	阿根廷	10.62	60.94	75.00
东亚＆太平洋	高收入 OECD	韩国	11.08	59.26	76.40
欧洲＆中亚	高收入 OECD	爱尔兰	11.32	71.74	75.60
欧洲＆中亚	高收入非 OECD	塞浦路斯	11.57	78.33	75.80
平均			8.76	68.66	68.69
低老龄化率、低服务业比重					
中东＆北非	中高收入	突尼斯	6.95	60.04	48.80
欧洲＆中亚	中高收入	土耳其	7.05	63.43	50.10
南非	中低收入	斯里兰卡	7.77	57.76	40.40

续表

地区	收入组	国家	老龄化率	服务业增加值比重	服务业就业比重
拉美 & 加勒比海	高收入非 OECD	特立尼达和多巴哥	8.29	36.62	63.80
东亚 & 太平洋	中高收入	中国	8.35	43.24	34.60
东亚 & 太平洋	中高收入	泰国	8.87	42.96	41.00
欧洲 & 中亚	中高收入	阿尔巴尼亚	10.10	65.02	37.70
欧洲 & 中亚	中低收入	亚美尼亚	10.55	43.96	44.00
欧洲 & 中亚	中低收入	摩尔多瓦	11.16	69.64	46.20
欧洲 & 中亚	中高收入	马其顿	11.65	60.79	51.20
平均			9.07	54.35	45.78

注:数据取自世界银行世界发展指数(World Development Indicators,WDI)。澳大利亚、白俄罗斯、巴西、加拿大、黎巴嫩、新西兰、俄罗斯、新加坡、乌克兰的就业比重为 2009 年数据;格鲁吉亚为 2007 年数据;马其顿为 2011 年数据;特立尼达和多巴哥为 2008 年数据。塞浦路斯的增加值比重为 2009 年数据。

附录 C　27 个国家进入老龄化社会以来的产业结构变化(%)

国家	老龄化初始年							
	年份	老龄化率	农业比重		工业比重		服务业比重	
			增加值	就业	增加值	就业	增加值	就业
法国	1870	7.4	43	/	30	/	27	/
英国	1930	7.4	4	6	29	45.3	67	48.7
德国	1930	7.4	18	/	45	/	37	/
比利时	1930	6.9	/	/	/	/	/	/
澳大利亚	1930	6.5	/	/	/	/	44.6	/
意大利	1940	7.4	30		30		40	
荷兰	1940	7.0	11	/	38	/	51	/
美国	1940	6.9	12	18	35	28	54	55
加拿大	1950	7.7	/	/	/	/	/	/
希腊	1950	6.8	31	/	17	/	52	/
葡萄牙	1950	7.0	33	/	35	/	32	/
西班牙	1950	7.3	12	44	23	23	65	33
捷克	1950	8.3	17	/	61		22	/
乌克兰	1960	7.1	/	/	/	/	/	/
罗马尼亚	1960	6.8	33	/	44	/	23	/
波兰	1965	6.8	23	/	51	/	26	/
俄罗斯	1965	6.7	23	/	52	/	25	/
日本	1970	7.0	4	19	42	33	53	48
阿根廷	1970	7.0	10	/	42	/	48	/
韩国	1999	7.0	5	12	36	27	59	61
智利	1999	7.1	6	23	37	62	56	16
中国	2001	7.0	14	50	45	22	41	28
泰国	2002	7.0	10	46	42	20	48	34
斯里兰卡	2005	7.0	12	31	30	26	58	38
土耳其	2010	7.1	10	24	27	26	63	50
巴西	2010	7.1	5	15	28	22	67	63
突尼斯	2010	7.0	8	18	32	33	60	49

续表

国家	1950 年							
	年份	老龄化率	农业比重		工业比重		服务业比重	
			增加值	就业	增加值	就业	增加值	就业
法国	11.4	7	25	27	33	66	42	
英国	10.7	1	5	44	45	55	49	
德国	9.7	4	24	41	42	55	34	
比利时	11.1	9	/	39	/	52	/	
澳大利亚	8.1	16	/	43	/	41	/	
意大利	8.3	7	47	29	26	65	27	
荷兰	7.7	15	11	62	37	23	52	
美国	8.3	2	9	31	33	67	58	
加拿大	7.7	/	/	/	/	/	/	
希腊	6.8	31	/	17	/	52	/	
葡萄牙	7.0	33	/	35	/	32	/	
西班牙	7.3	12	44	23	23	65	33	
捷克	8.3	17	/	61	/	22	/	
乌克兰	/	/	/	/	/	/	/	
罗马尼亚	/	/	/	/	/	/	/	
波兰	/	/	/	/	/	/	/	
俄罗斯	/	/	/	/	/	/	/	
日本	/	/	/	/	/	/	/	
阿根廷	/	/	/	/	/	/	/	
韩国	/	/	/	/	/	/	/	
智利	/	/	/	/	/	/	/	
中国	/	/	/	/	/	/	/	
泰国	/	/	/	/	/	/	/	
斯里兰卡	/	/	/	/	/	/	/	
土耳其	/	/	/	/	/	/	/	
巴西	/	/	/	/	/	/	/	
突尼斯	/	/	/	/	/	/	/	

| 国家 | 1960 年 | | | | | | | |
| | 年份 | 老龄化率 | 农业比重 | | 工业比重 | | 服务业比重 | |
			增加值	就业	增加值	就业	增加值	就业
法国	11.6	6	22	31	34	64	43	
英国	11.7	1	4	45	46	54	50	
德国	11.4	2	14	47	46	51	40	
比利时	12.0	/	/	/	/	38.6	/	
澳大利亚	8.6	/	/	/	/	37.2	/	
意大利	9.5	5	35	36	32	59	33	
荷兰	8.9	2	10	30	37	67	53	
美国	9.1	1	6	31	31	68	64	
加拿大	7.7	6	/	/	/	46.1	/	
希腊	8.3	18	/	/	/	/	/	
葡萄牙	8.0	/	/	/	/	/	/	
西班牙	8.2	9	36	25	29	66	35	
捷克	9.3	/	/	/	/	/	/	
乌克兰	/	/	/	/	/	/	/	
罗马尼亚	/	/	/	/	/	/	/	
波兰	/	/	/	/	/	/	/	
俄罗斯	/	/	/	/	/	/	/	
日本	/	/	/	/	/	/	/	
阿根廷	/	/	/	/	/	/	/	
韩国	/	/	/	/	/	/	/	
智利	/	/	/	/	/	/	/	
中国	/	/	/	/	/	/	/	
泰国	/	/	/	/	/	/	/	
斯里兰卡	/	/	/	/	/	/	/	
土耳其	/	/	/	/	/	/	/	
巴西	/	/	/	/	/	/	/	
突尼斯	/	/	/	/	/	/	/	

续表

国家	1970 年							
	年份	老龄化率	农业比重		工业比重		服务业比重	
			增加值	就业	增加值	就业	增加值	就业
法国	12.9	4	14	36	37	59	49	
英国	13.0	1	3	43	43	56	54	
德国	13.6	2	8	47	46	51	45	
比利时	13.4	/	/	42	/	/	/	
澳大利亚	8.2	7	/	39	/	54	/	
意大利	11.1	4	20	39	39	57	41	
荷兰	10.1	2	6	36	35	62	59	
美国	9.8	1	3	28	29	71	68	
加拿大	8.0	5	/	34	/	61	/	
希腊	11.1	14	/	/	/	/	/	
葡萄牙	9.7	/	/	30	/	/	/	
西班牙	9.7	5	25	36	34	59	40	
捷克	12.1	/	/	/	/	/	/	
乌克兰	9.3	/	/	/	/	/	/	
罗马尼亚	8.5	/	/	/	/	/	/	
波兰	8.2	/	/	/	/	/	/	
俄罗斯	7.7	/	/	/	/	/	/	
日本	/	/	/	/	/	/	/	
阿根廷	/	/	/	/	/	/	/	
韩国	/	/	/	/	/	/	/	
智利	/	/	/	/	/	/	/	
中国	/	/	/	/	/	/	/	
泰国	/	/	/	/	/	/	/	
斯里兰卡	/	/	/	/	/	/	/	
土耳其	/	/	/	/	/	/	/	
巴西	/	/	/	/	/	/	/	
突尼斯	/	/	/	/	/	/	/	

国家	1980 年							
	年份	老龄化率	农业比重		工业比重		服务业比重	
			增加值	就业	增加值	就业	增加值	就业
法国	14.0	4	9	34	33	62	58	
英国	14.9	1	3	37	37	61	61	
德国	15.6	1	5	42	41	57	54	
比利时	14.5	/	3	35	34	/	63	
澳大利亚	9.6	8	7	38	31	54	62	
意大利	13.4	3	13	40	38	57	48	
荷兰	11.4	2	5	35	29	63	66	
美国	11.3	1	3	25	27	74	71	
加拿大	9.4	/	5	36	29	/	66	
希腊	13.1	/	31	/	29	/	40	
葡萄牙	11.5	/	27	30	36	/	36	
西班牙	11.2	5	17	36	35	59	49	
捷克	13.5	/	/	/	/	/	/	
乌克兰	11.9	/	/	/	/	/	/	
罗马尼亚	10.5	16	30	57	44	27	26	
波兰	10.3	/	29	/	39	/	31	
俄罗斯	10.2	/	/	/	/	/	/	
日本	9.0	3	12	39	32	58	55	
阿根廷	8.2	6	0	41	29	52	60	
韩国	/	/	/	/	/	/	/	
智利	/	/	/	/	/	/	/	
中国	/	/	/	/	/	/	/	
泰国	/	/	/	/	/	/	/	
斯里兰卡	/	/	/	/	/	/	/	
土耳其	/	/	/	/	/	/	/	
巴西	/	/	/	/	/	/	/	
突尼斯	/	/	/	/	/	/	/	

国家	年份	老龄化率	1990 年 农业比重 增加值	农业比重 就业	工业比重 增加值	工业比重 就业	服务业比重 增加值	服务业比重 就业
法国		4	6	30	28	66	67	
英国		1	2	37	30	62	68	
德国		1	4	36	40	62	56	
比利时		/	3	31	31	/	66	
澳大利亚		5	6	31	25	64	69	
意大利		3	8	39	33	58	60	
荷兰		3	4	33	24	64	71	
美国		1	2	24	22	75	76	
加拿大		/	4	31	24	/	72	
希腊		/	24	/	28	/	48	
葡萄牙		6	18	29	34	66	48	
西班牙		6	11	37	31	57	58	
捷克		5	8	38	43	57	49	
乌克兰		26	20	45	10	30	15	
罗马尼亚		24	29	50	44	26	27	
波兰		8	25	50	37	42	36	
俄罗斯		17	14	48	40	35	46	
日本		2	9	40	33	58	59	
阿根廷		8	0	36	32	56	68	
韩国	/	/	/	/	/	/	/	/
智利	/	/	/	/	/	/	/	/
中国	/	/	/	/	/	/	/	/
泰国	/	/	/	/	/	/	/	/
斯里兰卡	/	/	/	/	/	/	/	/
土耳其	/	/	/	/	/	/	/	/
巴西	/	/	/	/	/	/	/	/
突尼斯	/	/	/	/	/	/	/	/

国家	2000 年							
	年份	老龄化率	农业比重		工业比重		服务业比重	
			增加值	就业	增加值	就业	增加值	就业
法国	16.0	3	4	62	22	68	74	
英国	15.8	1	2	32	24	67	75	
德国	16.3	1	3	31	34	68	64	
比利时	16.9	1	2	27	26	72	72	
澳大利亚	12.4	3	5	27	22	70	73	
意大利	18.3	3	5	37	30	60	66	
荷兰	13.6	3	4	30	20	67	77	
美国	12.4	1	2	22	19	77	79	
加拿大	12.5	/	3	32	23	/	74	
希腊	16.8	5	17	20	23	20	60	
葡萄牙	16.2	4	13	28	34	68	53	
西班牙	16.9	5	6	36	30	59	63	
捷克	13.8	4	5	38	40	59	55	
乌克兰	13.8	17	23	36	21	47	13	
罗马尼亚	13.4	12	43	33	26	55	31	
波兰	12.3	5	19	32	31	63	50	
俄罗斯	12.4	6	15	38	28	56	57	
日本	17.2	2	6	35	29	63	65	
阿根廷	9.9	4	1	24	23	72	76	
韩国	7.3	6	14	32	23	62	62	
智利	7.2	4	11	38	28	58	61	
中国	/	/	/	/	/	/	/	
泰国	/	/	/	/	/	/	/	
斯里兰卡	/	/	/	/	/	/	/	
土耳其	/	/	/	/	/	/	/	
巴西	/	/	/	/	/	/	/	
突尼斯	/	/	/	/	/	/	/	

续表

| 国家 | 年份 | 老龄化率 | 2010 年 | | | | | |
| | | | 农业比重 | | 工业比重 | | 服务业比重 | |
			增加值	就业	增加值	就业	增加值	就业
法国	16.8	3	3	26	19	71	78	
英国	16.6	1	2	25	19	74	79	
德国	20.8	1	2	30	28	69	70	
比利时	17.2	1	1	23	23	77	75	
澳大利亚	13.4	2	3	27	21	71	76	
意大利	20.3	3	4	33	27	63	69	
荷兰	15.4	3	3	27	17	70	80	
美国	13.1	1	1	18	15	81	84	
加拿大	14.2	2	2	28	21	71	77	
希腊	19.0	3	12	17	20	80	68	
葡萄牙	18.0	2	11	24	28	74	61	
西班牙	17.1	4	5	32	22	64	73	
捷克	15.4	2	3	37	38	61	59	
乌克兰	15.8	8	16	31	22	60	62	
罗马尼亚	14.8	6	30	42	29	52	41	
波兰	13.8	4	13	32	30	65	57	
俄罗斯	13.1	4	10	35	28	61	62	
日本	23.0	2	5	33	24	65	71	
阿根廷	10.6	8	1	31	23	61	75	
韩国	9.0	2	7	38	17	59	76	
智利	9.4	3	11	40	23	57	66	
中国	8.4	10	37	47	29	43	35	
泰国	8.9	12	38	45	21	43	41	
斯里兰卡	7.8	13	33	29	24	58	40	
土耳其	/	/	/	/	/	/	/	
巴西	/	/	/	/	/	/	/	
突尼斯	/	/	/	/	/	/	/	

资料来源：1950 年以前的老龄化率数据来自 UN, The Aging of Population and Its Economic and Social Implications（Population Studies, No. 26），1956；1950 年西班牙、捷克、法国、英国、德国、比利时、澳大利亚、意大利、荷兰、美国的老龄化率数据来自 UN2001，WORLD POPULATION AGEING：1950—2050；其他均来自 WDI。法国 1870 年、英国 1930

年、德国 1930 年、比利时 1950 年、澳大利亚 1950 年、意大利 1940 年、荷兰 1940 年、美国 1940 年、希腊 1950 年、葡萄牙 1950 年、捷克 1950 年、罗马尼亚 1960 年、波兰 1965 年、俄罗斯 1965 年增加值数据来自 International Historial Statistics。英国 1930 年就业比重数据来自 Phyllis Deane and W. A. Cole(1967)。法国、英国 1950 年及以后的增加值(2005 年不变价)和就业数据取自荷兰格罗宁根大学增长与发展研究中心 Groningen Growth and Development Centre(GGDC)10 部门数据库,用 2009 年增加值数据代替 2010 年;德国 1950 年和 1970 年的增加值(1991 年不变价)和就业数据取自 GGDC 西德,1990 年和 2010 年数据取自 WDI 德国;比利时 1950 年以后的数据来自 WDI,1960 年服务业增加值比重数据(用 1964 年代替)来自西蒙库兹涅茨(1999);澳大利亚 1930 年服务业增加值(现价)比重数据(用 1935—1938 年代替)和 1960 年服务业增加值比重(用 1961 年代替),数据来自西蒙库兹涅茨(1999),1950 年以后的数据来自 WDI,1970 年增加值用 1972 年代替;意大利 1950 年及以后的增加值(2005 年不变价)和就业数据取自 GGDC,用 1951 年增加值和就业数据代替 1950 年,用 2009 年增加值数据代替 2010 年;荷兰 1950 年及以后的增加值(2005 年不变价)和就业数据取自 GGDC,用 1959 年就业数据代替 1950 年,用 2009 年增加值数据代替 2010 年;美国 1939 年就业比重数据来自 Victor R. Fuchs(1966),1940 年增加值比重数据来自 Seymour E. Harris(1961),1950 年及以后增加值(2005 年不变价)和就业数据取自 GGDC;加拿大 1960 年服务业增加值比重(用 1965 年代替),数据来自西蒙库兹涅茨(1999),1950 年及以后的增加值和就业数据取自 WDI, 1960 年农业增加值用 1965 年代替,1970 年农业增加值用 1969 年代替;希腊 1950 以后的增加值和就业数据取自 WDI,1960 年农业增加值用 1965 年代替,1970 年农业增加值用 1969 年代替,1980 年就业数据用 1981 年代替,2000 年增加值数据用 2005 年代替;葡萄牙 1950 年以后数据取自 WDI,1990 年增加值用 1995 年代替;西班牙的增加值(2005 年不变价)和就业数据取自 GGDC,用 2009 年增加值数据代替 2010 年;捷克 1950 年以后的增加值和就业数据取自 WDI,1990 年数据用 1993 年代替;罗马尼亚 1980 年及以后数据取自 WDI,1980 年增加值数据用 1981 年代替;波兰 1980 年及以后数据取自 WDI,1980 年就业数据用 1981 年代替;俄罗斯 1990 年及以后数据取自 WDI;日本增加值(2005 年不变价)和就业数据取自 GGDC;阿根廷、韩国、智利、中国、泰国、斯里兰卡、土耳其、巴西数据取自 WDI;阿根廷 1980 年就业数据用 1982 年代替;突尼斯数据取自 WDI,1990 年就业数据用 1989 年代替。

附录 D   GGDC10 部门和 EU KIEMS 数据库中的行业部门及其分类

行业代码	行业名称	行业名称(行业代码)
A+B	Agriculture, Hunting, Foresty and Fishing	(1) Agriculture, hunting, forestry and fishing
C	Mining and Quarrying	(2) Mining and quarrying
D	Manufacture	(3) Manufacturing
E	Electricity, Gas and Water Suply	(4) Electricity, gas and water supply
F	Construction	(5) Construction
G	Trade, Wholesale	(6) Wholesale and retail trade, hotels and restaurants
H	Hotel	
I	Transport	(7) Transport, storage, and communication
J	Financial Intermediation	(8) Finance, insurance, real estate and business services
K	Real Eastate	
L	Public	(9) Government services
M	Education	
N	Health and Social Work	
O	Other Community	(10) Community, social and personal services
P	Private Households With Employed Persons	

EU KLEMS Database, March 2008, www.euklems.net, ISIC Rev.3.

GGDC 10 – sector database, Version 2014, http://www.rug.nl/research/ggdc/data/10-sector-database ISIC rev. 3.1 code

附录 E　部分国家 2007 年的老龄化率(%)与服务部门增加值 (现价、不变价)和就业比重(%)

国家	老龄化率	批发零售、餐饮住宿(G+H)			交通、仓储、通信(I)			金融保险、地产、商贸(J+K)		
		现价	不变价	就业	现价	不变价	就业	现价	不变价	就业
哥斯达黎加	6.10	31.25	30.99	39.24	15.83	16.73	10.38	18.53	19.14	16.97
巴西	6.44	23.99	23.68	33.58	12.06	11.98	7.48	25.04	26.36	16.24
毛里求斯	6.98	34.64	32.62	34.73	20.16	22.01	13.48	17.65	16.92	12.69
中国	7.94	27.15	27.88	28.37	21.16	21.38	11.90	22.48	20.97	3.84
泰国	8.15	45.51	46.85	56.36	17.56	17.86	7.39	8.13	6.64	7.69
新加坡	8.45	33.93	32.39	33.65	19.47	20.72	17.42	33.53	33.21	27.72
智利	8.46	19.78	20.38	33.15	14.85	16.62	10.84	36.28	35.33	18.59
韩国	10.02	23.96	24.39	36.66	14.71	15.02	9.59	17.03	17.39	20.23
阿根廷	10.37	31.04	32.38	29.06	18.72	22.02	8.38	10.62	11.24	13.42
爱尔兰	11.07	21.28	21.67	28.91	8.08	10.78	7.78	41.73	42.14	19.41
斯洛伐克	11.87	30.41	38.01	29.96	12.42	10.78	11.17	29.59	23.62	16.06
美国	12.52	20.96	21.38	29.58	6.98	7.27	5.45	42.86	43.23	23.30
澳大利亚	13.07	19.67	21.83	31.26	9.39	12.76	8.40	44.16	40.25	20.50
波兰	13.33	31.35	35.33	27.25	11.18	12.88	9.87	28.18	24.91	16.87
加拿大	13.44	6.97	7.66	16.46	/	/	/	20.35	20.61	9.80
荷兰	14.44	26.50	26.14	26.02	12.25	11.99	7.10	20.01	23.20	25.58
捷克	14.47	24.45	34.71	28.94	17.52	17.94	12.57	29.46	27.37	18.48
立陶宛	15.37	28.98	37.10	29.75	20.62	15.57	13.11	26.21	25.55	10.47
丹麦	15.63	18.61	21.18	24.93	10.84	12.69	8.39	34.07	34.03	20.11
斯洛文尼亚	16.00	21.90	22.38	27.98	12.26	11.36	10.69	34.29	36.03	20.69
匈牙利	16.08	20.64	23.40	28.67	12.22	13.90	12.65	34.06	32.94	13.65
英国	16.13	23.87	24.27	26.36	11.74	12.01	13.95	27.04	27.63	14.59

国家	老龄化率	批发零售、餐饮住宿（G+H）			交通、仓储、通信（I）			金融保险、地产、商贸（J+K）		
		现价	不变价	就业	现价	不变价	就业	现价	不变价	就业
芬兰	16.27	18.29	21.39	22.72	15.30	19.65	9.78	33.17	29.13	17.76
法国	16.48	25.38	25.33	22.81	13.08	13.44	8.24	9.61	11.81	22.22
奥地利	16.73	25.08	25.20	30.22	9.63	11.46	9.58	35.20	32.90	19.63
西班牙	16.79	35.73	36.09	34.49	13.66	13.90	8.87	8.57	8.42	14.85
比利时	17.15	19.55	17.73	21.38	10.93	10.97	9.99	38.58	42.68	20.72
爱沙尼亚	17.17	24.11	23.47	31.29	15.66	20.52	13.87	35.54	28.75	12.10
葡萄牙	17.46	23.77	24.12	36.91	9.63	11.59	6.84	30.23	34.97	13.06
瑞典	17.52	24.47	24.05	21.03	14.04	14.59	8.80	13.61	15.99	16.99
拉脱维亚	17.79	29.66	28.41	30.46	14.06	21.41	15.24	30.47	29.38	14.94
德国	19.85	17.10	17.45	26.11	8.22	9.90	8.04	42.65	41.90	22.88
意大利	19.89	34.02	34.60	29.34	16.83	16.73	7.44	2.53	2.73	20.72
日本	21.02	28.21	27.65	33.51	10.77	10.92	8.48	24.50	24.74	21.65

国家	政府服务（L+M+N）			社区、社会个人服务（O+P）		
	现价	不变价	就业	现价	不变价	就业
哥斯达黎加	23.66	22.72	21.37	10.74	10.42	12.04
巴西	31.96	30.82	19.72	6.94	7.16	22.98
毛里求斯	21.65	22.71	27.80	5.90	5.74	11.29
中国	22.83	23.27	16.72	6.37	6.50	39.17
泰国	25.18	3.95	21.74	3.61	24.71	6.83
新加坡	（a）	（a）	（a）	13.08	13.67	21.22
智利	（a）	（a）	（a）	29.08	27.66	37.42
韩国	（a）	（a）	（a）	44.30	43.20	33.52
阿根廷	30.68	25.53	33.12	8.94	8.82	16.02
爱尔兰	24.19	20.14	35.74	4.73	5.27	8.16
斯洛伐克	21.75	22.61	37.84	5.84	4.99	4.98
美国	23.33	35.93	34.37	4.93	4.92	7.75

国家	政府服务(L+M+N)			社区、社会个人服务(O+P)		
	现价	不变价	就业	现价	不变价	就业
澳大利亚	21.77	20.11	31.83	5.00	5.05	8.02
波兰	22.58	21.35	40.92	6.70	5.53	5.09
加拿大	53.63	54.58	46.83	19	17	26.91
荷兰	35.25	32.98	31.77	6	6	9.53
捷克	22.76	16.29	34.15	5.82	3.69	5.87
立陶宛	20.06	17.73	39.69	4.14	4.06	6.98
丹麦	30.43	27.30	39.97	6.06	4.81	6.60
斯洛文尼亚	25.90	24.96	35.15	5.64	5.27	5.49
匈牙利	26.54	24.34	38.70	6.55	5.42	6.33
英国	28.82	27.92	37.38	8.53	8.17	7.71
芬兰	27.54	24.17	42.12	5.69	5.67	7.61
法国	43.46	41.36	38.45	8	8	8.27
奥地利	24.34	25.38	33.68	5.75	5.06	6.90
西班牙	33.03	32.59	28.20	9.01	9.00	13.60
比利时	27.31	25.30	41.68	4	3	6.24
爱沙尼亚	19.65	22.37	34.96	5.03	4.88	7.77
葡萄牙	31.59	25.75	33.35	4.79	3.57	9.84
瑞典	40.11	37.88	44.60	7.77	7.49	8.57
拉脱维亚	20.18	15.04	30.94	5.63	5.75	8.42
德国	24.83	24.65	33.63	7.21	6.09	9.34
意大利	37.93	37.37	27.39	8.70	8.58	15.12
日本	28.61	28.80	26.40	7.90	7.90	9.96

注:哥斯达黎加、巴西、毛里求斯、中国、泰国、新加坡、智利、韩国、阿根廷、美国、荷兰、英国、法国、西班牙、瑞典、意大利、日本的数据取自 GGDC10sector(ISIC Rev. 3.1)。增加值不变价比重的计算以 2005 年为基期。(a)表示政府服务包含在社区服务中。其他国家数据来自 EU KLEMS(ISIC Rev. 3.1),增加值不变价比重的计算以 1995 年为基期,其中加拿大的数据为 2004 年,由于 G、I、K 数据缺失,可能导致后两部门的比重偏高。

附录 F 部分国家 1950—2010 年服务部门就业占服务业比重的变化(%)

国家	贸易餐饮						
	1950	1960	1970	1980	1990	2000	2010
瑞典	27.51	34.21	28.45	23.38	22.39	21.32	21.80
法国	30.05	32.02	31.88	27.93	25.78	23.06	22.09
英国	28.27	31.61	28.41	28.63	28.06	27.76	25.71
阿根廷	32.30	30.63	36.36	34.33	32.98	29.35	29.06
西班牙	33.86	41.08	38.07	37.28	34.98	34.84	31.71
意大利	33.96	37.24	36.30	35.41	32.57	29.56	29.23
美国	34.87	32.58	30.90	32.54	31.68	30.00	28.60
日本	42.52	44.79	43.27	41.64	39.37	37.34	31.29
芬兰	/	/	34.80	29.01	25.93	22.94	22.72
比利时	/	/	24.91	22.32	22.02	20.95	21.38
丹麦	43.78	42.34	37.55	29.39	26.90	26.61	25.73
德国	/	/	31.14	28.61	27.66	27.32	26.11
葡萄牙	/	/	47.33	44.03	36.88	34.71	36.91
澳大利亚	/	/	39.33	35.50	34.08	33.01	31.26
荷兰	28.76	29.27	31.57	28.08	27.52	27.29	25.66
奥地利	/	/	32.57	32.35	31.53	30.80	30.22
爱尔兰	/	/	27.24	23.71	23.73	23.96	21.29
斯洛文尼亚	/	/	/	/	32.76	29.93	27.95
中国	25.95	25.95	25.95	27.40	32.40	28.41	27.98
韩国	/	46.41	46.41	51.72	46.59	44.45	35.77
捷克	/	/	/	/	30.23	28.40	28.94
泰国	/	62.01	53.02	53.68	52.75	54.92	56.95
波兰	/	/	/	/	22.52	25.91	27.25
爱沙尼亚	/	/	/	/	25.76	27.17	31.29
立陶宛	/	/	/	/	24.55	25.64	29.75
匈牙利	/	/	/	/	23.16	26.62	28.67
斯洛伐克	/	/	/	/	21.85	24.09	29.96
智利	26.51	24.96	25.09	28.94	31.86	32.48	39.78
拉脱维亚	/	/	/	/	23.63	28.14	30.46

国家	交通通信						
	1950	1960	1970	1980	1990	2000	2010
瑞典	20.61	15.42	12.34	10.76	10.11	9.96	8.75
法国	11.56	11.91	11.40	10.36	9.24	8.61	8.33
英国	30.12	26.41	23.67	20.22	17.67	15.25	13.63
阿根廷	15.44	17.63	14.88	9.29	8.30	9.88	8.25
西班牙	11.75	13.92	13.54	11.68	9.26	8.87	8.96
意大利	11.34	11.03	11.58	10.62	8.80	8.22	6.90
美国	13.58	10.36	8.85	7.77	6.27	6.13	5.29
日本	13.42	11.82	11.35	10.15	9.58	9.20	8.54
芬兰	/	/	13.67	13.07	11.61	10.77	9.78
比利时	/	/	14.88	14.37	12.03	11.12	9.99
丹麦	15.90	15.78	12.50	10.51	10.08	9.47	8.25
德国	/	/	13.89	12.11	11.08	8.21	8.04
葡萄牙	/	/	11.72	10.34	9.01	7.07	6.84
澳大利亚	/	/	14.41	12.16	9.69	8.58	8.40
荷兰	13.49	12.64	10.20	9.38	8.44	7.91	6.61
奥地利	/	/	15.43	12.64	11.50	10.66	9.58
爱尔兰	/	/	4.19	5.77	7.64	8.95	8.83
斯洛文尼亚	/	/	/	/	11.32	10.79	10.67
中国	17.07	17.07	17.07	16.18	17.87	12.30	11.58
韩国	/	10.89	10.89	12.19	10.91	9.74	9.71
捷克	/	/	/	/	14.11	14.23	12.57
泰国	/	9.14	11.29	10.56	10.60	8.59	7.09
波兰	/	/	/	/	13.10	10.93	9.87
爱沙尼亚	/	/	/	/	18.10	16.53	13.87
立陶宛	/	/	/	/	13.03	12.18	13.11
匈牙利	/	/	/	/	16.49	14.00	12.65
斯洛伐克	/	/	/	/	14.57	14.08	11.17
智利	11.01	12.36	13.76	12.34	12.62	11.06	9.21
拉脱维亚	/	/	/	/	16.34	14.32	15.24

国家	金融房地产						
	1950	1960	1970	1980	1990	2000	2010
瑞典	4.96	4.71	6.31	7.32	10.40	15.45	17.03
法国	14.38	11.89	14.15	16.04	18.61	21.07	22.30
英国	4.54	5.34	6.72	7.77	10.31	12.79	14.70
阿根廷	7.40	7.33	6.90	7.98	8.48	12.12	13.65
西班牙	6.86	6.99	7.31	8.45	11.75	13.62	16.12
意大利	6.80	7.58	8.02	9.65	14.48	18.60	21.38
美国	11.75	13.04	13.55	16.18	20.32	23.05	21.50
日本	10.78	11.15	14.64	16.77	18.99	19.57	20.30
芬兰	/	/	9.16	11.99	14.35	15.48	17.76
比利时	/	/	12.49	12.17	15.86	19.98	20.72
丹麦	9.74	8.78	9.99	11.18	12.87	14.84	16.74
德国	/	/	12.33	13.29	15.38	20.97	22.88
葡萄牙	/	/	7.38	8.23	10.94	12.82	13.06
澳大利亚	/	/	12.43	13.24	17.37	20.70	20.50
荷兰	7.77	10.32	14.67	13.57	18.64	24.75	24.19
奥地利	/	/	9.73	13.38	14.98	17.74	19.63
爱尔兰	/	/	23.47	25.68	25.86	26.11	25.94
斯洛文尼亚	/	/	/	/	17.72	19.29	20.67
中国	7.16	7.16	7.16	7.33	5.16	4.05	4.11
韩国	/	3.94	3.94	6.63	11.22	16.33	21.13
捷克	/	/	/	/	15.26	15.99	18.48
泰国	/	4.16	5.14	4.80	4.82	7.01	7.25
波兰	/	/	/	/	12.61	15.42	16.87
爱沙尼亚	/	/	/	/	10.52	13.43	12.10
立陶宛	/	/	/	/	8.94	7.65	10.47
匈牙利	/	/	/	/	9.42	11.46	13.65
斯洛伐克	/	/	/	/	12.48	13.55	16.06
智利	5.95	6.10	6.09	6.33	9.22	16.06	16.26
拉脱维亚	/	/	/	/	9.25	12.02	14.94

国家	政府服务						
	1950	1960	1970	1980	1990	2000	2010
瑞典	35.34	35.78	45.49	50.34	49.19	45.08	43.56
法国	39.52	38.75	36.91	39.32	40.31	39.68	38.58
英国	31.98	32.00	36.65	38.47	38.48	36.57	38.10
阿根廷	29.94	29.65	27.94	32.30	33.53	32.47	33.48
西班牙	18.17	20.32	20.88	26.30	29.05	29.62	29.64
意大利	33.46	31.06	33.09	35.30	32.06	30.02	26.81
美国	32.78	36.54	38.91	35.61	34.06	33.05	36.91
日本	27.43	26.71	24.60	24.62	22.73	23.54	29.46
芬兰	/	/	36.60	39.69	41.47	43.47	42.12
比利时	/	/	38.87	43.83	43.26	41.19	41.68
丹麦	19.29	22.72	31.59	42.65	43.70	42.20	41.98
德国	/	/	35.73	38.41	37.24	34.23	33.63
葡萄牙	/	/	25.83	28.79	33.21	34.97	33.35
澳大利亚	/	/	26.03	31.96	31.73	30.15	31.83
荷兰	32.67	35.39	33.15	38.54	34.33	29.95	33.69
奥地利	/	/	33.77	34.88	34.96	33.46	33.68
爱尔兰	/	/	43.08	42.84	40.90	40.13	43.18
斯洛文尼亚	/	/	/	/	32.78	34.25	35.12
中国	36.52	36.52	36.52	34.60	25.06	17.94	16.64
韩国	/	/	/	/	/	/	/
捷克	/	/	/	/	35.18	35.90	34.15
泰国	/	18.23	22.57	22.86	23.51	22.78	22.01
波兰	/	/	/	/	46.67	42.51	40.92
爱沙尼亚	/	/	/	/	37.39	34.86	34.96
立陶宛	/	/	/	/	46.52	46.88	39.69
匈牙利	/	/	/	/	42.86	41.54	38.70
斯洛伐克	/	/	/	/	43.62	40.32	37.84
智利	/	/	/	/	/	/	/
拉脱维亚	/	/	/	/	40.53	37.95	30.94

国家	社会服务						
	1950	1960	1970	1980	1990	2000	2010
瑞典	11.58	9.89	7.41	8.21	7.91	8.19	8.86
法国	4.49	5.43	5.65	6.35	6.06	7.58	8.70
英国	5.08	4.63	4.55	4.91	5.48	7.62	7.86
阿根廷	14.91	14.77	13.92	16.09	16.70	16.18	15.56
西班牙	29.35	17.69	20.19	16.28	14.96	13.05	13.57
意大利	14.44	13.08	11.02	9.01	12.09	13.60	15.69
美国	7.03	7.47	7.80	7.91	7.68	7.77	7.71
日本	5.85	5.52	6.14	6.83	9.34	10.34	10.42
芬兰	/	/	5.77	6.24	6.64	7.35	7.61
比利时	/	/	8.86	7.31	6.83	6.76	6.24
丹麦	11.29	10.38	8.37	6.27	6.44	6.88	7.30
德国	/	/	6.90	7.57	8.64	9.29	9.34
葡萄牙	/	/	7.74	8.62	9.95	10.43	9.84
澳大利亚	/	/	7.80	7.13	7.13	7.55	8.02
荷兰	17.31	12.38	10.41	10.43	11.08	10.10	9.84
奥地利	/	/	8.49	6.75	7.03	7.33	6.90
爱尔兰	/	/	2.01	2.00	1.87	0.84	0.76
斯洛文尼亚	/	/	/	/	5.43	5.74	5.59
中国	13.29	13.29	13.29	14.49	19.52	37.30	39.69
韩国		38.76	38.76	29.46	31.28	29.48	33.39
捷克	/	/	/	/	5.21	5.48	5.87
泰国		6.46	7.99	8.10	8.32	6.70	6.70
波兰	/	/	/	/	5.11	5.23	5.09
爱沙尼亚	/	/	/	/	8.23	8.01	7.77
立陶宛	/	/	/	/	6.97	7.65	6.98
匈牙利	/	/	/	/	8.06	6.38	6.33
斯洛伐克	/	/	/	/	7.47	7.96	4.98
智利	56.53	56.58	55.06	52.39	46.29	40.40	34.75
拉脱维亚	/	/	/	/	10.24	7.58	8.42

注:作者计算。斯洛文尼亚、捷克、波兰、爱沙尼亚、立陶宛、斯洛伐克、拉脱维亚、芬

兰、比利时、德国、澳大利亚、奥地利、爱尔兰、捷克、爱沙尼亚、立陶宛、匈牙利、斯洛伐克、拉脱维亚、葡萄牙、斯洛文尼亚、波兰的数据来自 EU KLEMS 数据库,其他国家数据来自 GGDC 10 部门数据库。意大利 1950 年数据用 1951 年代替,日本 1950 年数据用 1953 年代替,荷兰 1950 年数据用 1949 年代替,中国 1950 年数据用 1952 年代替,韩国 1960 年数据用 1963 年代替,匈牙利 1990 年数据用 1992 年代替,斯洛文尼亚、捷克、波兰、爱沙尼亚、立陶宛、斯洛伐克、拉脱维亚 1990 年数据用 1995 年代替,芬兰、比利时、德国、澳大利亚、奥地利、爱尔兰、捷克、爱沙尼亚、立陶宛、匈牙利、斯洛伐克、拉脱维亚 2010 年数据用 2007 年代替,葡萄牙、斯洛文尼亚、波兰 2010 年数据用 2006 年代替。

附录 G　部分国家 1950—2010 年服务部门增加值(现价)占服务业比重的变化(%)

国家	贸易餐饮						
	1950	1960	1970	1980	1990	2000	2010
瑞典	/	/	29.49	25.30	25.98	24.16	24.35
法国	/	/	31.42	27.18	27.97	25.88	24.35
英国	/	28.65	29.86	27.31	27.11	27.06	23.17
阿根廷	53.13	57.99	46.67	43.10	40.39	32.31	30.39
西班牙	/	/	33.88	34.76	36.13	37.60	35.11
意大利	/	/	39.20	40.66	37.36	36.08	33.09
美国	34.68	30.20	28.62	27.74	23.77	22.71	17.74
日本	33.08	36.78	41.16	38.60	34.97	30.07	27.20
芬兰	/	/	23.70	24.59	21.06	17.55	18.29
比利时	/	/	25.19	20.93	21.74	18.41	19.55
丹麦	/	/	39.04	30.23	28.42	26.82	23.97
德国	/	/	26.32	21.15	18.76	18.52	17.10
葡萄牙	/	/	24.34	28.45	29.12	25.45	23.77
澳大利亚	/	/	28.86	23.70	21.44	20.01	19.67
荷兰	/	/	30.21	24.54	28.03	28.59	23.63
奥地利	/	/	37.34	31.94	27.89	25.90	25.08
爱尔兰	/	/	27.65	23.84	27.46	22.15	21.28
斯洛文尼亚	/	/	/	/	24.93	25.33	30.41
中国	48.05	33.52	38.37	27.85	30.06	29.81	28.90
韩国	12.70	29.72	40.35	33.87	32.26	28.15	25.26
捷克					24.63	27.57	24.45
泰国	65.77	50.41	55.61	54.38	53.08	49.99	44.04
波兰	/	/	/	/	34.11	32.65	16.87
爱沙尼亚	/	/	/	/	22.46	20.68	24.11
立陶宛	/	/	/	/	32.79	28.86	28.98
匈牙利	/	/	/	/	28.74	19.97	20.64
斯洛伐克	/	/	/	/	24.93	25.33	30.41
智利	21.18	26.00	26.18	29.25	30.57	21.76	19.63
拉脱维亚	/	/	/	/	17.91	24.94	29.66

国家	交通通信						
	1950	1960	1970	1980	1990	2000	2010
瑞典	/	/	22.78	18.34	18.18	16.38	13.03
法国	/	/	16.95	16.25	13.92	12.10	13.37
英国	/	/	18.80	16.37	16.05	14.43	11.41
阿根廷	15.66	13.52	21.44	17.22	16.27	17.76	16.74
西班牙	/	/	14.30	14.99	14.47	14.62	13.73
意大利	/	/	15.57	16.09	14.71	15.83	16.01
美国	13.02	10.56	9.67	9.65	7.76	7.56	5.96
日本	16.37	16.95	14.23	11.20	12.31	11.38	11.03
芬兰	/	/	17.32	17.00	15.11	16.69	15.30
比利时	/	/	11.94	10.95	11.83	11.11	10.93
丹麦	/	/	16.06	12.88	15.21	16.03	14.13
德国	/	/	12.89	10.85	9.62	8.01	8.22
葡萄牙	/	/	7.60	8.56	10.00	9.62	9.63
澳大利亚	/	/	16.69	14.59	12.97	11.53	9.39
荷兰	/	/	14.80	12.55	13.02	12.79	9.81
奥地利	/	/	14.35	12.97	12.10	10.48	9.63
爱尔兰	/	/	17.68	14.72	10.43	10.46	8.08
斯洛文尼亚	/	/	/	/	18.70	17.09	12.42
中国	17.47	26.37	21.73	25.46	23.33	22.31	18.92
韩国	12.72	10.72	15.53	18.50	15.29	15.01	13.80
捷克	/	/	/	/	18.37	16.94	17.52
泰国	8.79	17.07	12.49	12.01	15.20	17.63	16.81
波兰	/	/	/	/	11.02	10.33	12.75
爱沙尼亚	/	/	/	/	18.39	21.75	15.66
立陶宛	/	/	/	/	15.67	19.69	20.62
匈牙利	/	/	/	/	12.77	13.26	12.22
斯洛伐克	/	/	/	/	18.70	17.09	12.42
智利	14.66	13.56	13.03	11.61	16.21	15.44	13.04
拉脱维亚	/	/	/	/	23.98	19.58	14.06

国家	金融房地产						
	1950	1960	1970	1980	1990	2000	2010
瑞典	/	/	0.68	0.60	0.82	9.65	14.39
法国	/	/	10.50	10.43	11.26	12.24	10.15
英国	/	7.81	10.55	11.45	15.11	19.27	28.02
阿根廷	4.46	3.54	4.84	7.09	7.59	8.48	11.95
西班牙	/	/	3.80	4.08	4.68	6.23	6.41
意大利	/	/	1.79	1.82	2.11	4.48	1.79
美国	26.39	30.42	29.74	32.44	37.36	41.74	48.25
日本	14.84	17.55	17.58	18.54	21.79	23.08	21.87
芬兰	/	/	25.24	23.49	26.81	32.67	33.17
比利时	/	/	29.78	29.28	34.17	38.86	38.58
丹麦	/	/	1.85	2.21	2.48	5.25	8.64
德国	/	/	27.51	31.07	37.62	40.19	42.65
葡萄牙	/	/	52.93	41.83	32.74	30.00	30.23
澳大利亚	/	/	28.67	31.70	37.97	41.95	44.16
荷兰	/	/	9.88	11.99	14.73	19.04	24.52
奥地利	/	/	16.42	21.16	27.58	32.45	35.20
爱尔兰	/	/	26.24	30.71	29.37	38.73	41.73
斯洛文尼亚	/	/	/	/	31.04	28.90	29.59
中国	12.75	16.95	16.71	15.63	25.73	20.56	24.05
韩国	45.23	23.44	12.26	14.93	18.16	19.83	15.87
捷克	/	/	/	/	29.72	27.95	29.46
泰国	0.57	2.38	6.43	6.25	12.34	6.33	9.57
波兰	/	/	/	/	22.04	28.47	36.74
爱沙尼亚	/	/	/	/	30.26	32.06	35.54
立陶宛	/	/	/	/	22.52	20.04	26.21
匈牙利	/	/	/	/	24.31	32.25	34.06
斯洛伐克	/	/	/	/	31.04	28.90	29.59
智利	29.77	27.03	18.88	34.99	30.39	33.68	36.21
拉脱维亚	/	/	/	/	24.75	26.37	30.47

国家	政府服务						
	1950	1960	1970	1980	1990	2000	2010
瑞典	/	/	40.56	50.39	48.62	42.22	40.05
法国	/	/	34.66	39.36	40.00	42.17	43.79
英国	/	31.36	34.02	37.90	34.27	30.45	28.86
阿根廷	21.55	20.02	19.44	23.43	25.70	30.81	32.35
西班牙	/	/	36.41	35.41	35.06	32.38	35.87
意大利	/	/	33.71	33.57	36.80	35.16	39.78
美国	22.79	25.44	28.13	26.04	26.33	23.05	23.72
日本	30.18	24.27	21.88	25.93	23.62	26.92	31.31
芬兰	/	/	29.57	29.22	30.82	27.46	27.54
比利时	/	/	29.80	35.21	28.56	27.90	27.31
丹麦	/	/	36.39	47.42	45.10	43.48	45.30
德国	/	/	27.02	30.18	26.34	25.61	24.83
葡萄牙	/	/	12.46	18.67	24.80	30.45	31.59
澳大利亚	/	/	21.97	25.46	22.87	21.44	21.77
荷兰	/	/	39.33	45.14	38.29	33.38	36.28
奥地利	/	/	26.08	28.48	26.75	25.22	24.34
爱尔兰	/	/	25.05	26.56	27.70	23.35	24.19
斯洛文尼亚	/	/	/	/	21.52	24.71	21.75
中国	17.30	18.44	18.46	24.73	16.62	21.72	21.99
韩国	/	/	/	/	/	/	/
捷克	/	/	/	/	22.89	22.20	22.76
泰国	19.14	26.12	22.18	23.58	16.57	22.45	25.96
波兰	/	/	/	/	25.45	21.63	28.16
爱沙尼亚	/	/	/	/	24.25	21.33	19.65
立陶宛	/	/	/	/	23.93	26.03	20.06
匈牙利	/	/	/	/	28.25	27.93	26.54
斯洛伐克	/	/	/	/	21.52	24.71	21.75
智利	/	/	/	/	/	/	/
拉脱维亚	/	/	/	/	27.93	23.45	20.18

国家	社会服务						
	1950	1960	1970	1980	1990	2000	2010
瑞典	/	/	6.49	5.37	6.40	7.59	8.18
法国	/	/	6.47	6.78	6.86	7.61	8.33
英国	/	11.64	6.76	6.97	7.46	8.80	8.53
阿根廷	5.19	4.94	7.60	9.16	10.05	10.64	8.58
西班牙	/	/	11.60	10.76	9.66	9.17	8.89
意大利	/	/	9.73	7.86	9.02	8.44	9.32
美国	3.12	3.38	3.84	4.13	4.78	4.94	4.33
日本	5.53	4.45	5.16	5.74	7.31	8.55	8.59
芬兰	/	/	4.18	5.70	6.20	5.62	5.69
比利时	/	/	3.28	3.63	3.70	3.72	3.63
丹麦	/	/	6.65	7.25	8.79	8.41	7.96
德国	/	/	6.27	6.76	7.65	7.67	7.21
葡萄牙	/	/	2.67	2.49	3.34	4.48	4.79
澳大利亚	/	/	3.81	4.54	4.75	5.06	5.00
荷兰	/	/	5.79	5.78	5.93	6.19	5.76
奥地利	/	/	5.82	5.46	5.67	5.95	5.75
爱尔兰	/	/	3.38	4.16	5.04	5.30	4.73
斯洛文尼亚	/	/	/	/	3.81	3.97	5.84
中国	4.43	4.72	4.73	6.33	4.26	5.59	6.14
韩国	29.35	36.12	31.86	32.70	34.28	37.01	45.07
捷克	/	/	/	/	4.40	5.34	5.82
泰国	5.74	4.01	3.28	3.77	2.81	3.60	3.62
波兰	/	/	/	/	7.39	6.92	5.48
爱沙尼亚	/	/	/	/	4.64	4.18	5.03
立陶宛	/	/	/	/	5.09	5.39	4.14
匈牙利	/	/	/	/	5.92	6.59	6.55
斯洛伐克	/	/	/	/	3.81	3.97	5.84
智利	34.38	33.41	41.91	24.15	22.83	29.12	31.12
拉脱维亚	/	/	/	/	5.43	5.66	5.63

注:泰国 1950 年数据用 1951 年代替,韩国 1950 年数据用 1953 年代替,其他同上表。

附录 H　部分国家 1950—2010 年服务部门增加值(不变价)占服务业比重的变化(%)

国家	贸易餐饮						
	1950	1960	1970	1980	1990	2000	2010
瑞典	15.71	17.50	24.05	19.87	20.45	21.83	23.01
法国	19.32	22.37	26.26	25.15	26.05	27.18	24.54
英国	28.79	31.77	28.92	23.79	26.69	24.48	23.53
阿根廷	35.25	37.33	39.46	40.25	33.77	32.50	32.19
西班牙	45.75	42.88	43.16	42.26	39.46	38.82	35.00
意大利	22.41	27.20	36.47	37.84	36.59	36.36	32.74
美国	14.84	13.51	13.66	14.03	15.71	19.78	19.06
日本	8.37	11.56	22.52	29.71	31.26	31.22	26.50
芬兰	/	/	21.91	21.63	21.10	18.11	21.39
比利时	/	/	30.11	25.74	21.07	17.40	17.73
丹麦	22.72	25.20	26.06	23.85	23.34	26.00	23.89
德国	/	/	24.86	21.48	19.80	18.31	17.45
葡萄牙	/	/	39.93	32.63	28.58	26.59	24.12
澳大利亚	/	/	28.76	25.55	21.58	21.29	21.83
荷兰	/	20.66	22.49	21.25	23.44	25.55	24.74
奥地利	/	/	25.70	25.75	26.03	26.04	25.20
爱尔兰	/	/	21.86	20.41	24.98	23.58	21.67
斯洛文尼亚	/	/	/	/	24.93	29.19	38.01
中国	37.63	37.63	37.63	35.40	34.99	28.87	30.19
韩国	7.69	11.63	16.20	19.63	24.68	25.94	24.46
捷克	/	/	/	/	24.63	30.31	34.71
泰国	65.20	54.54	57.73	52.92	53.81	49.33	46.28
波兰	/	/	/	/	34.11	35.79	19.03
爱沙尼亚	/	/	/	/	22.46	19.94	23.47
立陶宛	/	/	/	/	32.79	33.17	37.10
匈牙利	/	/	/	/	27.82	21.12	23.40
斯洛伐克	/	/	/	/	24.93	29.19	38.01
智利	15.05	18.63	19.02	18.13	18.10	19.96	19.59
拉脱维亚	/	/	/	/	17.91	21.68	28.41

国家	交通通信						
	1950	1960	1970	1980	1990	2000	2010
瑞典	7.94	9.21	11.46	12.78	15.37	15.28	14.64
法国	5.35	6.11	7.19	9.25	10.08	11.44	13.36
英国	7.36	7.75	8.01	8.24	9.05	12.36	11.64
阿根廷	10.91	11.67	13.56	12.20	14.03	17.43	23.92
西班牙	5.58	5.41	7.74	10.79	12.59	14.47	13.50
意大利	6.03	7.54	8.73	10.44	11.88	14.71	16.67
美国	6.28	5.18	5.40	6.31	5.77	6.76	6.56
日本	8.20	11.56	15.01	10.90	11.31	11.04	11.24
芬兰	/	/	13.13	12.64	13.73	18.33	19.65
比利时	/	/	10.28	9.88	11.89	11.53	10.97
丹麦	15.71	16.34	14.59	12.06	13.79	15.33	13.23
德国	/	/	8.94	8.22	8.22	8.90	9.90
葡萄牙	/	/	8.54	8.37	9.38	10.27	11.59
澳大利亚	/	/	9.26	10.39	11.17	13.13	12.76
荷兰	/	7.49	8.45	7.68	8.67	10.91	11.06
奥地利	/	/	8.50	9.74	10.97	11.07	11.46
爱尔兰	/	/	11.80	11.40	9.06	13.01	10.78
斯洛文尼亚	/	/	/	/	18.70	14.27	10.78
中国	19.67	19.67	19.67	19.58	19.83	21.64	20.09
韩国	0.71	1.70	3.98	8.16	8.77	13.31	14.92
捷克	/	/	/	/	18.37	17.00	17.94
泰国	8.67	12.87	10.82	10.89	11.45	16.09	16.78
波兰	/	/	/	/	11.02	11.48	21.13
爱沙尼亚	/	/	/	/	18.39	20.10	20.52
立陶宛	/	/	/	/	15.67	14.06	15.57
匈牙利	/	/	/	/	12.09	13.71	13.90
斯洛伐克	/	/	/	/	18.70	14.27	10.78
智利	6.60	5.82	9.10	9.72	11.74	14.88	16.61
拉脱维亚	/	/	/	/	23.98	22.66	21.41

国家	金融房地产						
	1950	1960	1970	1980	1990	2000	2010
瑞典	0.77	0.94	1.09	1.04	1.18	8.84	14.97
法国	5.65	5.98	7.61	8.71	8.71	8.29	11.77
英国	8.97	9.73	10.09	11.45	13.96	19.83	27.55
阿根廷	9.19	8.81	8.35	9.70	9.31	14.02	11.67
西班牙	2.31	2.10	2.50	2.56	3.06	4.44	7.94
意大利	1.19	1.24	1.22	1.18	1.35	3.23	2.79
美国	27.36	31.88	33.40	38.23	40.35	42.97	43.36
日本	12.41	12.33	11.33	14.66	19.68	21.57	22.35
芬兰	/	/	20.46	25.39	28.08	29.73	29.13
比利时	/	/	26.34	27.99	33.81	40.39	42.68
丹麦	0.72	0.74	1.07	1.14	1.45	4.36	9.89
德国	/	/	28.96	32.25	37.07	40.73	41.90
葡萄牙	/	/	29.08	27.72	29.44	32.51	34.97
澳大利亚	/	/	33.74	34.85	39.01	40.08	40.25
荷兰	/	7.49	11.65	12.65	16.41	22.14	23.34
奥地利	/	/	23.07	25.27	28.76	30.96	32.90
爱尔兰	/	/	35.50	35.72	31.74	35.16	42.14
斯洛文尼亚	/	/	/	/	31.04	26.02	23.62
中国	13.14	13.14	13.14	12.00	21.10	20.57	20.69
韩国	15.92	17.69	14.25	14.32	18.05	18.32	17.27
捷克	/	/	/	/	29.72	28.21	27.37
泰国	0.11	0.54	2.50	3.24	9.42	5.20	7.88
波兰	/	/	/	/	22.04	23.98	33.88
爱沙尼亚	/	/	/	/	30.26	28.14	28.75
立陶宛	/	/	/	/	22.52	22.84	25.55
匈牙利	/	/	/	/	27.85	30.31	32.94
斯洛伐克	/	/	/	/	31.04	26.02	23.62
智利	20.53	20.30	21.96	28.42	29.64	34.00	34.90
拉脱维亚	/	/	/	/	24.75	27.33	29.38

国家	政府服务						
	1950	1960	1970	1980	1990	2000	2010
瑞典	68.93	64.95	53.48	55.96	53.01	46.12	39.52
法国	62.64	57.58	51.20	49.49	47.53	45.29	42.28
英国	47.52	43.44	45.34	48.11	40.74	33.32	28.84
阿根廷	34.52	32.34	29.94	29.33	33.24	27.34	23.99
西班牙	33.35	38.82	35.61	33.98	35.34	33.13	34.48
意大利	57.51	53.13	42.71	40.84	40.75	36.70	38.99
美国	46.71	44.81	42.71	36.41	32.22	25.12	26.31
日本	58.04	52.75	40.81	35.51	28.27	27.28	31.41
芬兰	/	/	38.88	34.08	31.04	27.81	24.17
比利时	/	/	30.08	32.91	29.56	27.05	25.30
丹麦	42.60	42.81	47.56	53.26	50.42	45.40	45.37
德国	/	/	28.96	30.18	26.66	25.23	24.65
葡萄牙	/	/	16.54	27.60	28.73	26.95	25.75
澳大利亚	/	/	22.40	23.70	22.87	20.54	20.11
荷兰	/	46.64	41.97	45.51	44.75	35.12	35.31
奥地利	/	/	32.84	31.00	27.83	26.34	25.38
爱尔兰	/	/	26.27	27.62	28.78	23.43	20.14
斯洛文尼亚	/	/	/	/	21.52	26.89	22.61
中国	23.05	23.05	23.05	25.75	18.87	22.99	22.69
韩国	/	/	/	/	/	/	/
捷克	/	/	/	/	22.89	20.37	16.29
泰国	3.89	2.95	2.69	3.27	2.65	3.70	4.31
波兰	/	/	/	/	25.45	22.64	20.04
爱沙尼亚	/	/	/	/	24.25	26.72	22.37
立陶宛	/	/	/	/	23.93	24.58	17.73
匈牙利	/	/	/	/	26.16	28.68	24.34
斯洛伐克	/	/	/	/	21.52	26.89	22.61
智利	/	/	/	/	/	/	/
拉脱维亚	/	/	/	/			

国家	社会服务						
	1950	1960	1970	1980	1990	2000	2010
瑞典	6.64	7.41	9.92	10.34	9.99	7.93	7.86
法国	7.03	7.96	7.74	7.41	7.64	7.81	8.05
英国	7.36	7.31	7.64	8.40	9.56	10.00	8.44
阿根廷	10.14	9.85	8.70	8.52	9.66	8.70	8.23
西班牙	13.01	10.79	10.99	10.42	9.55	9.15	9.08
意大利	12.86	10.89	10.87	9.70	9.42	9.00	8.82
美国	4.80	4.61	4.84	5.02	5.95	5.37	4.70
日本	12.98	11.80	10.33	9.23	9.49	8.90	8.50
芬兰	/	/	5.62	6.26	6.04	6.02	5.67
比利时	/	/	3.19	3.47	3.67	3.62	3.31
丹麦	18.25	14.91	10.72	9.68	11.00	8.91	7.62
德国	/	/	8.28	7.88	8.24	6.83	6.09
葡萄牙	/	/	5.90	3.68	3.86	3.68	3.57
澳大利亚	/	/	5.84	5.52	5.37	4.96	5.05
荷兰	/	17.73	15.44	12.91	6.74	6.28	5.55
奥地利	/	/	9.90	8.25	6.40	5.59	5.06
爱尔兰	/	/	4.57	4.84	5.44	4.81	5.27
斯洛文尼亚	/	/	/	/	3.81	3.62	4.99
中国	6.51	6.51	6.51	7.27	5.20	5.92	6.34
韩国	75.69	68.98	65.57	57.89	48.50	42.43	43.36
捷克	/	/	/	/	4.40	4.11	3.69
泰国	22.13	29.10	26.26	29.68	22.67	25.68	24.75
波兰	/	/	/	/	7.39	6.11	5.92
爱沙尼亚	/	/	/	/	4.64	5.09	4.88
立陶宛	/	/	/	/	5.09	5.35	4.06
匈牙利	/	/	/	/	6.08	6.18	5.42
斯洛伐克	/	/	/	/	3.81	3.62	4.99
智利	57.81	55.24	49.92	43.72	40.51	31.17	28.90
拉脱维亚	/	/	/	/	5.43	6.12	5.75

注:同上表。

附录 I 服务业内部分支行业劳动力技能构成(%)

部门	代码	技能类型	观测值	均值	方差	最小值	最大值
第一类							
餐饮住宿	H	高	368	6.710	6.290	0.190	32.70
		中	368	55.30	23.07	3.170	97.83
		低	368	37.99	22.84	1.300	95.90
公共管理、国防、社保	L	高	368	24.32	17.89	3.600	75.40
		中	368	56.48	21.85	18.36	90.99
		低	368	19.20	15.39	0.160	63.23
教育	M	高	368	45.21	19.77	4.830	79.26
		中	368	42.14	19.01	6.210	76.79
		低	368	12.65	10.67	0.0900	51.35
健康和社会工作	N	高	368	26.70	17.22	1.140	75.40
		中	368	54.99	19.60	7.140	85.92
		低	368	18.31	13.11	0.210	51.35
社团、社会和个人服务	O	高	368	15.21	9.990	0.770	44.74
		中	368	54.71	19.45	8.800	93.52
		低	368	30.08	19.13	0.970	86.73
第二类							
邮电	64	高	368	10.28	9.470	0.200	42.05
		中	368	58.02	22.26	15.68	98.30
		低	368	31.70	23.37	0.100	77.87
金融中介	J	高	368	22.67	13.70	1.990	60.76
		中	368	61.46	19.68	23.18	91.16
		低	368	15.87	14.52	0.100	56.24
计算机及相关服务	72	高	69	42.89	14.36	13.66	65.68
		中	69	51.68	9.580	33.29	63.93
		低	69	5.430	5.730	0.900	23.01

部门	代码	技能类型	观测值	均值	方差	最小值	最大值
研发	73	高	69	56.75	8.710	40.03	71.98
		中	69	37.20	5.030	26.84	48.91
		低	69	6.060	4.160	1.090	15.89
法律、科技和广告	741t4	高	69	50.35	7.650	31.15	60.70
		中	69	45.76	6.720	36.35	60.23
		低	69	3.900	2.420	0.610	11.09
其他商务活动	745t8	高	69	22.66	5.680	9.720	33.37
		中	69	60.66	2.480	55.58	65.25
		低	69	16.68	7.660	4.950	34.50
地产、租赁和商务活动	K	高	368	26.44	10.20	3.460	56.21
		中	368	51.19	15.91	13.94	83.30
		低	368	22.37	15.29	0.380	61.11
第三类							
批发贸易	51	高	368	12.08	11.46	0.190	52.77
		中	368	58.14	20.84	7.630	95.19
		低	368	29.77	22.68	0.730	88.89
零售贸易	52	高	368	9.880	9.830	0.190	52.77
		中	368	58.66	21.19	7.630	96.70
		低	368	31.46	22.31	1.750	88.89
运输、仓储	60t63	高	368	6.810	5.800	0.590	32.70
		中	368	56.39	22.65	6.050	96.53
		低	368	36.79	22.13	0.810	90.81

注:根据 EU KLEMS 数据库中的美国、英国、荷兰、韩国、日本、意大利、芬兰、西班牙、丹麦、奥地利、澳大利亚、比利时 12 个国家的劳动力构成数据计算得到。部门 72、73、74 只有日本和美国的 69 个观测值,可以参考部门 K(70-74)。

附录 J 13 个国家总体经济和部门资本密集度的变化

国家	1970					1980				
	总	农业	制造业	工业	服务业	总	农业	制造业	工业	服务业
澳大利亚	136	284	43	85	92	181	388	60	125	105
奥地利	139	689	47	67	92	153	813	54	75	98
捷克	/	/	/	/	/	/	/	/	/	/
丹麦	1379	1644	228	262	545	1553	2924	361	434	558
芬兰	58	66	30	31	42	101	213	43	51	60
德国	/	/	/	/	/	/	/	/	/	/
意大利	81	47	33	34	133	112	93	56	60	155
日本	9247	60508	6492	7114	6371	17443	91205	9922	11513	10594
荷兰	122	317	45	54	83	162	443	62	80	98
葡萄牙	/	/	/	/	/	/	/	/	/	/
瑞典	/	/	/	/	/	/	/	/	/	/
英国	35	69	16	20	21	50	105	23	30	25
美国	119	293	53	89	48	122	304	57	94	50

国家	1990					2000				
	总	农业	制造业	工业	服务业	总	农业	制造业	工业	服务业
澳大利亚	212	360	89	188	107	242	304	118	247	112
奥地利	183	1048	75	99	103	217	1102	94	112	110
捷克	1468	635	626	818	1387	1835	960	846	1144	1630
丹麦	1591	3247	443	651	568	1707	3635	648	913	657
芬兰	140	362	70	76	70	179	524	87	98	83
德国	156	130	50	55	83	203	193	76	85	96
意大利	137	156	82	91	156	160	246	113	125	166
日本	24862	141905	13898	15765	15234	33388	186123	21532	23142	19615
荷兰	173	400	77	98	93	180	348	93	115	92
葡萄牙	53	63	28	29	34	67	77	35	33	46
瑞典	952	2193	584	902	453	1149	2365	826	1114	633
英国	67	145	33	44	29	85	139	46	65	40
美国	138	263	71	116	59	163	255	95	136	79

国家	2007				
	总	农业	制造业	工业	服务业
澳大利亚	301	424	190	324	152
奥地利	237	985	103	118	117
捷克	2146	1461	1157	1451	1807
丹麦	1940	4209	873	1154	839
芬兰	196	531	96	108	87
德国	232	201	87	100	109
意大利	164	268	123	133	167
日本	37131	185804	29346	30013	20519
荷兰	201	353	104	128	100
葡萄牙	83	83	45	43	58
瑞典	1343	2676	1099	1357	776
英国	102	186	61	83	51
美国	198	288	130	176	101

注:作者计算,数据取自 EU KLEMS。资本存量以本币现价表示,服务业中剔除了租赁和其他商务活动(71t74)以外的房地产业。奥地利 1970 年数据用 1976 年代替,美国1970 年数据用 1977 年代替,捷克 1990 年数据用 1991 年代替,瑞典 1990 年数据用 1993年代替,德国、葡萄牙 1990 年数据用 1995 年代替,意大利、葡萄牙 2007 年数据用 2005 年代替,日本 2007 年数据用 2006 年代替。

附录 K　14 个国家总体经济和部门相对资本密集度的变化

国家	1970				1980				1990			
	农业	制造	工业	服务	农业	制造	工业	服务	农业	制造	工业	服务
澳大利亚	209	31	62	67	214	33	69	58	170	42	89	50
奥地利	496	34	48	66	533	35	49	64	571	41	54	56
丹麦	119	17	19	40	188	23	28	36	204	28	41	36
芬兰	114	52	54	72	212	43	51	59	258	50	54	50
德国	/	/	/	/	/	/	/	/	84	32	36	53
意大利	58	40	42	165	83	49	53	138	114	60	67	114
日本	654	70	77	69	523	57	66	61	571	56	63	61
荷兰	261	37	44	68	273	38	49	60	231	45	57	54
葡萄牙	/	/	/	/	/	/	/	/	121	53	55	65
瑞典	/	/	/	/	/	/	/	/	230	61	95	48
英国	196	47	56	61	209	46	59	49	217	49	66	43
美国	247	45	75	41	248	47	77	41	191	52	84	43
韩国	20	18	31	95	37	22	35	85	174	33	45	87
捷克	/	/	/	/	/	/	/	/	43	43	56	94

国家	2000				2007			
	农业	制造	工业	服务	农业	制造	工业	服务
澳大利亚	126	49	102	46	141	63	108	50
奥地利	508	43	52	51	415	44	50	49
丹麦	213	38	54	39	217	45	60	43
芬兰	293	48	55	46	271	49	55	44
德国	95	38	42	47	86	38	43	47
意大利	154	71	78	104	163	75	81	102
日本	557	64	69	59	500	79	81	55
荷兰	193	51	64	51	176	52	64	50
葡萄牙	115	52	50	69	100	55	52	69
瑞典	206	72	97	55	199	82	101	58
英国	165	54	77	47	181	60	81	50
美国	157	58	84	49	145	66	89	51
韩国	282	53	65	75	320	64	72	73
捷克	52	46	62	89	68	54	68	84

注:数据来源同上表。总体经济=100。

附录 L　16个国家三次产业人口占适龄劳动人口比重(%)

国家	农业						工业					
	1870	1913	1950	1973	1994	2012	1870	1913	1950	1973	1994	2012
奥地利	60	40	22	9	5	5	30	46	57	63	54	26
比利时	38	23	10	4	2	1	49	55	66	62	58	22
丹麦	/	47	28	9	6	3	/	29	42	48	45	20
芬兰	70	52	42	15	7	4	16	31	38	51	54	23
法国	49	36	23	10	4	3	35	45	51	57	56	22
德国	46	25	13	5	4	2	39	59	65	63	57	28
意大利	64	59	42	13	6	4	24	27	42	63	61	28
荷兰	39	27	14	5	4	3	61	48	57	59	50	15
挪威	68	47	37	11	6	2	13	29	38	52	42	20
瑞典	58	53	27	8	4	2	23	26	45	51	46	20
瑞士	/	32	22	9	6	4	/	47	51	54	50	20
英国	30	15	6	3	2	1	45	55	61	57	50	19
加拿大	65	45	25	7	4	2	23	34	47	53	47	22
澳大利亚	39	30	18	8	5	3	35	43	51	52	47	21
日本	70	56	35	9	5	4	15	25	37	56	51	25
美国	58	31	15	4	3	2	26	42	52	55	43	17
平均	53	36	21	7	4	3	31	42	52	57	50	22

国家	服务业					
	1870	1913	1950	1973	1994	2012
奥地利	10	14	21	28	41	69
比利时	13	22	24	34	40	77
丹麦	/	24	30	43	50	78
芬兰	14	17	20	34	39	73
法国	16	19	26	33	40	75
德国	15	17	22	32	39	70
意大利	12	14	16	24	34	69
荷兰	0	25	29	36	47	72
挪威	19	24	25	37	52	77
瑞典	19	21	28	41	50	78

续表

国家	服务业					
	1870	1913	1950	1973	1994	2012
瑞士	/	21	27	37	44	73
英国	25	30	33	40	48	79
加拿大	12	21	29	40	50	77
澳大利亚	26	27	31	40	48	76
日本	15	19	28	35	45	70
美国	16	27	33	41	54	81
平均	16	22	27	36	47	74

注:1870—1994 年数据根据 Thijs ten Raa and Ronald Schettkat(2012)中的数据整理,2012 年数据来自 WDI,荷兰用 2011 年数据代替,加拿大用 2008 年数据代替,澳大利亚用 2009 年数据代替,日本、美国用 2010 年数据代替。

附录 M　15 个国家部门资本和就业占总体经济比重、资本劳动比

部门	资本比重(%)					就业比重(%)				
	1970	1980	1990	2000	2007	1970	1980	1990	2000	2007
农林牧渔	5.69	5.04	4.41	3.72	3.34	5.19	3.06	2.00	1.63	1.45
采掘	1.39	1.71	1.84	1.75	1.77	1.03	0.80	0.49	0.29	0.33
制造业	12.00	10.76	10.49	10.13	9.72	29.63	27.28	23.21	18.81	15.77
电气水	5.45	5.34	5.13	4.82	4.40	1.03	1.04	0.91	0.65	0.59
建筑	1.96	1.72	1.46	1.31	1.30	8.56	7.73	6.81	6.48	6.62
零售批发	4.02	4.02	4.11	4.15	4.38	14.82	15.42	16.06	16.34	15.96
住宿餐饮	1.17	1.18	1.35	1.37	1.36	4.13	3.93	4.29	5.32	5.55
运输通信	8.69	8.32	8.39	9.25	9.37	6.91	6.75	6.43	6.46	6.20
金融	1.66	1.77	2.15	2.25	2.35	2.77	3.32	3.83	3.51	3.44
房地产	7.41	6.92	6.61	6.97	7.73	3.34	4.12	6.74	9.75	11.55
公共管理	7.80	7.91	8.21	8.28	8.24	6.36	7.11	6.98	6.48	6.20
教育	3.14	2.98	2.68	2.63	2.74	5.50	6.50	6.83	6.88	7.19
健康	1.95	2.00	2.16	2.32	2.58	5.80	7.81	9.35	10.24	11.34
社会服务	1.97	1.95	2.09	2.38	2.51	3.64	3.68	4.33	5.06	5.45
家庭服务	/	/	/	/	/	0.68	0.61	0.74	0.90	1.02

部门	资本劳动比(总体经济=100)				
	1970	1980	1990	2000	2007
农林牧渔	237	252	270	265	253
采掘	151	243	349	539	575
制造业	39	39	45	53	60
电气水	553	569	639	842	861
建筑	25	22	21	20	19
零售批发	27	27	26	27	28
住宿餐饮	34	32	32	27	25
运输通信	123	120	129	143	151
金融	68	54	55	62	66
房地产	546	431	165	93	80
公共管理	121	114	124	138	147

部门	资本劳动比（总体经济＝100）				
	1970	1980	1990	2000	2007
教育	60	47	42	41	40
健康	35	28	27	26	24
社会服务	62	55	50	48	49
家庭服务	／	／	／	／	／

注：作者计算，数据来自 EU KLEMS，具体的行业部门及其分类详见附录 D。服务业中剔除了租赁和其他商务活动（71t74）以外的房地产业。10 个国家包括澳大利亚、奥地利、丹麦、芬兰、意大利、日本、荷兰、英国、美国、韩国，除韩国外其他国家都在 1970 年前进入老龄化社会。资本存量数据覆盖范围不足的国家是：奥地利 1976—2007 年，意大利 1970—2005 年，日本 1970—2006 年，韩国 1977—2005 年；就业数据覆盖范围不足的国家是：日本 1970—2006 年，美国 1977—2007 年。

附录 N　10 个国家部门资本和就业占服务业比重、资本劳动比

部门	资本比重(%)					就业比重(%)				
	1970	1980	1990	2000	2007	1970	1980	1990	2000	2007
零售批发	5.69	5.44	5.38	5.30	5.52	27.06	25.80	24.41	22.67	21.18
住宿餐饮	1.67	1.61	1.80	1.77	1.74	7.71	6.79	6.52	7.46	7.42
运输通信	12.48	11.23	11.01	11.87	11.90	12.82	11.38	9.78	9.02	8.31
金融	2.33	2.37	2.80	2.87	2.94	5.03	5.47	5.73	4.86	4.56
房地产	9.64	9.28	9.05	9.42	10.25	5.95	6.62	9.88	13.31	15.21
公共管理	10.59	10.50	10.73	10.67	10.49	11.60	11.72	10.38	9.00	8.23
教育	4.40	3.94	3.46	3.32	3.41	10.11	10.90	10.31	9.54	9.56
健康	2.67	2.64	2.80	2.93	3.22	10.56	12.60	13.63	14.02	14.93
社会服务	2.73	2.60	2.72	3.03	3.14	6.76	6.22	6.61	7.09	7.32
家庭服务	/	/	/	/	/	1.28	1.14	1.23	1.35	1.48

部门	资本劳动比(服务业 = 100)				
	1970	1980	1990	2000	2007
零售批发	21	22	23	24	27
住宿餐饮	26	26	27	24	24
运输通信	95	98	112	132	143
金融	48	43	49	57	62
房地产	286	269	126	85	75
公共管理	87	88	104	126	138
教育	47	39	37	38	38
健康	27	22	23	24	23
社会服务	46	44	43	44	46
家庭服务	/	/	/	/	/

注:同上表。

附录 O　部分国家部门劳动生产率指数

	1950			1960			1970		
	农业	制造业	服务业	农业	制造业	服务业	农业	制造业	服务业
丹麦	20	89	155	22	80	144	23	82	122
意大利	16	61	262	17	61	197	23	65	154
西班牙	29	74	203	26	67	195	22	86	153
瑞典	42	60	166	48	62	146	59	81	119
英国	36	78	118	46	86	112	66	90	106
美国	32	71	117	38	68	108	47	75	105
西德	15	79	160	16	90	125	20	96	113
法国	29	60	164	29	66	152	33	79	128
荷兰	23	49	143	30	64	129	40	74	112
日本	40	65	186	50	66	150	31	88	121
新加坡	/	/	/	/	/	/	54	114	94
韩国	/	/	/	34	40	274	33	57	203

	1980			1990			2000		
	农业	制造业	服务业	农业	制造业	服务业	农业	制造业	服务业
丹麦	35	100	108	57	92	103	98	97	98
意大利	26	78	131	41	89	110	70	96	104
西班牙	33	93	127	55	107	105	84	109	100
瑞典	66	88	106	95	99	98	82	143	89
英国	92	94	102	100	124	93	96	127	92
美国	45	87	104	73	109	97	88	141	93
西德	27	99	106	38	103	102	/	/	/
法国	42	87	115	62	90	106	83	114	98
荷兰	55	88	101	78	107	94	89	132	93
日本	30	98	110	34	106	102	30	128	99
新加坡	50	100	101	48	98	105	43	131	100
韩国	30	79	160	37	85	118	42	149	88

　　注:根据 GGDC 10 Sector 计算(总体经济＝100)。部门职均增加值＝部门增加值(不变价)/部门就业人数。每个国家的基年不同,但都在 90 年代中期。意大利 1951 年、日本 1953 年数据代替 1950 年,韩国 1963 年数据代替 1960 年。

附录 P　部分国家部门增加值和劳动生产率的年均增长率(%)

1950—1973 国家	劳动生产率年均增长率				增加值年均增长率			
	农业	制造业	服务业	总体经济	农业	制造业	服务业	总体经济
澳大利亚	/	/	/	/	/	/	/	/
奥地利	/	/	/	/	/	/	/	/
比利时	/	/	/	/	/	/	/	/
芬兰	/	/	/	/	/	/	/	/
爱尔兰	/	/	/	/	/	/	/	/
葡萄牙	/	/	/	/	/	/	/	/
丹麦	5.4	3.5	1.8	3.4	1.8	4.3	4.1	4.2
法国	6.2	6.1	2.3	4.1	2.1	7.0	4.0	4.5
德国	6.7	5.7	3.1	4.9	2.5	7.7	5.9	6.2
意大利	7.0	5.8	2.4	5.3	2.4	7.5	4.7	5.3
日本	5.9	8.4	4.1	6.7	2.7	12.6	8.2	8.8
荷兰	6.8	6.1	2.2	4.0	3.1	6.1	4.2	4.8
西班牙	4.3	7.2	3.3	5.5	2.0	10.0	5.7	6.6
瑞典	6.0	6.0	-0.3	2.3	0.9	5.8	2.1	2.9
英国	5.2	3.0	1.4	1.8	2.6	3.2	2.3	2.2
美国	3.5	2.8	1.4	2.0	0.4	4.1	3.9	3.7
韩国	3.3	7.4	1.4	3.9	4.8	19.5	7.0	7.9

1973—2005 国家	劳动生产率年均增长率				增加值年均增长率			
	农业	制造业	服务业	总体经济	农业	制造业	服务业	总体经济
澳大利亚	2.9	2.6	1.0	1.5	3.7	1.4	3.8	3.3
奥地利	2.7	3.6	0.9	1.6	1.2	2.6	2.5	2.4
比利时	0.4	4.2	0.9	1.7	1.5	2.1	2.4	2.1
芬兰	2.9	4.9	1.2	2.1	0.9	4.0	2.5	2.6
爱尔兰	4.3	6.9	1.2	2.5	2.2	7.5	4.3	4.9
葡萄牙	5.1	2.3	2.1	2.3	1.0	1.8	3.4	2.7
丹麦	4.4	2.0	0.8	1.2	2.5	0.6	2.1	1.8
法国	2.8	3.0	0.7	1.3	1.6	1.6	2.6	2.2
德国	3.0	2.4	1.0	1.5	1.2	1.1	2.9	2.0
意大利	4.8	2.7	0.6	1.5	1.5	2.2	2.5	2.2

1973—2005 国家	劳动生产率年均增长率				增加值年均增长率			
	农业	制造业	服务业	总体经济	农业	制造业	服务业	总体经济
日本	-0.1	4.4	1.2	1.9	-0.8	3.8	3.2	3.0
荷兰	5.7	9.0	5.3	5.9	2.9	6.3	7.3	6.9
西班牙	4.7	1.9	0.1	1.0	2.6	2.1	2.9	2.8
瑞典	2.4	4.4	1.1	1.9	0.5	3.2	2.2	2.2
英国	4.1	3.2	1.5	1.8	1.6	0.4	2.8	2.0
美国	4.1	3.8	1.0	1.3	4.5	2.8	3.2	3.0
韩国	7.2	8.0	1.1	3.2	2.0	11.7	6.6	7.5

注:1950—1973 年数据来自 GGDC 10 Sector,数据覆盖不全的国家包括:美国 1977—2005 年。1973—2005 年数据来自 EU KLEMS。数据覆盖不全的国家包括:意大利 1951—1973 年;西班牙 1956—1973 年;瑞典 1960—1973 年;法国 1954—1973 年;荷兰 1960—1973 年;日本 1953—1973 年;韩国 1963—1973 年。

后　记

　　本书的内容还存在一些疏漏和有待深入研究之处。与所有服务经济领域的研究一样,笔者的研究同样在数据方面遇到了很多困难和限制。首先在服务业统计数据的获得方面,很多国家可用于国际比较的历史数据存在缺失,发展中国家尤为严重;而且由于各国的老龄化进程早晚不同,在现有老年型国家组成的样本中,既包含了所有发达国家在较高水平老龄化阶段的服务业数据,也包括少数发展中国家在较低水平老龄化阶段的服务业数据,这两部分虽然从时期上有一定的继起关系,但并不能完全视为同一经济体的服务业在不同老龄化阶段的状态,因此一定程度上限制了结论的代表性。其次,由于服务业各个行业的性质和特征差异较大,加之服务的本质特点决定其与商品的生产和消费过程紧密交织在一起很难分离,使得对老龄化作用范畴的分析是粗线条的。就老龄化的需求效应和供给效应而言,由于受需求拉动的服务和受效率驱动的服务并非完全独立,因此在检验老龄化的某一种效应时,对其他方面的影响处理得不够细致。

　　受时间、篇幅和水平所限,本书的研究主要集中于宏观层面,重点从结构变化的角度分析了人口老龄化与服务业发展的关系和影响机制,所研究的内容不足以反映人口老龄化与服务业发展的全貌,从其他层面如中观和微观,或从其他角度如总量和效率上的分析,有待于今后不断补充和完善。就本书目前所完成的工作而言,还有以下可改进之处:一是观察老龄化社会的典型事实,归纳出各个国家不同类型服务部门随老龄化发展次序上的规律和差异,这项工作需要进一步搜集和补充历史数据。二是以典型行业来验证老龄化的需求效应和供给效应,从资本积累、资源重新配置和生产效率三方面检验老龄化供给效应的作用机制,这些工作需要找到合适的方法和变量。三是中国人口老龄化进程较短,直接影响到对"需求效应"和"供给效应"的检验,这些研究可以随着人口老龄化和服务业的发展而进一步深入开展。

施美程

2024 年 7 月,天津